≪放送大学印刷教材≫

『コミュニケーション学入門（'19)』

追　補

（第1刷〜第3刷）

【追補の趣旨】

　第9章および第10章で言及した在留資格については，2018年の執筆当時の改正までが反映されたものである。在留資格の変更や新しい資格の創設はこれまでも度々行われている。例えば，2019年4月には「特定技能」という「特定産業分野に属する相当程度の知識又は経験を必要とする技能を要する業務に従事する外国人向けの在留資格」（外務省，2019）が創設された。これはそれ以前の人手不足の状況に対応するためで，「一定の専門性・技能を有し，即戦力となる外国人材を受け入れよう」（外務省，2019）とする時代のニーズに応えるものである。このような改正は，その時の状況を鑑みながら今後も行われることが予測され，引き続き注視していく必要がある。

外務省（2019）「特定技能の創設」https://www.mofa.go.jp/mofaj/ca/fna/ssw/jp/index.html

コミュニケーション学入門

大橋理枝・根橋玲子

コミュニケーション学入門（'19）
©2019　大橋理枝・根橋玲子

装丁・ブックデザイン：畑中　猛

まえがき

　「コミュニケーション」という言葉は，日本語の日常会話の中でも普通に使われるようになりました。その一方で，それが余りにも身近な行為であるため，客観的に捉える機会が少ないのではないかと思います。私たちは普段呼吸をしている仕組みをいちいち考えることはないでしょう。それでも，一旦呼吸がおかしくなったら，たちどころにその仕組みに立ち返って対応を考えなくてはなりません。コミュニケーションも同様だと思います。うまくいっている時はいちいち考えなくても構いませんが，うまくいかなくなった時はやはりその仕組みに立ち返って考えることが効果的だと思います。この「コミュニケーション学入門」では，私たちが普段何気なく行っているコミュニケーションという行為をより客観的に見るための様々な視点を提供したいと考えています。

　放送大学として，コミュニケーション学の分野だけで1科目を開講するのは久しぶりです。前回の科目は今回と同じ主任講師で2007年に開講した「コミュニケーション論序説」でした。この時は放送教材で様々な先生方にインタビューを行い，そこで伺った内容をコミュニケーション学の角度から分析していくという形を取りました。印刷教材はそのコミュニケーション学の理論をより詳しく説明したものとなっており，全体としてコミュニケーション学に含まれる分野を網羅的に扱っていました。一方，今回の「コミュニケーション学入門」は，主任講師2名に分担講師3名が加わり，それぞれがコミュニケーション学で扱う内容の一部を印刷教材で執筆し，それを元に放送教材を収録しました。主任講師こそ前回と同じですが，科目の構成は随分異なっています。前半で扱っている内容はコミュニケーション学で取り上げるものとして比較的オー

ソドックスだと思いますし，前回の科目でもある程度触れているものが多いと思います。一方，後半で扱った内容は前回の科目では全く触れることのなかったものですし，コミュニケーション学で取り上げる内容としては結構ユニークなものになったのではないかと思います。

　この点は，今回の教材が「コミュニケーション学入門」と銘打っていながら，実質的には異文化（間）コミュニケーションの教材であると言っても過言ではないことと，深く関係があります。主任講師・分担講師の全員が，専門を聞かれれば「異文化（間）コミュニケーション」と答える陣容だったので，私たちが「コミュニケーション」を考える時には「文化」のことを扱わずにいることはできなかったのです。コミュニケーション学の学界の中でも，対人コミュニケーションと異文化（間）コミュニケーションとの間に線引きは必要ないとする考え方もあるので，この点に関してはこれで良かったと考えています。初めてコミュニケーション学の分野に触れられる方は，文化とコミュニケーションがいかに切っても切れない関係にあるのかを感じて頂ければと思います。

　先に「コミュニケーションという行為」という言い方をしましたが，私たちはコミュニケーションを単なる行為ではなく一つの態度でもあると考えています。非常に簡単に言うと，他者とやり取りしようとする態度そのものがコミュニケーションである，ということです。この点に関して論じたところは若干前のめりになってしまった感もありますが，異文化（間）コミュニケーションを専門とする私たちが大切にしている事柄として受け止めて頂ければ幸いです。

　今回後半で扱った内容は流動的なものであり，今後変わっていくであろうものでもあることは重々認識しています。むしろ，そうだからこそ，この教材は正に現時点での最先端の内容を盛り込んだ教材になっていると思います。同時に，前回扱った内容の中で今回の教材では触れられな

かったものもあります。コミュニケーションとメディアの関係，特に昨今注目されているインターネットやソーシャルメディアとの関係や，現代におけるテレビや新聞の役割といった内容については，大変重要なテーマであることは承知していながら，今回の教材では触れる余地がありませんでした。また，対人コミュニケーションの範囲で扱われる具体的な内容や，言語コミュニケーションに関わる様々な面についても，十分に触れることができませんでした。これらの点については，是非各自で興味を持って学んで頂ければと思います。

　この教材を製作するに当たり，編集担当の濱本さんには大変お世話になりました。5人の執筆者の中には，締め切りよりずっと前に対応する人もいれば，締め切りを過ぎるか過ぎないかのギリギリのところでやっと対応する人もいましたが，最後まで辛抱強くお付き合い下さり，どうも有難うございました。また，印刷教材を再校の段階で読んで助言を下さった「フレンドリーアドバイス」担当の先生にも御礼申し上げます。放送教材の収録に当たっては，高比良ディレクターと音声技術の新田さんに多々お手数をお掛けしました。更に，この科目の「16番目の授業」（BS231チャンネルで放送した，科目の内容を更に展開させたテレビ番組）の収録に際しては，又野さんと片山さんに非常にお世話になりました。皆様に心より感謝申し上げます。

2018年10月
講師陣を代表して
大橋理枝

目次

まえがき　　大橋理枝　3

1 はじめに—コミュニケーションの基礎概念
　　　　　　　　　　　　　　　　　　　　｜大橋理枝　11
1. コミュニケーションとは　11
2. コミュニケーションの特徴　14
3. 表現形のいろいろ　19
4. コミュニケーションのモデル　21
5. 表現形に対する文化の影響　24
6. まとめ　26

2 非言語コミュニケーション（1）
—非言語メッセージの役割：見た目は何を伝えているのか
　　　　　　　　　　　　　　　　　　　　｜桝本智子　29
1. 非言語コミュニケーションとは　29
2. 顔の印象　32
3. 装いと魅力　39
4. 色彩　44
5. まとめ　46

3 非言語コミュニケーション（2）
—真実を伝える体の動き　　｜桝本智子　49
1. 身振りと姿勢　49
2. 触れ合い　56
3. 話し方　60
4. まとめ　62

4 | 非言語コミュニケーション（3）
―空間・時間・においのメッセージ　　｜桝本智子　65

1. 空間のメッセージ　65
2. 時が語るもの　72
3. におい　77
4. まとめ　79

5 | 言語コミュニケーション（1）
―表現形としての言語　　｜大橋理枝　82

1. 言語の本質　82
2. 言葉の「意味」　84
3. 言葉の存在がもつ機能　87
4. 言語の「随意面」と「不随意面」　89
5. まとめ　97

6 | 言語コミュニケーション（2）
―言語によるコミュニケーション　　｜大橋理枝　99

1. 会話の原則　99
2. 会話の原則とコンテキストへの依存度　103
3. 公理への意図的な違反　105
4. 会話の原則と「挨拶言葉」　109
5. まとめ　113

7 | 異文化と価値観　　｜花光里香　115

1. 見える文化と見えない文化　115
2. 価値志向　118
3. 文化の次元　120
4. まとめ　130

8 | コミュニケーションと多文化共生
　　　　　　　　　　　　　　　　　　　　| 花光里香　134
1. ステレオタイプ　134
2. できることが異なる文化　139
3. 性の多様性　145
4. 共に生きるために　149
5. まとめ　151

9 | 外国人労働者
　　　　　　　　　　　　　　　　　　　　| 根橋玲子　154
1. 人はなぜ移動するのか　154
2. 日本における外国人労働者　155
3. 日本に住む外国人はどこから来ているのか　158
4. 日本に住む外国人にはどのような人々がいるのか　160
5. まとめ　165

10 | 労働市場と外国人労働者
　　　　　　　　　　　　　　　　　　　　| 根橋玲子　167
1. 外国人労働者の増加　167
2. 在留資格の緩和　168
3. 雇用情勢の改善　171
4. 外国人労働市場の形成　173
5. 外国人労働者が抱える問題　175
6. まとめ　179

11 | 日本的経営・雇用
　　　　　　　　　　　　　　　　　　　　| 根橋玲子　183
1. 日本的経営をめぐる諸相　183
2. 日本の雇用制度　187
3. 日本企業におけるコミュニケーション　188
4. まとめ　194

12 | 文化をスキーマと考える ｜佐々木由美　197
1. 異文化とは？　197
2. 文化の定義　198
3. 文化スキーマ理論　204
4. まとめ　212

13 | 文化を長期記憶と考える ｜佐々木由美　215
1. 理論の基盤となる知見　215
2. 文化スキーマ理論の問題点　219
3. 文化長期記憶理論　221
4. 文化心理学と神経・文化相互作用モデル　224
5. まとめ　233

14 | 文化長期記憶としての情動 ｜佐々木由美　236
1. 情動とは？　236
2. 脳科学の観点から情動を考える　239
3. 文化と情動に関する研究　242
4. まとめ　252

15 | コミュニケーションの学び──まとめに代えて
　　　　　　　　　　　　　　　　　　｜大橋理枝　255
1. これまでの振り返り　255
2. 対人コミュニケーションに与える文化の影響　259
3. 痛みへの覚悟　264
4. 学びとしてのコミュニケーション　266

索引　275

1 | はじめに—コミュニケーションの基礎概念

大橋理枝

《目標&ポイント》 この章では「コミュニケーション学」の基盤となる考え方を説明し,「コミュニケーション学」の分野で基礎となるコミュニケーションの捉え方を示す。
《キーワード》 表現形,象徴性,内容面と関係面,不可避性,不可逆性,先行性,コンテキスト,言語/非言語メッセージ,音声/非音声メッセージ,文化

1. コミュニケーションとは

　「コミュニケーション学入門」という科目を展開するに当たり,コミュニケーションとは何なのかということは,最初におさえておきたい点であろう。しかし,実はこのことは決して簡単ではない。「『コミュニケーション』の定義は現在までに多数提出され,定義内容も多種多様」(石井, 2013 a, p.2) なのである。もっと具体的にいうと,

　　人間と社会にとって基礎的重要性をもつにもかかわらず,コミュニケーションの概念はまことに多様であって,統一された共通の定義が存在するわけではない。ちなみに,社会学者,社会心理学者,コミュニケーション研究者などによる若干の定義を紹介してみるならば,コミュニケーションとは,「一方から他方へのメッセージの伝達」「情報を伝達して反応を引き出すこと」「情報,観念,あるいは

態度を共有すること」「一連の規則によって行動の諸要素あるいは生活の諸様式を共有すること」「精神の相通じること，参加する人々の精神に共通のシンボルを生ぜしめること，要するに了解のこと」「人から人へと情報，観念，態度を伝達する行為のこと」「ある人ないし集団から他の人ないし集団（あるいは人々ないし諸集団）へ，主としてシンボルによって情報を伝達すること」「メッセージによる社会的相互作用のこと」といったぐあいに，実に多様な定義が提示されてきた。
「コミュニケーション」（小学館『日本大百科全書（ニッポニカ）』より）

石井（2013a）は「メッセージの授受・交換による動的な相互作用過程を重視する定義が一般的なもの」（p.2）であるとするが，これだけ多種多様な定義が存在するということ自体が，コミュニケーションがどのようなものであるかを示してもいる。つまり，どの観点からコミュニケーションを考えるかによって，かなり違った見方が可能なものであるということだ。

本書では二人の人間同士の間で行われるやり取りを最も典型的なコミュニケーションと考えて話を進めていく。そこで，下記に一つ具体例を挙げ，それを取掛りとして検討を進めていこう。

玲香：（後ろから智美の肩を叩く）
智美：（振り返って）あ，おはよう，玲香！　ねえ，昨日の宿題，ちゃんとやった？
玲香：（智美の隣を歩きながら）おはよう，智美。宿題？　何の？
智美：（玲香の方を向いて）統計の授業の奴。ほら，今日の授業で，宿題にしておいた問題の中からテストするって言ってたじゃ

ん。
玲香：（目を丸くする）
智美：そんなにびっくりした顔をするということは，玲香，もしかして忘れてたの？
玲香：バレた？
智美：じゃあ，この間と同じように，学校行ったら私のノート見せてあげる。宿題は提出じゃなくて，今日のテストができればいいんだから，授業の時までに頑張って復習して。
玲香：有難う！　今度お昼おごる！

　まず，上記の会話が「メッセージの授受・交換による動的な相互作用過程」になっているかどうか―即ち「コミュニケーション」になっているかどうか―を簡単に確認しておこう。メッセージを「コミュニケーションをする相手に伝わる『内容』や『意味』のこと」（石井・久米，2013，p. 21）であると考えれば，玲香と智美の間で言葉やジェスチャーがやり取りされていることを以て「メッセージの授受・交換」が行われているといっていい。次に，この会話が明らかに玲香と智美の間で共有されている時間の流れの中で行われていることに着目しよう。智美は玲香に「昨日の宿題」と言っているが，これは明らかに昨日同じ授業を受けていたという文脈があってこそ意味が通じる言い方である（ただし玲香はそう言われて最初ピンと来なかったようだが）。そして，この会話はここで終わっていない。多分二人は学校に着いてからこの会話の続き（智美が玲香に自分がやってきた宿題を見せるなど）を行うであろう。その意味でこのやり取りは動的なもの―始まりや終わりが固定されていないもの―であるといえる。更に，この会話で智美は玲香の現状（宿題が出ていたことも今日テストがあることも忘れていたという状態）を把握した

上で次の手立て（学校に行ったらノートを見せる）を考えて玲香に伝えているし，玲香はそれを受け入れた上で，将来の自分の行動（お昼をおごる）を智美に伝えている。つまりこのやり取りを通して二人は相互作用を行っているといえる。逆にいうと，「メッセージの授受・交換による動的な相互作用過程」というのは，上記の会話のようなものが典型的であると考えて頂きたい。

2．コミュニケーションの特徴

先に挙げた玲香と智美の間の会話から，コミュニケーションにはどのような特徴があるのかを考えていこう（石井・久米，2013；岡部，1996；末田・福田，2011；寺島，2009；宮原，2006；他）。

まず最初の行動が，玲香が智美の肩を叩いたことだった点に注意しよう。もし玲香も智美も，お互いに相手がそこにいるのに気付いていながら何もしなかったら，このようなやり取りは行いようがない。私たちは自分の思いや考えを心の中にもっているだけで相手に伝えることはできない。何らかの形で表現してメッセージを示さなければならないのである。この例では，玲香は智美の肩を叩くという動作を使った。この動作で，玲香は智美に対して，自分の友達である智美がそこにいるということを自分は認識しており，今日もその友人関係を続けたいという気持ちを伝えたことになる。このように，私たちのコミュニケーションでは，思いや考えを何らかの形で表現して（即ち，何らかの「表現形」を用いて），伝えることになる[1]。

但し，ここで思い起こしておきたいのは，玲香が使った「肩を叩く」という動作は，他の場面でも使われ得るということである。例えば上司が残業している部下に対して「お疲れさん！」と言って肩を叩く場合も有り得るし，これから一緒に試合に出るチームメイトに対して「頑張ろ

---

1) 多くのコミュニケーション学の教科書では，このことを「記号化」と説明しているが，「記号化」という説明を用いるために必要な「記号」という概念自体が決して分かり易いものではないため，ここでは「表現する」という形で説明した。

うね！」と言って肩を叩く場合もあるだろう。つまり「肩を叩く」という動作でどのような気持ちを表現しているのかということは，「肩を叩く」という動作自体から分かるのではなく，どの場面でその動作が使われたかということから判断するのだ。このように私たちがコミュニケーションの際に使う「表現形」は，それ自体で意味をもっているのではなく，どの場面でどのように使われたかということから私たち一人一人が判断しているのである。私たちは必ず何らかの表現形を用いてコミュニケーションを行うが，そこで用いられる表現形の意味は私たち自身が判断するものである―このことが，コミュニケーションの特徴として最初に挙げられるものである。コミュニケーション学の分野ではこのことを「コミュニケーションの象徴性」という。

　次に智美の「あ，おはよう，玲香！」という言葉遣いに着目しよう。この言葉遣いから私たちは玲香と智美の人間関係を推測することができる。相手を名前で呼び捨てにしているということ，「おはようございます」ではなく「おはよう」と言っていること，更には「はじめまして」ではなく「おはよう」と言っていることや相手の名前を知っているということなどから，この二人は対等な関係であり，この会話が行われるより前の時点から互いを知っている間柄だということが分かる。この例から，コミュニケーションがもっている特徴の一つとして，当事者同士の人間関係が示されるということが挙げられる。次に続く，「宿題ちゃんとやった？」という言葉は，相手が宿題をやってきたかどうかを問うという内容が表されていると共に，「ちゃんとやった？」という言い方から智美と玲香の関係の親しさと対等性が表現されている。このことから，コミュニケーションには必ず内容面と関係面との両方が表される，ということを，第二の特徴として挙げることができる。

　更に，玲香は宿題にしてあった問題の中からテストがあることを聞い

て，目を丸くした。その玲香の表情を見た智美は，玲香がこのことを忘れていたというメッセージを受け取った（実際そのメッセージが正しいかどうかを言語を使って確認している）。次の発話で玲香が「バレた？」と言っていることからすると，玲香は自分が驚いたことを智美に必ずしも伝えたかったわけではないらしい。それでも，目を丸くしたという表情から，玲香の驚きは智美に伝わってしまった。このように，私たちは必ずしも相手に伝えようと思っていないことでも相手に伝わってしまうことがある。特に言語を使わない表現形のものについては思わぬところで思わぬことが伝わってしまう場合もある。このように考えると，私たちは自分が気付いていようといまいとコミュニケーションを行っていることになる。この「コミュニケーションの不可避性」もコミュニケーションの重要な特徴の一つである。

　コミュニケーション学の分野では，相手にメッセージを伝えようという意図があった場合は，相手がそれを受信してもしなくてもコミュニケーションであると扱う。また，相手がメッセージを伝えようという意図がなくても，メッセージを受信してしまえばそれをコミュニケーションとして扱うのである。表に整理すると表1-1のようになる。

表1-1　メッセージ送信意図と受信の有無からみたコミュニケーション

人物A　人物B	メッセージの送信意図あり	メッセージの送信意図なし
メッセージが受信された場合	成功したコミュニケーション　〈Ⅰ〉	無意図的コミュニケーション　〈Ⅲ〉
メッセージが受信されなかった場合	失敗したコミュニケーション　〈Ⅱ〉	コミュニケーションとはみなさない　〈Ⅳ〉

表1-1で，人物Aが人物Bに対してメッセージを送信した時に，メッセージを送信する意図があれば，それが受信されても（〈Ⅰ〉）されなくても（〈Ⅱ〉）コミュニケーションとしては成立しているとする。また，人物Aが人物Bにメッセージを送信する意図があろうとなかろうと（つまり実際にメッセージを送信したとしてもしなかったとしても），人物Bがメッセージを受信してしまえば（〈Ⅰ〉・〈Ⅲ〉），コミュニケーションは成立していると考えるのである（それが故に「コミュニケーションの不可避性」が生じる）。つまり，「成功したコミュニケーション」「失敗したコミュニケーション」「無意図的コミュニケーション」はいずれも「コミュニケーション」なのである。人物Aにメッセージ送信の意図がなく，人物Bも何もメッセージを受信しなかった場合（〈Ⅳ〉）のみ，「コミュニケーションではない」（即ち「コミュニケーションは成立していない」）と考えるのが，コミュニケーション学での考え方である。

　ところで，智美は「学校行ったら私のノート見せてあげる」と玲香に言った。こう言ったからには，智美は玲香に自分のノートを見せなければならない。だが，もし何らかの理由で見せられなくなるような事態が生じた場合でも，「学校行ったら私のノート見せてあげる」という言葉をなかったことにはできない。智美は玲香に「ごめん，やっぱり見せられなくなった」と言わなければならないだろう。つまり，一度行われたコミュニケーションは元に戻すことはできない。コミュニケーション過程では次から次へと新たな事柄が付け加わっていくだけである。これは「コミュニケーションの不可逆性」という，コミュニケーションの特徴の一つとして説明される。

　コミュニケーションの不可逆性が生じる理由は，私たちが時間を元に戻すことができないからである。私たちは時間を止めたり戻したりすることはできないと考えている。そのため，時間に沿って行われるコミュ

ニケーションも，戻したり止めたりすることはできないのである。コミュニケーションが動的なものであり，始めや終わりを規定できないものであるということは，先に確認した通りである。更に，智美が「この前と同じように」と言っていることからすると，玲香が授業中に言われた課題を忘れていて智美のお世話になるのは今回が初めてではないらしい。が，何度同じようなやり取りが繰り返されても，毎回のやり取りは決して同じにはならない。私たちは同一の時間を再現できないからである。

　また，玲香は智美に「今度お昼おごる！」と言ったが，これは玲香の人生経験上，自分の窮地を救ってくれる（それも今回だけではないらしい）智美に何かお礼をしなければという思いが生じたが故の約束であろう。即ち，これまでに私たち自身が積み重ねて来た時間，即ち人生経験そのものが，コミュニケーションに直接影響を与えるということでもある。これも私たちが時間に沿ってコミュニケーションを行っているということから生まれるコミュニケーションの特徴である。このことを「コミュニケーションの先行性」という。

　もう一つ付け加えておきたいのは，この玲香と智美のやり取りは，特定の場において，玲香と智美という二人の人物の関係性の中で行われているということである。具体的には示されていないが，このやり取りは登校途中の道筋（物理的な環境としては室内ではなく屋外）で，親しい友人同士である玲香と智美の間（親疎関係でいえば親，上下関係でいえば対等）で，登校前の比較的時間的余裕がある状態で行われている。このような，コミュニケーションが行われる時の物理的環境・対人関係状況・心理的状態などを全て含めて「コンテキスト」という。コンテキストはコミュニケーションに影響を与える。例えば玲香と智美が先輩―後輩の関係だった場合，ここで挙げた例と同じ言葉遣いにはならないだろうし，屋外で話している場合と室内で話している場合とでは声の大きさ

や張りが変わるだろう。時間的余裕がある時とない時とでは話し方も話す内容も変わるかもしれない。その意味で，玲香と智美との間で行われたこのコミュニケーションは，この特定のコンテキストの中で行われたコミュニケーションなのである。あらゆるコミュニケーションは何らかのコンテキストの中で行われるというのも，コミュニケーションを理解する際に重要な要点である。

3. 表現形のいろいろ

前節でコミュニケーションの特徴を説明した際に，私たちがコミュニケーションを行う時には必ず何らかの表現形を用いて思いや考えをメッセージとして示さなければならないと述べた。この表現形には大きく分けて言語を使うものと使わないものがある。また，言語を使うものにも使わないものにも，音声を使うものと使わないものがある（末田・福田，2011；他）。表1-2に整理した。

表1-2 メッセージの表現形

音声＼言語	使う	使わない
使う	言語音声メッセージ	非言語音声メッセージ
使わない	言語非音声メッセージ	非言語非音声メッセージ

言語音声メッセージというのは，私たちが普段用いている口頭言語を指す。私たちがコミュニケーションを行う際に，声を出して言葉を話すことは多い。これが言語音声メッセージである。一方，私たちは電子メールやSNS，手紙などを使ってコミュニケーションを行う際にも言語を用いるが，声に出すのではなく書くことによってメッセージを伝える。

このようなメッセージは言語非音声メッセージと呼ばれる。手話は特定の語に対応する手の動作が定まっており，抽象的な概念も定められた手の動作で示す上，独自の文法体系をもっている[2]ため，音声を用いない言語であるといえる。そのため，手話で伝えるメッセージは言語非音声メッセージに分類される。

　一方，私たちが声を出して言語を使っている際に相手に伝わっているのは，言語で表現された内容だけではない。例えば先の玲香と智美の会話で，玲香が智美の肩を叩いたのに対する智美の返事が元気の良い「おはよう！」だった場合と，暗く弱々しい声での「おはよう。」だった場合とでは，智美の状態に違いがあることが示される。このように，言語で表現された内容そのものではなく，言語がどのように音声化されるかによって表現されるメッセージが，非言語音声メッセージである。

　更に，玲香が智美の肩を叩くという最初の動作は，玲香から智美への挨拶というメッセージが込められている。また，玲香が智美から宿題とテストのことを聞いて目を丸くしたという動作にも，玲香の驚きというメッセージが伝わる。どちらも言語は使われていないし，音声も使われていないが，伝える内容をもったメッセージとして理解されている。このように，言語も音声も使わないメッセージを，非言語非音声メッセージという。末田・福田（2011）は非言語非音声メッセージを，「外見的特徴」「身体接触」「身体動作」「におい・香り」「空間」「時間」に分けている（p.20）が，「身体動作」から「表情と視線行動」を独立させたり（リッチモンド＆マクロスキー，2003＝2006），眼鏡やアクセサリーなどの人工物を加えたり（石井，2013b）など，一部異なった分類もある。

---

[2]　日本で使われている手話には「日本手話」と「日本語対応手話（手指日本語）」とがある。後者は音声言語の日本語（以下「音声日本語」と称す）に手話単語を対応させていく表現の形であり，音声日本語と同じ語順で用いられるなどの点から，必ずしも音声日本語と別言語であるとは捉えられていない（神谷，掲載年月日不明；若林，2013）。一方前者は音声日本語や日本語対応手話とは語順などが一部異なり，「異なる独自の文法体系をもつ独立した言語」（若林，2013）であると捉えられている。詳しくは高橋・仲内・宮地・村上（2006）及び神谷（掲載年月日不明）を参照。

言語メッセージはデジタル型のメッセージであり，非言語メッセージはアナログ型のメッセージである。デジタルというのはその一部を変えると全体の意味が変わってしまうような表現形態を指す。デジタル時計は時間・分・秒が数値で表示されるため，1秒前と1秒後の時刻は別の時刻として表示される。それに対してアナログ型というのは「どの程度」「どのくらい」が重要な表現形態である。アナログ時計は360度の文字盤の中で何度くらいのところに針があるかでおよその時刻を表示するため，1秒ずつを別の時刻として表示するわけではない。この違いと同じように，言語メッセージは1語を変えるとメッセージ全体として伝わる内容が変わる（「彼女は冷たいコーヒーを飲んでいた」と「彼女は冷たいコーラを飲んでいた」とでは伝わる内容が違う）ため，デジタル型のメッセージであるといえる。それに対し，非言語メッセージは動作の大きさや頻度，強さなどによって伝わる内容が変わってくる。先の例文で「冷たい」をどのように言うか――「つめたい」「つめったい」「つめたーい」など――で冷たさが違って聞こえるのは，非言語音声メッセージというアナログ型のメッセージで伝わる事柄である。

4．コミュニケーションのモデル

　これまでみてきたコミュニケーションの在り方を図示するとどうなるだろうか。幾つかのモデルが提示されているが，それらを組み合わせて筆者が適切であると考える形に整えたものを図1-1に示す。
　このモデルは人物Aと人物Bの間で循環的にコミュニケーションが行われる状態を図示している。左側の人物Aはまず自分の考えや感情をもち，それを言語メッセージや非言語メッセージという象徴を使って表現する。そのようにして表現されたメッセージが人物Bに伝わる（例：玲香がどうやって智美に挨拶をするかを考えた上で，肩を叩くと

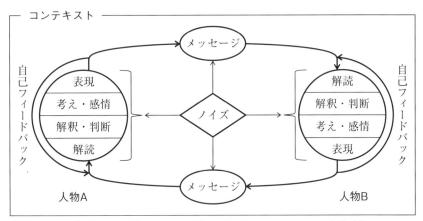

図1-1　コミュニケーションのモデル（石井，1998，p.57より改変）

いう形で表現する）と，人物Bはその表現が何を意味するのかを解読する（例：「玲香にぶつかられたのではなく，肩を叩かれたのだ」と解読する）。人物Bは次に解読したメッセージの意味するところを解釈・判断する（例：「玲香が挨拶してくれたのだ」と解釈する）。その解釈・判断に基づいて，人物Bは考えや感情を抱く（例：「私も玲香に挨拶しよう」と考える）。そこで抱いた考えや感情を何らかの形で表現し（例：智美は玲香に対する挨拶の仕方を考え，「おはよう」という言葉で表現する），それがメッセージとして人物Aに伝わる（例：玲香が智美から「おはよう，玲香！」と言われる）。これが全て特定のコンテキストの中で行われる（例：玲香と智美は親しい友人同士である，前日に同じ授業を受けていた間柄である，現在の時間は朝である，登校途中の会話である，などなど）。

　ここで自己フィードバックとノイズという新しい要素について説明する。自己フィードバックとは，自分が相手にメッセージを送る前に自分の中でメッセージを精査する時のルートである。例えば挨拶の仕方を考

える場合，相手によっては「おはようございます」と言わなければ失礼な場合もあるだろうし，「おはよう」と言わなければ却ってよそよそしく感じられてしまう場合もあるだろう。そのようなことを考えながら(即ち自分の表現を自分で解読・解釈しながら)，どの表現形を選ぶかということを考えるのが，自己フィードバックのルートである。相手に何か依頼をする場合や相手を勧誘する場合など，どのような形でメッセージを出せば良いのかに工夫が必要な場合は特にこのルートが活用される。このルートの存在を考えると，コミュニケーションとは二人の人の間で行われるものである以前に，個人の中で行われるものであるということも可能であろう。この個人の中で行われるコミュニケーションのことを「個人内コミュニケーション」と呼ぶ。これに対して，二人の人の間で行われるコミュニケーションを「対人コミュニケーション」と呼ぶ。

　ノイズというのは，コミュニケーションを阻害する様々な要因を指す。例えば，丁度智美が玲香に向かって「おはよう」と言った時に，すぐ脇を大きなトラックが通って行き，智美の声が玲香に聞こえなかったとする。このように，メッセージが相手に届くことを妨げるのがノイズである。周りがうるさいという以外にも，携帯電話の電波が悪いというのもノイズの一種だが，これらは物理的なノイズと呼ばれる。それに対し，何か非常に心配なことがあって相手の話をうまく理解できないというような場合はその心配事が心理的ノイズとしてコミュニケーションを阻害する。更に，非常に急いでいて相手の話をきちんと聞けないという状態であれば，時間的なノイズがコミュニケーションを阻害することになる。ノイズはメッセージが相手に伝わる時に混入するだけでなく，一人の人物が自分の考えを表現する際にも入り込み得る（例：「うまく言葉にできない」と感じられる場合など）し，相手からのメッセージを解読する際にも入り込み得る（例：相手が使っている言語を理解できない場合な

ど）し，解読したメッセージを解釈・判断する過程にも入り込み得る（例：相手に言われた言葉を同音異義語と取り違えた場合など）。

　重要なのは，このモデルでは「表現」と「解釈・判断」の一致の度合いがコミュニケーションの良し悪しを決めることになるという点である。つまり，メッセージが相手に到達しただけでは，コミュニケーションとして成立はしていても「良いコミュニケーション」にはならないのである。人物Aによる考えや感情の表現形と，人物Bの解釈・判断とが，許容できるズレ幅の中である程度一致した場合にはじめて「良いコミュニケーション」となる。コミュニケーション過程のどの段階でもノイズが混入し得ることは間違いないが，そのノイズを減らすことがそのまま「良いコミュニケーション」につながるわけではなく，あくまで人物Aによる表現と人物Bによる解釈・判断が一致することが「良いコミュニケーション」をもたらすとされるのがこのモデルである。

5．表現形に対する文化の影響

　ここまで述べてきたコミュニケーションに関わる点は，人間のコミュニケーションについて共通していえる点である。一方，実際のコミュニケーションの表現形は文化にかなり大きく影響を受ける。人はこの世に生を受けてから基本的には文化の中で成長していく。その過程で周りの大人たちから「やって良いこと」「やってはいけないこと」「正しい考え方」「間違った考え方」などを教えられ，それらを身につけながら社会の一員となっていく。「いかにしてコミュニケーションを行うべきか」─言い換えれば，考えや感情をどのような表現形で相手に伝えるのが「然るべきやり方」なのか─も，文化の中で周りから教わっていく事柄の一部である。

　同じ文化背景を共有している人たちの間でコミュニケーションが行わ

れる場合は比較的似通った表現形を取る可能性が高いが，文化背景が異なった人たちの間でコミュニケーションが行われる場合は表現形がかなり異なってくることが有り得る。具体的に一例を挙げよう。先の玲香と智美との間のコミュニケーションで，智美は今日の授業中に試験があることを忘れていた玲香に，自分のノートを見せてあげることを提案した。この提案は智美から玲香への「私はあなたの友達だよ」という気持ちを表現した一つの形であるといえる。「友達なら助け合うことが望ましい」とされている日本の文化の中では，この表現形はそれほど珍しいとは思われないであろう。一方，別の文化の中では，「私はあなたの友達だよ」という気持ちを，自分のノートを見せてあげることを提案するのとは異なった形で表現するかもしれない。例えば，「真の友達なら安易に助け舟を出すのではなく，友人の自立を促すべきである」という考え方が「然るべき考え方」であるとされている文化では，この考え方に則った表現として，「試験があるのを忘れていたならしょうがないね，授業時間まで頑張って勉強してね。」という形を取るかもしれないのである。このように，同じ気持ちを表現するのでも，その表現の仕方はそれぞれの文化の中で何が「然るべき表現の仕方」だと考えられているかによって異なってくる可能性があるのだ。

　文化背景を異にする人たちがコミュニケーションを行う場合，ある形で表現されたものの解釈も異なってくる可能性がある。例えば「試験があるのを忘れていたならしょうがないね，授業時間まで頑張って勉強してね。」という表現形は，ある文化では「友人の自立を促す良い友達」と解釈されるかもしれないし，別の文化では「友人が困っているのに助けてあげない冷たい友達」という解釈を招くかもしれない。このようなコミュニケーションに対する文化の影響というのも，広い意味で捉えればコミュニケーションが行われているコンテキストの一部であると考えて

よいが，時間・空間を共有しながら対面でコミュニケーションを行う場合に物理的環境がコンテキストとして共有されている場合とは異なり，同じコミュニケーションに参加している人同士の間でも，文化的背景が違う中での発話のコンテキストは必ずしも共有されていない場合があるということは，念頭に置いておくべきである。

このようにして考えてみると，コンテキストというのは必ずしも共有されていることを前提にできるものではないということがはっきりしてくる。あらゆるコミュニケーションは何らかのコンテキストの中で行われるが，そのコンテキストはコミュニケーションに参加している人たちの間で共有されているとは限らない，という点も，コミュニケーションについていえる重要な点の一つであろう。

6．まとめ

本章では，コミュニケーション学で捉えているコミュニケーションの特徴を，象徴性，内容面と関係面，不可避性，不可逆性，先行性，コンテキストなどの観点から説明した。中でも，相手に伝えようとした事柄が伝わった場合のみがコミュニケーションなのではなく，伝えようとしても伝わらなかった場合や，伝えようとしていなくても伝わってしまった場合もコミュニケーションになるという点は重要である（成功したコミュニケーション／失敗したコミュニケーション／無意図的コミュニケーション）。また，メッセージを表現する手段に，言語を用いるものと用いないもの，及び音声を用いるものと用いないものとがあることを整理し，対人コミュニケーションを可視化するためのモデルを提示した。更に，私たちのコミュニケーションが文化に大きな影響を受けることを述べた。これらの点はいずれも，次章以降も表立ったり裏にある基底だったりし続けていくものである。

演習問題

身の回りのコミュニケーションの具体例を，モデルにあてはめて分析してみよう。

引用文献

石井敏（1998）「文化とコミュニケーションのかかわり」鍋倉健悦（編著）『異文化間コミュニケーションへの招待：異文化の理解から異文化との交流に向けて』第2章（pp. 41-65）北樹出版．

石井敏（2013a）「コミュニケーション」石井敏・久米昭元（編集代表）『異文化コミュニケーション事典』（p. 2）春風社．

石井敏（2013b）「非言語メッセージ」石井敏・久米昭元（編集代表）『異文化コミュニケーション事典』（p. 289）春風社．

石井敏・久米昭元（2013）「異文化コミュニケーションの基礎概念」石井敏・久米昭元・長谷川典子・桜木俊行・石黒武人『はじめて学ぶ異文化コミュニケーション：多文化共生と平和構築に向けて』第1章（pp. 11-34）有斐閣．

岡部朗一（1996）「コミュニケーションの基礎概念」古田暁（監修）・石井敏・岡部朗一・久米昭元（著）『異文化コミュニケーション：新・国際人への条件［改訂版］』第1章（pp. 15-38）有斐閣．

神谷昌明（掲載年月日不明）「手話学入門」
http://www.dge.toyota-ct.ac.jp/~kamiya/syuwagaku.html （2018年2月27日参照）．

「コミュニケーション」（小学館『日本大百科全書（ニッポニカ）』より）
https://kotobank.jp/word/コミュニケーション-66186 （2018年1月25日参照）．

末田清子・福田浩子（2011）『コミュニケーション学：その展望と視点 増補版』松柏社．

高橋亘・仲内直子・宮地絵美・村上裕加（2006）「日本手話と日本語の構造比較と聾者にわかりやすい日本語の表現」『関西福祉科学大学紀要』第10号，75-82

http://id.nii.ac.jp/1059/00000140/ （2018年2月27日参照）。
寺島信義（2009）『情報新時代のコミュニケーション学』北大路書房。
宮原哲（2006）『入門　コミュニケーション論　新版』松柏社。
リッチモンド, V. P. & マクロスキー, J. C.（2003＝2006）「コミュニケーションと非言語行動」（山下耕二　編訳）『非言語行動の心理学』第1章（pp. 1-14）北大路書房。
若林真未（2013）「手話通訳」石井敏・久米昭元（編集代表）『異文化コミュニケーション事典』（pp. 315-316）春風社。

2 | 非言語コミュニケーション（1）
―非言語メッセージの役割：見た目は何を伝えているのか

桝本智子

《目標＆ポイント》「最近，家にいても家族とコミュニケーションを取っていない」，「上司とのコミュニケーションがうまくできない」など，この場合のコミュニケーションとは一体何をさしているのだろうか。「コミュニケーション」というと，「会話」をすぐに思い浮かべがちだが，第1章で学んだように，コミュニケーションには言葉以外にもメッセージとして伝わっているものがある。この章では，コミュニケーションにおいて重要な役割を果たしている「非言語」について，紹介していく。
《キーワード》 非言語コミュニケーション，基本的表情，表出ルール，印象形成

1. 非言語コミュニケーションとは

　非言語コミュニケーションというと，ジェスチャーや顔の表情を思い浮かべやすい。「非言語」という文字通り，「言葉以外で表現されるもの」であるが，では，具体的にはどのようなものを指しているのであろうか。非言語コミュニケーションとして含まれる範囲はかなり広い。例えば，友達と街のカフェで週末の計画を立てている時，最終的には映画を見に行くことが決まったとしよう。しかし，その話の過程で，笑顔で，はずんだ声で，相手の目を見ながら，しかも身を乗り出して話をするのと，お互いにスマートフォンの画面を見ながら目を合わせることもなく椅子の背もたれに姿勢を崩して話をしているのでは，全くその意味が違って

くる。また，相手との関係性（コンテキスト：第5章参照）により解釈も違ってくる。知り合って間もない友達が，携帯画面をずっと見ているのであれば，あまり自分と一緒にいることを楽しんではいないのかな，という印象を受け取るかもしれない。しかし，長年の付き合いがある友達であれば，携帯を見ながら話すのはお互いにリラックスした状態だと感じるかもしれない。言葉以外のメッセージは相手の印象，そして，自分の心理状態にも影響を及ぼす。また，相手や自分の動作だけではなく，周囲の環境も関係してくる。狭い店内でBGMが大音量で流れている店なのか，ゆったりした店内なのか，座りやすい椅子なのか，硬い椅子なのかなど，さまざまな環境がコミュニケーションに関連してくる。

　非言語コミュニケーションの特徴として，パターソン（2013）は視覚，聴覚，触覚，嗅覚における情報が発せられるかぎり，社会的に非言語情報の動きがあると述べている[1]。初めての授業を受ける教室を思い浮かべてみよう。誰も知り合いがいない中，どの席に座るのか教室を見渡しているとしよう。入口から近い，黒板が良く見えるなど場所的なことに加えて，誰の隣に座るのかも考えるのではないだろうか。相手の髪型，服装，性別，姿勢，顔の表情，目が合った時の会釈など，瞬時に判断をして選んでいるはずである。挨拶をした時の声の印象も影響してくるであろう。

　非言語コミュニケーションが一研究分野として確立されたのは，文化人類学者のエドワード・ホール（E. T. Hall）の貢献が大きいといえる。1950年代初期にアメリカ政府から外交官や貿易関係者に向けた異文化トレーニングを任されたホールは，レイモンド・バードウィステルやジョージ・トレーガーとともに研究をすすめた。ホールは，言語をどれだけ流暢に話すことができても異文化における誤解はそれ以外のもの，つまり，非言語コミュニケーションを理解していないことが原因である

1）　これに味覚も加えることができる。

と考えた（Leeds-Hurwitz, 1990）。彼らの研究から非言語コミュニケーションはコミュニケーション学において，特に，異文化間コミュニケーションの分野では重要な学問となっている。その研究は学際的であるという特徴があり，アルファベットのAからZまでの学問分野すべて（文化人類学，生物学，心理学，動物学，コミュニケーション，など）を網羅するぐらい多岐に渡る（ヴァーガス，1987）。

　コミュニケーションにおいて非言語で伝わるメッセージは全体の7割から多い時で9割ともいわれている。顔の表情から55%，声の調子からは38%，言葉自体から受け取る割合は7%程度だとしている（Mehrabian & Wiener, 1967）。また，バードウィステル（Birdwhistell, 1970）の研究でも，日常会話では言葉から受け取るメッセージは約35%で，大半は非言語メッセージを受け取り解釈しているという結論を出している。誤解をしてはいけないのは，人はすべて顔や服装で第一印象の9割がたが決まるというのではなく，相手の言動を判断するのに迷った時には，言語よりも非言語から受けるメッセージの方を選択するということである。例えば，職場での大事な打ち合わせに電車の遅延のために遅れた時，すでに席についている同僚たちが「お早うございます。大変でしたね。」と挨拶をしてくれたとしても，その言い方や視線，顔の表情から，本当に心配してくれているのか，遅れたことに対して苛立っているのか，その場の微妙な雰囲気を判断する材料は言語で表現されたことよりも，非言語で伝わるメッセージの方を信頼するということである。そして，非言語コミュニケーションは無意識に身についている部分も多いことから，五感からのシグナルを自分の基準で解釈をし，判断を下しがちになる。

　ここでは，非言語コミュニケーションを理解するために，どのような分野があるのかをみていく。分かりやすく説明するために異文化間コ

ミュニケーションで最初に紹介されたコンドン（1980）の 20 のカテゴリーをまとめ直した 9 分野をもとにして考えていく。

1. 顔の印象（表情・アイコンタクト）
2. 装いと魅力（化粧と服飾）
3. 色彩
4. 身振りと姿勢（身体動作）
5. 触れ合い（接触）
6. 話し方（周辺言語）
7. 空間のメッセージ（対人距離・空間）
8. 時が語るもの（時間の概念）
9. におい

　言語メッセージと非言語メッセージを全く分離して考えることは難しいが，非言語メッセージの特徴を理解することでよりよいコミュニケーションを取ることができる。
　まず，第 2 章で「見た目」に影響する顔，化粧と服飾，そして色彩について検討し，次に第 3 章は身体動作と接触，周辺言語について考える。そして第 4 章では空間と時間の概念について詳しくみていくとともに，においが持つメッセージ性についても考えてみる。

2. 顔の印象

2.1 顔から読み取れるメッセージ

　顔は個人を識別する重要な情報源である。服や髪型は変えることができても顔をすべて変えることはできない。顔の移植というのも世界で数例しか認められていない。顔は人のアイデンティティとして，対人関係

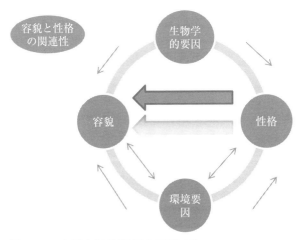

図2-1　容貌と性格関係のモデル[2]

の手がかりとしての重要性が高い。顔からその人の性別，年齢，民族，健康状態などの情報を得，性格までも顔から読み取ろうとすることもある。相手の感情を探る上でも顔の表情は重要な情報源であることは間違いない。

　顔と人格を関連づける研究は多くされているが，私たちは何を顔から読み取り，判断をしているのであろうか。人格が顔の特徴として出てくるドリアン・グレイ効果[3]はよく知られているが，人格とは関係なく生物的要素や環境的要素により顔かたちに影響がある場合もある。遺伝的なことが顔や表情に出る場合や日照や食事などの環境的要因から影響が出る場合などが考えられる。

---

2)　生物学的要因と環境要因は容貌と性格の両方に影響を及ぼす。性格により容貌に影響がでる「ドリアン・グレイ効果」（太矢印）がある。または，性格に合わない容貌「策略効果」（太矢印下）がある。生物学的要因や環境要因を受けた容貌がそれに見合った性格を生む場合「期待充足的予言効果」や，全く違う性格を生む場合「期待打破的予言効果」などがある。（ゼブロウィッツ（1999）『顔を読む：顔学への招待』p. 77「容貌―性格関係のモデル」を簡略して作成）
3)　主人公が悪事を働くたびに肖像画の顔が歪んでくるという，性格が容貌に影響をするというもの。

魅力的な顔は対人関係の初期段階において大きく影響する。就職面接において男性の応募者では魅力的な外見は仕事の能力が高いとみなされ，女性の場合は事務職においては男性と同様だが，管理職の志願者の魅力は能力と反比例する印象があるという結果が出ている（大坊，1998）。魅力的な顔というのは誰の意見も一致するものであろうか，それとも個人の好みによるものであるのだろうか。大坊（1998）は，いつの時代にも美しいと感じられる顔を普遍的美とし，対人関係などにより変化する魅力を相対的・社会的美としている。平均的に整った顔は普遍的・絶対的美と考えられ，社会的脈絡や時代，対人関係，民族によって評価が変わるのが相対的・社会的美である。顔は個性を表現する重要なものではあるが，与える印象はコンテキストにより変化するのである。

2.2 幼児的特徴と童顔

幼児の特徴は大人の保護精神を刺激するといわれている。これは動物の世界でも同じである。動物行動学者が注目をしたのは，鍵刺激と呼ばれるもので，乳幼児の外見や行動に特有な要素が好意的な反応に直接結びついていると考えた（Morris, 1994）。乳幼児の特徴としては，頭が大きく，丸みを帯び，柔らかい，目の割合が大きいので目自体が大きく見える，などがある。このような鍵刺激の効果が見られるのが，ディズニーや世界中にあるキャラクターもので，「かわいい」という印象を与え，好意が形成されるような風貌をしている。

この印象は大人の顔でも同様のことがいえる。大人の顔においても，童顔か大人顔かが対人関係に影響を与える。童顔の固定観念としては，正直である，優しい，あたたかい，頼りない，などがあり，反対に大人顔は，頼りになる，責任感がある，リーダーシップがある，などの評価がある。このような固定観念は裁判においても判決に影響するという研

究もある（ゼブロウィッツ，1999）。

2.3 顔の表情

　初対面であれば，笑顔の方がしかめ面をしている人よりも近づきやすい。また，笑顔でも，何か違和感を覚える時があるかもしれない。顔の表情からどのような情報を読み取っているのか，そして，それをどう解釈しているのかを知ることで，自分自身の顔の表情の出し方が相手に与える印象を考えるきっかけにもなる。

　まず，顔の表情は生得的なものなのだろうか，それとも習得的なものだろうかを考えていきたい。進化論を唱えたダーウィンは人間に必要なこの顔の表情は，身体と同様に進化してきたと考えていた。同じく生得的であるという立場を取る研究者は，聴覚と視覚の両方に障がいのある子供を観察し，基本的な感情表現が見られることを確認した（Knapp & Hall, 2002）。それに対してミード，ベイトソン，ホールやバードウィステルなどの文化人類学者達は表情や身振りは社会的に習得されるという立場を取っていた。文化人類学においては，社会的に重要な感情表現は学習によって習得されるものであり，ゆえに文化により異なるという見解を持っていた（エクマン，2006）。

　基本的な表情はどの社会でも認識されることを検証するために，心理学者のエクマンとイザードはそれぞれの調査で文化圏の異なる人々に表情の感情を判定してもらった。その結果，ほぼ同様の調査で顔の表情は普遍的であるという結果を得た。しかし，文化によっては苦しい時や人目がある時に笑顔を見せる場合もある。これを踏まえて，エクマン（2006）は顔の表情は普遍的であるが表出ルールが違うと結論付けた。表出ルールとは，表情を出す状況や度合いが社会の規範により決められていることをいう。例えば，悲しみの表情はどこでも「悲しみ」の感情と認識さ

れるが，周囲の目がある時，自分の立場によって，性別など社会により決まりがあるということである。

　顔の表情がメディアによる影響で，世界各地で同じように認識されているのではないか，という疑念を晴らすために，エクマンとフリーセンはさらに孤立した未開地で写真の表情を見せて表情を言い当てる実験を行った。そして，幸せ，怒り，嫌悪，悲しみについては明確に判別され，恐れと驚きは識別されにくいという結果がでたが，読み書きができる文化では，この二つの感情も区別されていたことがわかった（エクマン，2006）。結果として，悲しみ，怒り，嫌悪，恐怖，驚き，幸福の六つの表情は人類に共通する基本的表情であると結論付けた。

　これらの基本的感情を表す表情はどこの社会でも認識されることはわかったが，文化的な差があるのは基本的に三つの要因があるとされている（Richmond & McCroskey, 2000）。まず，文化によってある感情を引き出す環境が違う。次に，文化によって，ある感情表現に伴う結果が変わってくる。そして，文化ごとに学習すべき表現規則があり，この規則が表情行動の使用を統制するのである。

　エクマンとフリーセンは実験で，緊張を強いる映画を見た日本人とアメリカ人を比較した。一人で鑑賞している時はどちらも不快な表情をしていたが，他の人と一緒に見ている時，アメリカ人は不快な表情を示したが日本人は笑顔を見せていたことがわかった。しかし，詳しく見ていくと日本人の笑顔は本当の感情である不快な表情を隠すための作られた笑顔であることがわかった（大坊，1998）。このように日本人は周囲の目がある時に表情を抑制する傾向が大きい。

　驚きや恐怖の表情は瞬時の反応で明確にでるが，笑顔はうれしいという感情に結びついた笑顔，その場に合わせるための社交的な笑顔，他の表情を隠すための笑顔など解釈が難しいこともある。生後10カ月の乳

児であっても社会的な笑顔を見せることがあり，心からの幸福の表情とは差があることがわかっている。フランスの神経学者であるデュシェンヌは笑顔を作る大頬骨筋と眼輪筋に注目し，自分の意志ではコントロールすることができない眼輪筋が自然に動いている笑顔が心からの幸福の表情であることを発見した。この心からの笑顔をデュシェンヌ・スマイルという（エクマン，2006）。また，笑顔は最も他人に移りやすい表情でもある。相手が笑顔でいるとつられて笑顔になることはよく見られる。

感情と表情の表出の関係は写真や観察から多くなされてきたが，パターソンは顔の表情は対人関係において，将来の関係をどう構築したいかの意志の現れであると述べている。その場の感情だけではなく，相手とどのような関係を今後築いていきたいのか，という意志が顔の表情を作っているというのである（パターソン，2013）。

2.4 相手の目を見るのか見ないのか

視線は顔の形や表情とは別の分類で研究されていることが多いことからもわかるように，顔の中でも重要な部分である。人は視覚による情報に8割方は頼っており，人間は視覚の動物であるといえる（Morris, 1985）。視覚により相手を認識し，視線を送るかどうかで相手と会話を始めるかどうかの合図にもなる。視線を合わせることにより，お互いを理解しているかを確かめることもできる。

ここでは視線の種類と文化による視線行動の違いについても見ていく。視線行動には相互視，相互凝視が積極的に「見る」という行為であり，一方，一瞥は積極的な「見る」行為とは違う。また，凝視回避という相手の視線を意図的に避ける行為も視線のメッセージとして送ることができる。凝視回避は相手のことに関心がないことを示し，これから関係を築くことに消極的な態度である。これとは別に，儀礼的無視という

意図的に視線を合わさない行為もある。特に，エレベータや電車など密室状態で他人といる時は，相手を確認するのに一瞥をかわすことはあるものの，相手との距離を保つために礼儀的に無視をするものである。ゴフマン（Goffman, 1959）によると，プライバシーの侵略をする行為の一つに視線がある。相手と視線をかわさないことで，相手と自分のプライバシーをそれぞれ守っているともいえる。

　視線を合わせることで，これからどのような行動を起こすかというシグナルにもなり，1秒以下のわずかな違いが印象を変える。育った環境によりこの微妙な違いが違和感となり，緊張をもたらす。日本でも年配の人であれば，視線を合わせ続けることに慣れていないこともある。「人の話を聞くときは目を見てしっかり聞きなさい」や「相手の目を見て話しなさい」と言われて育った若い世代でも，初めて接する欧米系やラテン系出身の語学教師の授業に慣れるのに時間がかかったということを耳にする。文化による視線行動の違いにはどのようなものがあるのであろうか。ヨーロッパ系アメリカ人は人の話を聞く時は80％程度で相手の目を見るが，自分が話す時は50％ほどしか相手を見ない。これに対して，アフリカ系アメリカ人は相手の話を聞く時よりも，自分が話をする時に相手の目を見る。そして，アジア系は，相手が目上であれば，視線を合わせることが少なくなる。このような違いは，ヨーロッパ系アメリカ人の教員がアフリカ系アメリカ人の生徒に接する時，生徒が目をそらすような印象を受けることから，「人の話をちゃんと聞いていない」，「宿題をやってこなかった理由をごまかしているのではないか」という誤解を招くこともある（Sue & Sue, 1990）。

　相手を凝視する時間の違い，相手を直接見つめるのか，相手の方は見ているが顔や目を直接見つめない周辺凝視をするのか，ということも文化や性別により変わってくる。言葉はなくとも，瞬間的な視線の交わし

方がメッセージとして受け取られる。

3. 装いと魅力

　就職面接に行く時にはどのような服をえらぶだろうか。面接に「いつもの服装で来て下さい」という企業もあるが，その意図を考え過ぎて何を着て行けば良いのかわからず悩む，という声も耳にする。日本では大学生が就職活動を行う時期が大体決まっているので，その時期になると街で同じようなスーツ姿の学生を見かけることが多い。また，髪型や髪の色も落ち着いたもので統一されている。化粧や服装はどのようなメッセージを送っているのだろうか。装うことで私たちの心理や行動にも影響はでるのであろうか。

3.1　人はなぜ化粧をするのか

　化粧をすることで何かスイッチが入ったような気にはならないだろうか。化粧は相手への影響だけを考えているのか，それとも自分自身のために行っているのか。そもそも化粧とはどのような行為を指すのであろうか。化粧の歴史をたどると，神に仕える儀式のためや，呪術的な意味など，さまざまな起源がある。「化ける」という言葉が表すように，自分自身とは違うものに化身をする意図が含まれている。化粧を施すことで，神と対話をする目的や化粧によって病気から身を守る祈りが込められていた。その風習が現代にまで受け継がれているものも多い。化粧というのは自分を偽る行為（印象操作）でもあり，同時に，その役割に自分自身が入り込んでいくことでもある。どのように自分を他者に示そうとするのか，どのような役割を演じようとしているのかを手助けするものでもある（Goffman, 1959）。

　化粧が意味する幅も広い。村澤（2001）は，人類学の分類をもとにし

て化粧の意味を身体変工，色調生成，塗彩[4]の三分野に分けている。身体変工には頭の形を変形させたり，カレン族の女性のように金色の輪を首に重ねてつけるようなものから，日常的に髪を整える，爪を切る，というような行為まで入る。伝統や儀式で行う化粧は民族のアイデンティティであったり，社会的な地位や年齢を示すものであったりと，個人的な嗜好だけではない意味合いがある。

　現代における，いわゆる顔に施す化粧をする目的は，自分の魅力を出すため，社会のマナーとして，欠点を隠す，所属集団の一員として，などがある。化粧をすることにより，オンとオフのスイッチを切り替えることもできるし，自分の役割に自信を持つこともできる。化粧にはどのような心理的な影響があるだろうか。歌舞伎役者や演技・表現力が重視されるスポーツ選手は通常舞台や試合前に自分で化粧をする。化粧をしている時間に自分と向き合い，変化している過程で役柄に入り込むことができるのである。

　社会学者の岩男らが行った実験では，女子学生に街頭でアンケート調査を取ることを依頼した時，自分が普段する化粧でアンケート調査の依頼をしている時と，専門家によって自分に似合う化粧をしてもらった時とでは，依頼をする相手と自分との距離に違いがでた。自分に似合う化粧をしてもらった時は，相手との距離が近くなり，積極性がでたものだと分析された。また，化粧後の女子学生を観察したところ，表情や行動に自信を持っている，楽しそう，という印象も確認された（菅原，2001）。これは自分に似合う化粧をすることで，内面的にも変化が現れ，対人関係への積極性につながったと考えられる。また，自分自身が化粧により魅力的に変化したと自己評価することで，魅力的であるという第三者の評価につながるという研究結果もある（飛田，2001）。

---

4)　色調生成には入墨や文身，タトゥーイング，瘢痕等，皮膚に傷をつけて模様を描いたり，傷に色彩をいれるものが含まれ，塗彩にはボディペインティング，メイクアップ，ネイルメイクが含まれる。身体変工や色調生成は Brian Bates with John Cleese 著 "The Human Face" に豊富な例が紹介されている。

化粧の効果は介護の分野でも注目されている。気分的に部屋から出ることが少なくなってきた高齢者に化粧をすることで表情が明るくなり，他の人との交流も積極的にするようになったという報告がされている。これは，自分が他者からどのように見られるのか，ということを意識することで，他者の目を通して見た自分が魅力的であるとか，社会の一員としてみなされるということを認識することで，自分の価値を認識することに他ならない。余語（2001）は，高齢者へ化粧をするセッションを続けることで，他の人との交流が増えることを報告している。しかし，このような効果を得るには，化粧をすることに対して「似合う」「明るく見える」などのポジティブなフィードバックや周囲の目に対する個人の考え方を考慮する必要があることも強調している。

3.2 服を選ぶ，着る

人は，自分をよりよく見せたい場合や，期待されている役割がある場合はそれに合う服装を選ぶ。服装により自分の印象を操作しているのである[5]。服を着る動機としては，身体の保護，隠す，装飾，アイデンティティ，魅力の表示，権力の誇示，所属集団を示す，などがある（モリス，1991；Knapp & Hall, 2002）。

同じ人物が自分の体格に合ったフォーマルなスーツを着て面接に望むのか，またはカジュアルで汚れた服で面接に現れるのかでは，印象が違うだろうか。結果は言うまでもないが，ホルトがモデルを使った面接実験[6]は，約半世紀を過ぎた今でも通用するといえる（Knapp & Hall, 2002）。特に初対面の人とは，服装によって相手の全体像が形成されることも多

---

[5] 日常生活において常に我々は自分の役割を演じており，どのように自分を表現しようとするのかをゴフマンは「自己呈示」という言葉で説明している。また，人は自分の印象を役割やなりたい自分に合わせて変えるという「印象操作」を行っている（Goffman, 1959）。

[6] 同じ男性モデルがスーツを着用した場合とカジュアルな服装で面接を受けた場合の面接官の評価がどのように変化するのかを実験したもの。

い。これは対人認知[7]における印象形成という。最初に提示される情報により、その人がどのような人物かを決定する。この初頭効果（第一印象）はある程度の期間は持続する。相手との間に類似性が確認できれば、相手に魅力を感じ接近するきっかけともなる。

服装が伝えるメッセージには、その人の性格、性別、年齢、社会的立場、経済的立場、政治的立場、などがある。社会的地位の高そうな服を着ている人物が示した行動に対しては、それが社会のルールに違反していても同調する傾向がある[8]（内藤，2017）。

3.3 役割としての服装

社会において服装は役割を示すものになっている。駅員や警察官などは制服により、その役割が伝えられる。役割知覚（服装が示す役割―職業など）と役割期待（その人がどのような行動をするのかという期待）が一致することで、他者の行動の予測を可能にし、社会生活を円滑にしている（藤原，1988）。その人の役割に合った服装をしていれば、より信頼性も高まる。書店に行けば、「ビジネスのマナー」や「社会人の基本」などの本が多くあるが、スーツの色や丈、靴の底が減っていないか、など細かな点にまで注意を向けるように書かれている。これは日本の社会が求めている社会人に対する期待であるが、その印象にそぐわない人は信頼度が下がることになる。日本社会では服装に関する規範は厳しいと考えられる。

役割期待が明確なものとして制服がある。制服は機能的な面とともに、制服を着用することで、プライベートの自分とは違う言動を取ることもある。鉄道員や警察官は凄惨な事故現場であっても、制服を着用してい

---

[7] 対人認知とは相手がどのような人物かをさまざまな情報（非言語メッセージを含む）から認識すること。
[8] 一種のステレオタイプ（固定概念）ともいえる。スーツを着ている＝信頼できる、ということが社会の固定概念とされている場合、服装により相手の判断を間違う場合もある。

る時はその場ですべき役割を果たすことができるという。それは，職務に対する責任感であると同時に，周囲から見られる制服を着た自分，即ち，個人ではなく鉄道員や警察官という職業人として見られる自分を意識している心理的影響も強い。制服を着ることでその役割に合わせた行動をし，それが自分自身の一部となってくる[9]。

　その場に合った服装であるのか，というのも対人認知においては重要な情報である。被災地を慰問ボランティアとして炊き出しに参加した政治家の家族が，避難所に着の身着のままで集まった人々とは対照的に，見るからにしっかりとセットした髪にきれいな服装をしていた。善意の行動を取っているとはいえ，その場の役割とは一致しない服装に違和感を与えたという例もある。この場合，非常時に人を援助する，という行動を優先するとフォーマルなスーツやアクセサリーはその場にそぐわない印象を与える。その人の服装と社会的役割に一貫性がある時に肯定的な印象を与えることができ，その逆は否定的な印象となる（カイザー，1994）。

3.4　社会における立場

　さまざまな国のリーダーが集まるサミットでは民族衣装を身につけている各国代表も見受けられる。アメリカのオバマ大統領がホストとなったサミットでは，カジュアルスタイルが呼びかけられたが，当時のフランス大統領であるオランド氏はオバマ大統領との写真撮影の時に，ネクタイを着用して写真を撮っていた。その時，オランド大統領は，フランス大統領として海外での初めての仕事なので，フランス国民向けには，大統領としてネクタイを着用したい，と伝えたそうだ。翌日の集合写真には他の代表達と同様にノーネクタイで写真撮影に望んでいた。

　宗教による服装の規範も自分のアイデンティティであったり，社会で

---

[9]　アメリカで行われた心理実験（Harney, Banks, & Zimbardo, 1973）で一般市民に協力を得て看守役と囚人役を演じてもらい，行動や心理の変化を見る実験では，看守役は凶暴になり囚人役は無気力になっていったことが観察されている。この実験は両者の心理的ストレスと危険な行動から実験開始後まもなく終了した。

の所属，政治的な立場を表象していることが多い。政教分離を行うフランスでの公立学校内における宗教的な標章を禁止する法律により，イスラム教徒のヘジャブが事実上着用できないことになった。国の法律か宗教上の規範か，繰り返される議論である。自分の信じる宗教に基づくものを身につけることで，自分の立場を示すという例は世界中で見られる。

4．色彩

　色は視覚的に存在するだけでなく，私たちの日常生活において言葉でもある種のイメージを与えている。青は清らかさや涼しさ，水，空，海などを連想させる。赤であれば，情熱，火，暑いなど，色彩を表す言葉にはイメージがついて回る。個人的な経験や記憶から引き出される色彩の観念を「連想」という（加藤，1988）。多くの人が共通の連想をするものは「象徴」となる。色彩の象徴は，文化による伝統や習慣で全く意味合いが異なってくる場合もある。国旗の色や慶弔の服の色は色彩の象徴として文化により共有されている。例えば，ウエディングドレスに白が使われるようになったのは 19 世紀頃からだといわれているが，花嫁が着る衣装の色，として考えられている現在では，招待客は花嫁と同じ色の服を着ないようにするという認識がある。中国の五行思想では東西南北の方角を青白赤黒，と色で表していたが（21 世紀研究会，2003），アメリカのホピ族は方角を赤黄青白で象徴するのに対し，ナバホ族は白黄青黒で象徴する。このような色彩の象徴により，それぞれの方角に色にまつわるイメージが形成されている。

　色彩は象徴によるイメージが先行するが，色彩感情を共通する方法で測定したのが SD 法（Semantic Differential Method）である。これは「重い・軽い」「明るい・暗い」「温かい・冷たい」などの反対語を使用して対象のイメージを聞いていく調査法だが，この方法で各色が持っている

感情を調査することができる（加藤，1988）。これを利用すると色彩がどのように心理的に影響しメッセージを送っているのかがよくわかる。例えば，商品のパッケージなどはどうであろうか。化粧品のパッケージを見ると青や黒は男性用でピンクや明るい色は女性用に用いられている。洗剤のパッケージの消費者テストでは青では洗浄力が弱く感じられ，黄色では強すぎる，という結果も出ている（ヴァーガス，1987）。

　実際に色が脳に伝わる時，実物とは違うものが認識されていることも多い[10]。膨張色と収縮色がわかりやすい例である。これは色の錯覚ともいわれているが，重量，体感温度，時間，味覚，そして，学力などにも影響がある。茶や黒色（濃く暗い色）の箱と青や白色（薄く明るい色）の箱で積み荷の作業をしたところ，茶や黒の箱で作業をした時の方が疲れやすいという結果になった。また，暖色を使用した部屋と寒色を使用した部屋では体感温度が2度程度変わるのである。赤などの暖色や明度の高い色（明るい色）の部屋と寒色系の部屋では，赤などの部屋の方が体感時間が長く感じられる。ファーストフード店などは明るい色で店内がコーディネートされており，実際に過ごした時間よりも長くいた気分になる。結果的には客の回転を速くすることができるのである。赤は興奮させる色でもあり，青は沈静化の作用がある。これを利用してJRの踏切で実験的に照明灯を青に変えたところ，飛び込みなどの事故数が減ったことが確認され，その後の研究でも同様の結果が報告されている（日本経済新聞，2012）。ドイツの小学校で行った研究では，塗装が全くない教室で学習した生徒と，教室を緑か青で塗装をし，教室正面を側面より濃い色にした教室で学習した生徒では学力に差がついたという結果が報告されている（Knapp & Hall, 2002）。同じ色を見つめると違う色が見えるような錯覚（色彩の残像現象）により，同じ商品でも店内のイ

10）　色には明度と彩度があり，同じ色相の色でも印象が大きく変わる。色の組み合わせにより同じ位置にあっても，前に出て見えたり，後ろに下がっているように見える。暖色系の色は進出色で寒色系は後退色である。明るい色は暗い色よりも進出して見える。

ンテリアに影響されて商品がより魅力的に見えたり，逆に，食欲が減退するようにもなる[11]。目的に合った環境を作るには，色彩による影響も考慮する必要がある。

色彩は服装でも重要な要素であるが，単に好みの色の服を着るというだけでなく，色彩の象徴のように伝統や習慣としての社会の規範にも配慮する必要がある。社会規範にあった色の服を着ているのかどうかや，着ている服の色を，その人の性格と結びつけたりすることもある。流行色や季節に合わせた色を取り入れているかどうか，というのもメッセージの一部となっているのである。

5. まとめ

この章では，コミュニケーションにおいて重要な役割を果たしている非言語コミュニケーションとは何かについて紹介をした。その中でも「見た目」に影響をする顔，顔の表情，視線，化粧と服装について説明をした。顔の表情は万国共通に認識される基本的表情があることがわかったが，表出ルールは各社会の規範により違うことがわかった。化粧や服装は相手に対する印象を意識的・無意識的に形成する一方で，自分の心理や行動にも影響を及ぼすことについても概観した。また，色彩の象徴性や，色がメッセージとして機能することについても言及した。

演習問題

普段とは違う服装や化粧（スーツに慣れていればカジュアルな服装，そうでなければその逆）をして知り合いと話をしてみよう。自分の心理に変化はあるだろうか，また，相手にも印象を聞いてみよう。

---

11) 残像現象は見ている色と反対の色（補色）が見えてくることである。例えば，赤色を見続けると，視点を移した時に赤の補色の緑が見えてくる。これを応用すると，周囲に緑色を配色すると赤い肉の色が新鮮に見え，紫や灰色があると腐ったような色が見えてくる。

邦文引用文献

ヴァーガス, M. F.（1987）『非言語コミュニケーション』（石丸正訳）新潮社。
エクマン, P.（2006）『顔は口ほどに嘘をつく』（菅靖彦訳）河出書房新社。
大坊郁夫（1998）『しぐさのコミュニケーション：人は親しみをどう伝えあうか』サイエンス社。
カイザー, S. B.（1994）『被服と身体装飾の社会心理学（上）』（高木修・神山進監訳）北大路書房。
加藤雪枝（1988）「色彩の感情」日本繊維機械学会被服心理学研究分科会編『被服心理学』第4章（pp. 180-186）日本繊維機械学会。
コンドン, J. C.（1980）『異文化間コミュニケーション』（近藤千恵訳）サイマル出版会。
菅原健介（2001）「化粧による自己表現」大坊郁夫（編）『化粧行動の社会心理学』第8章（pp. 102-113）北大路書房。
ゼブロウィッツ, L. A.（1999）『顔を読む：顔学への招待』（羽田節子・中尾ゆかり訳）大修館書店。
飛田操（2001）「化粧のもたらす対人魅力」大坊郁夫（編）『化粧行動の社会心理学』第9章（pp. 114-121）北大路書房。
内藤章江（2017）「印象形成・対人認知と装い」小林茂雄・藤田雅夫（編著）『装いの心理と行動：被服心理学へのいざない』第4章（pp. 30-38）アイ・ケイコーポレーション。
日本経済新聞「駅に青色灯，飛び込み自殺8割減 東大分析」https://www.nikkei.com/articlle/DGXNASDG10014_Q2A011C1CR0000/ （2012年10月10日）
21世紀研究会編（2003）『色彩の世界地図』文藝春秋。
パターソン, M. L.（2013）『ことばにできない想いを伝える：非言語コミュニケーションの心理学』（大坊郁夫監訳）誠信書房。
藤原康晴（1988）「被服と社会集団」日本繊維機械学会被服心理学研究分科会編『被服心理学』第4章（pp. 111-113）日本繊維機械学会。
村澤博人（2001）「化粧の文化誌」大坊郁夫（編）『化粧行動の社会心理学』第4章（pp. 48-63）北大路書房。

モリス, D. (1991)『マンウォッチング』(藤田統訳) 上巻　小学館ライブラリー。
余語真夫 (2001)「適応力としての化粧」大坊郁夫 (編)『化粧行動の社会心理学』
　第10章 (pp. 124-135) 北大路書房。

英文引用文献

Birdwhistell, R. (1970). *Kinesics and context.*　Philadelphia: University of Pennsylvania Press.

Goffman, E. (1959). *The presentation of self in everyday life.* New York: Anchor Books.

Knapp, M. & Hall, J. A. (2002). *Nonverbal communication in human interaction* (5th ed.). Stamford, CN: Thomson Learning.

Leeds-Hurwitz, W. (1990). Notes in the history of intercultural communication: The Foreign Service institute and the mandate for intercultural training. *Quarterly Journal of Speech.* 76(3), 262-281.

Mehrabian, A. & Wiener, M. (1967). Decoding of inconsistent communication. *Journal of Personality and Social Psychology,* 6, 109-114.

Morris, D. (1985). *Bodywatching.* New York: Crown.

Morris, D. (1994). *The Human Animal: A personal view of the human species.* New York: Crown Publishers, Inc.

Richmond, V. P. & McCroskey, J. C. (2000). *Nonverbal Behavior in Interpersonal Relations.* London: Peason Education, Inc.

Sue, D. W. & Sue, D. (1990). *Counseling the culturally different: Theory & practice.* New York; John Wiley & Sons.

3 | 非言語コミュニケーション（2）
―真実を伝える体の動き

桝本智子

《目標&ポイント》 この章では，体の動きを中心に姿勢やジェスチャー，そして，触れ合うことでどのようなメッセージを発し，受け取っているのかを紹介していく。また，コミュニケーションにおいて周辺言語がどのような影響を及ぼしているのかをみていく。
《キーワード》 姿勢反響，エンブレム，例示的動作，接触・非接触型，周辺言語

1. 身振りと姿勢

1.1 体の動き

　姿勢や歩き方はその人の性格や態度を大きく印象づける。面接の時や初対面の目上の人と話をする時は，姿勢をいつもより良くしようとするせいか日頃慣れていないと疲れることもある。私たちは体の動きからどのようなメッセージを読み取っているのだろうか。

　体の動きや姿勢は肩から上の部分よりも真実を表す，といわれている。顔の表情はマスキング（感情を隠し，表情を作ること）をすることによりある程度コントロールすることができるが，体の微妙な動きはその人の心理状態や習性を表す（エクマン，2006）。意識的，無意識的であっても，人はその動作から多くの意味を受け取る。ある企業の不正が発覚し，代表が記者会見で謝罪をしていたのだが，人々はその謝罪の言葉よりも，座っている机の下から見えた脚に注目をしていた。組んでいる脚

を揺らしているのを見て，真剣に謝っていないのではないか，というような声が聞かれた。いつもの癖なのか，緊張してそうなったのかはわからないが，日本社会での「脚を組む」という行為は謝罪の場には相応しくなかったのである。

　体の動きや姿勢についての研究は，1960年代から1970年代にかけて紹介されたものが古典とされ，現在でも参考となる（DeVito, 2014）。先駆者であるメラビアンは同じ人物の違う姿勢を写真に撮り，その人物の印象を実験協力者に尋ねた結果，相手に対して近づこうとしているのか（接近性），リラックスをしているのかという二つの状態を次のようにまとめている（Argyle, 1975）。接近性は，好意があると考えられる状態であり，距離的に相手に近づく，触れ合う，前傾姿勢で相手の話に関心を示す，相手を見つめる，などの特徴が見られた。リラックスしている状態としては，ゆったりと背もたれにもたれる後傾姿勢，非対称な腕や足の位置，リラックスした腕などが確認された。

　接近性の認められる行動に人は好意を持つことがわかっているが，男性よりも女性の方がこのような行動を見るとより好意を持つことが報告されている。また，接近性には腕や足を開放的にしているかどうか，というのも判断基準になる。開放的な姿勢は男女の出会いにおいては肯定的な態度を示すものとされる。

　シェフレンは対人行動における相互作用の姿勢を「包括的・非包括的」，「向き合い・並行」，「調和・不適合」，という三つの分類で分析をしている（DeVito, 2014）。「包括的・非包括的」というのは，その人の姿勢が相手に対して近づきやすいかどうかということである。例えば，教室にいる友達が他の人と話している時，自分に対して背を向けているとその中には入りにくい。しかし，こちらの方を向いて，さらに近づいた時に入れるような空間があれば，会話に入っても良いという合図にも

なる。「向き合い・並行」というのは，向き合った姿勢は形式的・業務的である一方，お互いに相手を見ているので活動的な関係を表すことにもなる。並行であれば，お互いに別のものを見ているので，相手との関係性は活動的でないものであるといえる。

「調和・不適合」というのは，お互いの姿勢に類似性が見られるかどうか，ということである。お互いの姿勢が同じようなものであれば，二人の間に好意があるか，話の内容に同様の関心があることを表している。話に熱中をしている時に，お互いに前傾姿勢になったり肘をついていたり，と気がつくと同じような体勢をとっていることがある。これは，お互いの姿勢を鏡のように映していることからミラー現象や姿勢反響といわれる（モリス，1991）。リラックスをしている時，相手との立場や関係が同じような場合や長年つれそった夫婦など，無意識に相手と同じような姿勢になる。これは，自分が相手を理解していることの無言のメッセージともなる。心理カウンセラーは患者と同じような姿勢をとることで，話をすることなく患者の気持ちをリラックスさせようとすることもある（モリス，1991）。意識的であれ無意識であれ，相手と同じ空間で同じリズムで動作を行うことは本能的に心地よい空気を作り出しているといえる。

逆に，不適合の姿勢というのは，職業的なもの—例えば，医師と患者や地位の差，そして，関係性が良好ではない場合などに違う姿勢を取る

図3-1　**姿勢反響**（筆者撮影）

ことである。

1.2 シンクロニー

　発話と体全体の動きは密接に結びついていることが確認されている。発話とまばたきや体の動きが呼応している状態をセルフ・シンクロニー（自己同調動作）という。コンドンは医者と患者の対話をしている様子を撮影し，その分析から発話と同時に体が動き，その動きに呼応するように相手の体も動いていることを分析した（Condon, 1980）。発話のリズムと微妙な頭の動きや首の傾け方，腕の動きなどが同調していることがわかった。セルフ・シンクロニーはどの言語でも確認される。自分の発話のアクセントや話の強調部分に呼応して体の部分も動くのである。

　そして，相手に対して呼応する動きをシンクロニー（同調動作）という。コンドンの撮影記録でも，男性が椅子を少し動かして体の向きを傾けると，話をしている女性も椅子を動かして体の向きを調整する微妙な動きが認められる。音声なしで見ると，まるで二人でダンスをしているようにも見える。

　大坊（1998）は会話の発言時間が相手に合わせるかのように増減することを報告している。また，発話のスピードや間の取り方も同調してくるという。面接や初対面の時に話しやすい相手や親密な人との心地よい会話を考えてみると同調するリズムがあるはずである。

　相手とのシンクロニーは歩くスピードや歩幅，生活のリズムにも現れてくる。工場での流れ作業，仕事でのリズム，街のリズムなど，日常生活のあらゆるところにもリズムがある。ホール（Hall, 1984）は集団におけるリズムは一つの文化規範のようなものであり，集団がうまくいくかどうかは，社会的な動物である人間に働く対人的なリズムが同調するかどうかにかかっていると述べている。

1.3 姿勢と心理

姿勢や歩き方は社会環境の中で習得していくものもあるが，生得的であるものもある。動物でも人間でも大きく体を見せる時は相手を威嚇する，力の誇示をする，という意味がある。一方で，小さく体を縮める時は恐怖を感じていたり，自信がない時である。このような体の使い方は本能的であるといわれている。ランナーが両腕を高く上げてゴールをするシーンはよくあるが，たとえそのランナーが生まれつき目が不自由でそのような体の動きを見たことがなくても，同様のポーズをすることがわかっている。これは，勝利への喜びや達成感という心理的なものが本能的に表現されているのである。カディらは(Cuddy, Wilmut, & Carney, 2012)，このようなポジティブなポーズ（ハイパワー）を面接前に取ることでストレスが軽減され，面接の評価が高くなることを報告している。この研究では，体を広げる（腕を上げる，胸を張る）ポジションを取ることで，心理的に自信を持ち，冷静になることが確認されている。

逆に，体を丸め込み，顔を隠し，腕で自分を包み込むような姿勢は自分の殻に閉じこもり，外界との接触を拒否するものである。この姿勢は相手にも「話しかけて欲しくない」という強いメッセージを送っている（モリス，1991）。

1.4 エンブレム

モリス（1991）はジェスチャーを「観察された動作」という広い意味で考えるために，受け手がどのように動作を解釈しているかによって一次ジェスチャーと二次ジェスチャーに分けている。一次ジェスチャーとは手招きのように，その動作が意味を伝えるだけの機能を持っている場合である。二次ジェスチャーは偶発ジェスチャーともいわれている。例えば，くしゃみは，一次的な意味では単に機能的な問題であるのに対し，

二次的には受け手に「風邪を引いたのか」という意味を与える。頬杖をつくのもこの偶発ジェスチャーであるが，相手の話を聞いている時にこのジェスチャーをすると，本人は頭が重いので無意識に頬杖をついて支えているだけなのかもしれないが，相手は自分の話が退屈なのか，と受け止めるかもしれない。偶発ジェスチャーの多くは自分自身も気がつかない気分情報を伝えるのである。

　意識的に行う一次ジェスチャーは，言葉の代用として意味をなすエンブレムと呼ばれる。言葉が通じない時によく「ジェスチャーで伝えることができた」と話す人が多いが，果たしてジェスチャーは万国共通なのであろうか。モリス（1991）が北アフリカからヨーロッパ各地で行った調査では，同じエンブレムでも意味が違うもの，また，場所によっては全く使用されていないものもあった。「オーケー（OK）」を意味する，親指と人差し指で丸い形を作るエンブレムは，日本でも「了解」や「良い」という意味で使われている。英語圏ではだいたい，OKという意味で通じる。同じエンブレムでも，少し角度を変えると日本では「お金」を意味することもある。また，フランスでは何もないことを意味する「ゼロ」を表すこともあり，状況により解釈が変わる。そして，ブラジルではこれは卑猥な意味を表す時に使われる。

　時代により意味が加わるエンブレムもある。2本の指を立てるピースサインは勝利のサインとして使用されていたが，それが反戦運動の時に平和の象徴としても使われるようになった。状況によって勝利のサインでもあり，ピースサインにもなる。ただ，手の甲を見せて同じような手の形をすると，相手を侮辱する意味として取られる。イギリスの競馬選手がゴール前に見せたこのエンブレムのせいで，勝利を剥奪される事態を招いたこともある。また，ディズニーの「アナと雪の女王」のトレーナーをファストファッション店が英国で販売したところ，この登場人物

が見せているサインが裏ピースのように見え，PTA から子供が真似を するといけないので販売中止の要請がでたほどである（Arkell, 2014）。

　エンブレムは言葉の代わりにもなることから，意図的に発信されているものである。意図的に発信されるからこそ，相手が同じ理解をしていることを踏まえた上で使用しなければならない。使用の仕方は，地域，階級，世代，そしてサブカルチャーにより解釈の仕方も変わってくるのである。

1.5　例示的動作

　言葉の発話と密接に関連し，話している内容の説明を支援するジェスチャーを例示的動作という。エンブレムと同様に例示的動作は意図的なものではあるが，発話に付随して行われることから単独では意味をなさない。例示的動作には発話の内容を具体的に表現するものや，言葉をエンブレムのように表現するものがある（Knapp & Hall, 2002）。「こんなに大きな桜の木があった」という話をしている時に，両手で木の大きさを表現することにより，より相手に話が伝わりやすくする補助をしている。

　例示的動作には相手との会話で，自分の話が終わり，相手の発話を促すシグナルとなるものも含まれる。頭や目の動きも連動しながら体全体で相手にシグナルを送っている（Knapp & Hall, 2002）。バトン信号という強調をしたい部分を手で示すのも例示的動作に含まれる場合もある。モリス（1991）によると，「話ことばで表す思考のリズムに，調子をつけるもの」である。演説などで強調したい部分を話す時に，人差し指を立てながら話をしたり，手を上下に振り，聞いている人の注意を促す。力のこもった演説はこのバトン信号を自然に使うことで話にリズムをつけ，強調するべき点を聴衆に伝えている。特に人差し指のバトン信

号は，断定的に話をする時に使われ，普段はそれほど強い発言をしない人でも，威厳があるかのように見える（モリス，1991）。アメリカの大統領選挙のスピーチを見ていると，このバトン信号が演説の盛り上がりとともに，多く使われていることがわかる。

このように，英語圏ではよく見られるバトン信号であるが，日本語で発話をする時には大きな手振りはあまりみられない。しかし，ブエノスアイレスで開かれたオリンピックの開催誘致の時に日本の招致委員が行ったスピーチは，日本語で話す時には使わないであろうバトン信号を英語のスピーチとともに自然に行っていた。発話とともにされるこれらのジェスチャーは，自分の慣れている言語でなければ外国語を学ぶように学習する必要があるのである。

2. 触れ合い

2.1 触れ合いの役割

触覚は五感の中でも最も早くに発達する感覚である。脳の中でも"古い脳"の部分で発達し，人間の周辺環境との関係は接触からはじまるほど基本的なコミュニケーションの形であると考えられる。接触とは体を覆う皮膚が何かに触れることである。人間は母親の体内にいる時から接触を通じて温度や感触，リズムなどを触覚から感じ取っている（Argyle, 1975 ; Hall, 1984 ; Montagu, 1986 ; Richmond & McCroskey, 2000）。生まれてからは，触ることによりものを確認したり，自分の体と外界との境を理解していく。

接触は人間の基本的なコミュニケーションの形態であるが，心理学の研究では興味深い結果が報告されている。心理学者のハーローらは，赤ちゃんサルがミルクを出すしかけのあるワイヤーメッシュの代理母と温められたタオルのどちらを選ぶかを観察した。結果は栄養を与えるミル

クよりも，心地よい感触を与えるタオルの方を選んだ（Richmond & McCroskey, 2000）。生命を維持する食べ物よりも，肌触りがよいものに触れることで心理的に安心感を持つことができると考えられている。また，ガーゼパッドでかごを覆ったものとそれを除去した条件では，除去した時には赤ちゃんサルは凶暴化するという結果がでた（Knapp & Hall, 2002）。幼児期の接触は対人関係の発達を円滑にすることにも重要な役割を果たしている。そして，接触の欠落は免疫力の低下，言葉の学習の遅れや精神の不安定さなどの問題につながる可能性があると研究者は指摘する（Morris, 1971 ; Burgoon & Saine, 1978）。また，生命そのものにとっても接触は必要であるといわれている。児童養護施設や病院において接触が少ない乳児の死亡率が高いことから，接触の回数を増やすようにすると死亡率が下がったという例もある（ヴァーガス，1987）。実際，このような研究結果を踏まえて，ニューメキシコ大学の病院では親との接触の機会が少ない乳児を週に数回ボランティアが抱いて触れ合うというプログラムがあり，乳児期に十分な触れ合いの機会を設けようとしている。

　幼児期の接触は言葉の代わりに意思疎通の重要な役割を果たしているが，成長に従い接触が言葉によって置きかえられるようになる。乳幼児期であれば，転んだり体をどこかにぶつけるとさすってもらったり，何かが上手にできたことで頭を撫でたりと，直接体に触れられることで安心感を得る。しかし，言葉を習得するにつれて，接触で表していたことが「大丈夫よ」「よくできたね」というように言葉によって置きかえられる。そして，この頃には接触の社会的な規範を周囲の大人から学ぶようにもなる（ヴァーガス，1987）。ウィリスとホフマンによると，幼児期から児童期には接触の頻度が減り，青年期では小学校初期の半分ほどになる。その後，性が重要になると接触はまた増えてくる（Knapp &

Hall, 2002)。接触は人間にとって，最も原始的なコミュニケーションの方法であり，言葉に代わる愛情表現でもある。同時に，体に触れるということは個人のプライバシーの重大な侵害でもある（Goffman, 1959）。

2.2 触れ合いの意味

相手と握手をした時や手をつないだ時，相手の手の大きさ，手の柔らかさや固さ，細さや太さ，温度やしめりぐあいなど接触は瞬時にさまざまな情報を直に伝え，その形態は多様である。モリスは観察の結果から接触の形態には 400 種類以上があると述べている（Morris, 1971）。職業上の接触には医者や美容師などの役割による接触のしかたがある。接触の種類はさまざまであるが，それぞれの形態も文化によりルールが違う。日本に留学をしているアジア圏からの女子学生が，仲良くなった日本人学生と話が盛り上がり，歩きながら腕を組もうとしたら相手に驚かれてショックだった，という話はよく聞く。また，南米に留学をしている日本人学生がハグやキスなどの挨拶になかなか馴染めなかったが，1 年経って日本に戻って来ると，友達と全く接触がないことで冷たい感じがする印象を持つこともある。

北欧や北米は比較的非接触型の社会であるといわれ，南欧やラテンアメリカは接触型と見なされている。この分類にはアジアの国々は入っていないが，日本は非接触型の北米よりもさらに接触をしない社会の方に分類されるであろう。そして，東南アジアでは同性同士の接触は日本よりも多いことが観察されている。成人女性が女性同士で腕を組むというのは中国や韓国でも見られる。アメリカでは青年期の同性同士の，特に男性同士の接触を避ける傾向があるが，南米では友達として肩を組んだり，ハグをしたりすることはよく見られる。

コミュニケーション学者のバーンランドが日米の大学生を対象に，中

学生頃に父親，母親，同性と異性の友人とどの部分でどの程度の接触をしていたかを調査した。結果を見ると，日本人学生はアメリカ人学生よりも接触の部位と度合いが全体的に5割程度少ない。この調査ではさらに，アメリカ人は異性の親しい友人との接触には違和感を感じず，日本人は同性との接触に違和感を感じていないことがわかった。バーンランドは，日本人の身体接触の少なさは自己開示の少なさに関連していると結論付けている（バーンランド，1979）。

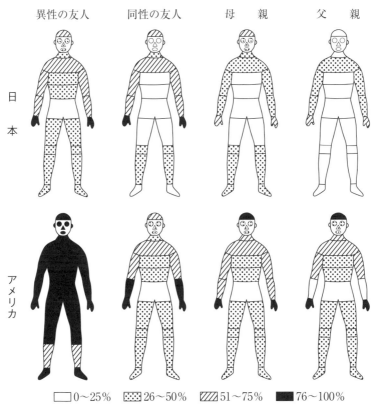

図3-2　日米学生の接触部位（バーンランド，D.C. 1979, p.127）

日本の家庭では子供と一緒に入浴をしたり，子供と川の字になって寝たりする習慣もあるので，幼少期の接触は多い。接触は依存性や安心感を高めるものであり，親子間の心理的な親密度が高いのではないかと考えられる。それが日本社会の接触のルールを習得するに従い，中学生ぐらいから極端に減ることが心理的な発達にも影響を与えているのではないかと考えられる。

3．話し方

　友達を映画に誘った時，顔の表情を見れば行きたいかどうかがわかるであろう。「声の表情」はどうであろうか。メラビアンは相手の真意がわからない時，声の調子から読み取る割合は38％と，声の調子を重視している（Mehrabian & Wiener, 1967）。メッセージの4割近くを占める声の調子とはどのようなものなのであろうか。言語学者のトレーガーは，言葉としては意味をなさないが，声の大きさ，抑揚，笑い声，間なども含めた周辺言語を分析した（Leeds-Hurwitz, 1990）。

　アナウンサーや政治家など，周辺言語に特に気を使う職業からみても，声の印象は相手を判断する材料にもなる。視聴者に聞きやすい発音とスピードで話すアナウンサーは，ニュースの内容によっても声の調子を変えているのがわかる。天気予報の声だけを聞いていても，明日の天気が大荒れなのか，晴天なのかがわかる。政治家は選挙時だけでなく議会の演説や答弁において，内容もさることながら声によって説得力の有無が判断されることもある。英国で初の女性首相となったサッチャー氏は男性社会である議会でリーダーシップを取るために，声を低く出す訓練を受けていたほどである（Adams, 2014）。

　声の表情を理解するために，トレーガーは言葉とその周辺の音声を区別し分類をしている。音声行動における大きな二つの分類は，声質と発

声である。声質は発話に伴う音声の変化である。これは，テンポ，リズム，ピッチ，唇の使い方などを含む。慌てている時には速く話すとか，興奮している時には大きな高い声を出す，ということでその人の状態を知ることができる。発声には，音声の特徴，音声の修飾と音声の分離がある。音声の特徴は，忍び笑い，すすり泣き，くすくす笑い，ため息，などが含まれる。音声の修飾は話す内容に強度をつけて強調するものである。「明日この書類を持って来て下さい」という場合，「明日」を強調する時は，特にこの部分を大きな声で区切っていうとわかりやすい。「この書類」が重要であれば，「この」を強調する言い方をするであろう。三つめの分類である音声の分離には，「うん」や「えっと」「あー」というフィラー音（つなぎの音）がある（Richmond & McCroskey, 2000）。この分類を利用すると，単なる声の印象をさらに詳しく分析することができる。自分の音声や発声を自分で制御できる人は，相手の声の感情を読み取ることも長けている。感情と周辺言語の関係を研究した結果，否定感情は肯定感情に比べて識別されやすいことがわかっている。特に怒りや恐怖などは声のピッチが高くなるのでわかりやすい（Richmond & McCroskey, 2000）。意味のない言葉であっても，感情を込めると何の感情なのかが伝わるという研究がコロンビア大学の実験で報告されている（ヴァーガス，1987）。一方で，その場に適した声，というのは文化やコンテキストによって変わってくる。「いらっしゃいませ」という同じ文言も，築地市場と高級ホテルとでは全く違った発声になってくる。また，言語によってもその印象が変わることから，自分の言語の発声の仕方に基づいて判断をすると，相手を誤解することにもなる。例えば，ピッチにより意味が違う中国語話者が話しているのを日本語話者が聞くと，何か感情的になっているのか，と誤解することがある。逆に，中国語話者は日本語話者が，「美味しい」といっても，抑揚がないことから

美味しくないのか，と誤解することもある。同じ日本語でもアクセントが地方により違う。多文化社会の今日において，周辺言語の解釈の仕方は特に気をつけなければならない。アクセントがあるということで，相手の国籍を決めつけたり，差別するということにつながる例もある。そのようなことに気をつけながら周辺言語を上手く利用していくと，声の調子に注意を払うことでより良い対人関係を築いたり，スピーチに説得力をだすこともできる。

そして，間の取り方（沈黙）もメッセージを送っているのである。ブルーノ（Bruneau, 1990）は，沈黙について「言葉の不在でコミュニケーションの不在ではない」と述べている。相手への反抗の意思，考える時間，心地よい沈黙，など相手との関係性においてメッセージも変わってくる。

4. まとめ

この章では，体の動きと声に注目をして説明をしてきた。私たちは，姿勢から好意や積極性を読み取ったり，声の調子から感情を感じ取ったりしている。相手との関係性により，シンクロニーが生まれることもわかった。より良い関係を築いていくために，相手とのリズムに注目をしていくと良いのではないだろうか。

演習問題

周辺言語とは何かを説明してみよう。文化による影響にはどのようなものがあるのかを考えてみよう。

邦文引用文献

ヴァーガス, M. F.（1987）『非言語コミュニケーション』（石丸正訳）新潮社。
エクマン, P.（2006）『顔は口ほどに嘘をつく』（菅靖彦訳）河出書房新社。
大坊郁夫（1998）『しぐさのコミュニケーション：人は親しみをどう伝えあうか』サイエンス社。
バーンランド, D. C.（1979）『日本人の表現構造』（西山千・佐野雅子訳）サイマル出版会。
モリス, D.（1991）『マンウォッチング』（藤田統訳）上巻　小学館ライブラリー。

英文引用文献

Adams, S.（2014, November）. How to convery power with your voice. *Forbes*. Retrived from https://www.forbes.com/sites/susanadams/2014/11/25/how-to-convey-power-with-your-voice/#31b410f382e7

Argyle, M.（1975）. *Bodily Communication*. Sufforlk UK : Richard Clay Ltd.

Arkell, H.（2014, October）. Parents want Disney's Frozen T-shirt pulled from shelves because picture of Elsa 'looks like she's flicking the V-sign and is encouraging children to swear' *DailyMail*. Retrived from http://www.dailymail.co.uk/news/article-2804692/Parents-want-Disney-s-Frozen-T-shirt-pulled-shelves-picture-Elsa-encouraging-children-swear-looks-like-s-flicking-V-sign.html

Bruneau, T.（1990）. Chronemics : The study of time in human interantion. In J. DeVito & M. L. Hecht（Eds.）, *The nonverbal communication reader*（pp. 301-311）. Prospect Heights, IL : Waveland press.

Burgoon, J. K. & Saine, T. J.（1978）. *The unspoken dialogue : An introduction to nonverbal communication*. Boston, MA : Houghton Mifflin.

Condon, W. S.（1980）. The relation of interaction synchrony to cognitive and emotional processes. In M. R. Key（Ed.）, *The relationship of verbal and nonverbal communication*. The Hague : Mouton.

Cuddy, A. J. C., Wilmut, C. A., & Carney, D. R. (August, 2012). The Benefit of Power Posing Before a High-Stakes Social Evaluation. *Digital Access to Scholarship Harvard.* Retrieved from https://dash.harvard.edu/bitstream/handle/1/9547823/13-027.pdf?sequence=1

DeVito, J. A. (2014). *The nonverbal communication.* Dubuque, IA: Kendall Hunt Publishing Company.

Goffman, E. (1959). *The presentation of self in everyday life.* New York: Anchor Books.

Hall, E. T. (1959). *The silent language.* New York; Doubleday.

Hall, E. T. (1984). *The dance of life.* New York: Doubleday.

Knapp, M. & Hall, J. A. (2002). *Nonverbal communication in human interaction* (5th ed.). Stamford, CN: Thomson Learning.

Leeds-Hurwitz, W. (1990). Notes in the history of intercultural communication: The Foreign Service institute and the mandate for intercultural training. *Quarterly Journal of Speech.* 76(3), 262-281.

Mehrabian, A. & Wiener, M. (1967). Inference of attitudes from nonverbal communication in two channels. *Journal of Personality and Social Psychology,* 6, 109-114.

Montagu, M. F. A. (1986). *Touching: The human significance of the skin.* New York: Columbia University Press.

Morris, D. (1971). *Intimate Behavior.* New York: Random House.

Richmond, V. P. & McCroskey, J. C. (2000). *Nonverbal Behavior in Interpersonal Relations.* London: Peason Education, Inc.

4 │ 非言語コミュニケーション（3）
―空間・時間・においのメッセージ

桝本智子

《**目標&ポイント**》 見えないけれども私たちが常に意識しているのは，空間と時間である。空間と時間の概念とはどのようなものなのか。自分が常識として考えていることは，他の人も同様に考えているのだろうか。この章では，空間，時間，そしてにおいについて詳しくみていく。
《**キーワード**》 パーソナルスペース，テリトリー，インフォーマルタイム，モノクロニック・ポリクロニックタイム，におい

1. 空間のメッセージ

1.1 パーソナルスペース

　初対面の人と挨拶をする時，友達と話をする時，それぞれどのような距離を取っているだろうか。見知らぬ人が恋人と同じくらいの距離で話しかけてくると不快に思うであろう。空間の使い方，縄張り意識，相手との距離などは，動物学をもとに研究されてきた歴史がある。その中でも対人距離に関する研究を紹介したのが文化人類学者のホール（E. T. Hall）である。ホールは動物の縄張りや人が列を作る時の距離を観察しながら，対人距離というものは社会により取り方や意味合いが違うことを紹介している。ホールはアメリカ中西部のヨーロッパ系アメリカ人の対人距離を分析した結果を次の四つのカテゴリーにまとめている（Hall, 1966）。

　　●親密・密接距離（0〜45 cm）
　　　相手との密度の高い接触が可能。耳元での会話ができる。

- 私的距離（45〜120 cm）
  相手の表情がよくわかり，腕を伸ばすと接触が可能である。私的な話題が中心となる。
- 社会的距離（120〜360 cm）
  公的で形式的な場面での距離。容易には接触できない。ビジネスなど公的な話題が中心となる。
- 公的距離（360〜760 cm）
  相手との私的な関係は少なく，公衆に対して演説をするような距離。個人の表情は見分けにくい。講義や演説など，公的な話題が中心となる。

　対人距離は相手との関係性によっても変わるが，特に文化による影響を受けやすい。日本社会ではホールの分析した距離よりも長めにとることがわかっている[1]。逆に，ラテン系である南欧や南米では対人距離はぐっと近くなる。

　ホールがアメリカ中西部の大学院で教えていた時，授業後に熱心に質問をしに来た女子学生が次第に「迫ってきた」ように感じたそうだ。その時に，この近い距離をどのように解釈してよいのか，頭の中ではいろいろな考えが駆け巡ったそうだ。最初は「熱心な学生」，次に「自分に気があるのか？」，そして，あまりの距離の近さに思わず後ずさりをしていったそうだ。その学生は質問の答えに納得をした後はあっさりと帰っていき，ちょっと気が抜けたそうだ。後でわかったことだが，この女子学生（見た目はヨーロッパ系アメリカ人）は南米出身で他の人ともかなり近い距離をとることがわかったそうだ（Hall, 1998）。このように，対人距離は文化の影響で違いがあり，それを知らないと相手を誤解することにもなる。

　パーソナルスペースは自分の前後を覆う透明な楕円形の膜のようなも

---

[1] 西出は日本人の対人距離を，相手との知り合いの程度により，排他域（0〜50 cm），会話域（50〜150 cm），近接域（150 cm〜3 m），相互認識域（3〜20 m），識別域（20〜50 m）の五つに分類している（大坊，1998）。

ので，人それぞれ自分のパーソナルスペースを持っている。左右や後方よりも視覚がある前方に広く自分の空間を確保しようとする。普段，対面で話す時には意識していなくても，常に人は自分にとって心地よいパーソナルスペースを保とうとしている。自分の育った環境によりこのパーソナルスペースが変わってくるが，年齢や地位，性別，相手との関係性などのコンテキストにより影響を受ける。

　見知らぬ幼稚園児ぐらいの子供が自分の近くに来てもほとんど気にならないであろうが，小学生高学年ぐらいになると，多少自分のスペースに踏み込まれたような気持ちになるだろう。これは，自分と親しい関係にある人しか入らない親密距離に，大人ではなくても身長や体格がある程度大きくなる高学年ぐらいの学童が侵入してくることで違和感を覚えるからである。年齢と比例してパーソナルスペースが広くなるわけではなく，社会的地位が高くなる年齢で広くなる。40歳前後で最大になり，その後，再び小さくなる。年齢とともに変化する距離を渋谷（1990）は依存性と自立性が関係すると見ている。子供の成長とともに，自立を促し，依存からの脱却を促していく。社会における独立性が最も必要となる40歳前後で距離が最大になり，それ以降は身体的な衰えから再び他者への依存的な行動が増え，距離が短くなる。

　そして，性別によっても変わってくる。男性がパーソナルスペースとして考える距離は，女性よりも2.5倍から3倍大きいことが報告されている（渋谷，1990）。男性は他の男性が自分の視覚で認識できる前方から近づかれる方が横から近づかれるよりも許容度はあるが，女性の場合は同性が横から近づく方が受け入れやすいという研究結果もある。性格としては，人に近づくことに抵抗がない外向的な人の方が内向的な人よりも距離が近いと考えられる。これは対人関係に自信があり，他人と一緒にいることに積極的な傾向があることが対人距離の近さにも表れるた

めであると考えられる(渋谷, 1990)。

　また,地位が高い人ほど自分のパーソナルスペースに敏感になる。企業の重役室に重厚な机があり,挨拶にきた新入社員は入り口からなかなか近づくことができない。この場合,相手との距離を決める権利があるのは重役である。アメリカの大統領選の選挙活動期間中は,候補者は有権者と触れ合ったりすることが多いが,大統領になるとセキュリティーの面もあるであろうが一般の人との距離が大きくなる。人々との距離がある大統領を見ると,権威が増したようにも見える。

　権威を示そうという意図ではないが,就職面接の面接官と応募者の座席位置によっては,その場の力関係が表れる。そして,それは応募者にとっては緊張感を否応なしに高めるものである。特に複数の面接官がテーブルの背後に座り,応募者には離れたところに向かい合わせに椅子が配置されている状況では緊張度が増す。応募者は全身を見られている上に,相手の顔のリアクションを見るには少し遠いので,自分が言っていることがどのように受け止められているのかわからない。また,面接官の方は応募者とあまり近くはないので,個人的な反応はしなくてもよい状態である。このような状態で進行していくと次第に自信もなくなっていく。自分の発言に何らかのフィードバックがないと不安になるのである。面接によっては応募者に緊張を強いるために意図的に椅子の配置を設定しているところもある。

1.2　環境における空間

　パーソナルスペースはポータブルスペース(持ち運びが可能な空間)ともいわれるが,テリトリー(縄張り)[2]は物理的に固定されている空

---

2)　大きく分けて一次テリトリーと二次テリトリーに分類される。一次テリトリーは,一定の固定場所が同じ人により連続的に使用されていることで,所有者を周囲の人々が認識している。ダイニングテーブルで家族が座る席が決まっている場合やオフィスの席などがこれにあたる。二次テリトリーとは連続的な使用ではないが,同じグループが食堂の特定の場所をよく使用しているような場合である。所有の認知はされているが,常に権利を主張できるものではない(DeVito, 1989)。

間を指す。動物の縄張り行動の研究をもとにしたものから発展して，座席位置などが心理的にどのように影響を与えるのかが研究されている。

　家の中においても誰かが座る席が決まっていたり，会社のスペースにおいても部署ごとに立ち入ることができる場所が暗黙の了解で決まっていたりする。会議の座席位置も役職により座る位置が固定されている場合が多い。発言しやすい会議かどうかというのは，会議のテーマやメンバーにもよるが，どの位置にリーダーまたはファシリテーターが座るかによって話の流れに影響がでることもある。例えば，長テーブルの真ん中にリーダーが座り，前方と両横に参加者が座っている場合，リーダーの力が強いほど参加者は自分の隣の人とは話しやすいが，リーダーがいる対面の人とは話しにくくなる（Moor & Hickson, 2007）。議長席などが周囲よりも離れている場合は，さらに権威的な空間が生まれ，活発な議論を行う会議よりは決定事項のみを伝えるような内容の会議となる。また，誰が中央と見なされる場所に座るのか決めにくい場合は，座席位置により権力が明確にわからないような工夫がされる。国際会議では，いわゆる「中央」がない円卓で行われることが多い。

　意見の相対するグループが対面式に座るとお互いに一方的な意見しかでず，話し合いが進まないということも納得がいく。市民団体と役所の参加者を対面式から両者が混ざって交互に座った場合，問題解決という目的に向かってより建設的な意見がでるようになったという例もある（加藤，2002）。座る場所によりどのような作業に適しているのかを調査したところ，長テーブルを利用した場合，対面式では競争する作業をするのに適しており，隣同士であれば協働作業に適しているという結果がでた（Knapp & Hall, 2002）。

　座席位置はカウンセリングの場面でも文化的配慮が必要となるところである。北米では患者とカウンセラーとの間をある程度取るために，机

図 4−1　机の配置による比較
(Knapp & Hall, 2002 "Seating Preference at Rectangular Tables" p.164 をもとに簡略化をしたもの。筆者作成)

日本の共有型オフィス

欧米型の個人空間のあるオフィス

1960 年代の典型的な箱型オフィス（1998 年）（ユニフォトプレス）

図 4−2　オフィスレイアウト

を隔てて接することが多い。この距離は南米では個人的な話をするには冷たいと感じるであろう。イヌイットは，向かい合いよりも隣同士に並んで座る方が落ち着くということが観察されている（Sue & Sue, 1990）。

　オフィスの中でも空間の使い方に文化の違いがでる。欧米のオフィスでは，パーティションで区切り，個人の仕事部屋のような空間を作る。この空間では私物である家族の写真や好きなポスターなど個人の自由に働きやすい空間を作ることができる。また，部長クラスになるとパーティションではなくドアのある個室や他の従業員とは離れた場所にいることが多い。

　一方，日本のオフィスでは，近年さまざまなオフィスレイアウトが提案されているが，部署ごとに「シマ（島）」を作り，机を向かい合わせにしていることが多く見られる。「一課のシマ」全体を見渡せるように課長席があり，その背後に部長席があり，役職がある人も同じフロアで働いていることが多い。筆者が行った調査では，アメリカのオフィス空間で働くことに慣れている人は，この空間の使い方に戸惑う。頭をあげると向かい側に座っている社員と目が合い，課長からはいつも見られているような気がして落ち着かない。仕事への集中という面では空間の使い方の違いは致命的ともいえる。しかし，慣れてくると活発なコミュニケーションができるということがわかり，結果的には高い評価を得ている。上司とアポイントを取らなくてもいるかどうかすぐにわかるので，声をかけやすい。また，自分達の仕事に役立つ情報が，別の「シマ」の社員が話している日常会話から耳に入ってきたりもする（Masumoto, 2005）。空間の使い方によって職場での人間関係にも影響を与える例であろう。アメリカでも最近はオープンスペースを活用したオフィス配置が見直されてきているようである。

家の中ではどうであろうか。家具の配置や個人の部屋の有無も家族とのコミュニケーションに関連してくる。玄関からリビングや台所に近いところを通り自分の部屋に行くほうが，廊下によって分けられている家よりも家族とのコミュニケーションが活発であるという傾向がみられる。間取りの違いは国による特徴もある。韓国ではリビングを中心として家族がそこを必ず通らないと自分の部屋には行けないようになっている。また，ドアの開閉もメッセージを伝えている。アメリカでホームスティをした学生が自分の部屋をもらったのでくつろごうとドアを閉めていると，ホストファミリーから「家族と付き合おうとしない」という苦情がでることもよく聞く。ドアを閉めることが家族との空間を遮断し，交流を拒んでいるように受け取られたのだ。空間は相手とのコミュニケーションの形を作り出し，それが相手との今後の関係性にも見えないところで影響する。

2. 時が語るもの

「時はことばよりも雄弁に語る」と言ったのは E. T. ホールである (Hall, 1959)。時間は何を伝えているのであろうか。言語の習得だけでは理解できない文化の違いを紹介したホールは「時」の捉え方が文化により異なり，それにより誤解を生むことを指摘した。「時間」というものは社会の常識として捉えられているので，自分の考える時間の基準と違う人は「非常識」，「怠け者」，「失礼」などと決めつけてしまいがちである。時間の概念が私たちの生活にどのように影響をしているのかをみていく。

2.1　時の常識とは
ホールは時間の概念を理解するために，まず，三つの体系に分けて考

えた。科学的に決められた時間（1年365日5時間48分45.51秒，1日24時間など）は「テクニカルタイム」で，数字で的確に表現されている。「フォーマルタイム」と「インフォーマルタイム」は文化や社会の決まり，個人の捉え方によってその意味合が違い，その意味するものと解釈が分かれてくるので誤解が生まれやすい。「フォーマルタイム」は季節ごとに決められている伝統行事や社会の中のシステムによって同じ文化の人と共有されているものである（Hall, 1959）。学校の義務教育の期間，新学期の開始時期や暦も社会によっては違うものが使われる。曜日に対する感覚も宗教が変われば違ってくるであろう。金曜日になると週末が近づいてきて待ち遠しくなるのは，日曜日を安息日としているキリスト教に起源を見ることができるし，ユダヤ教やイスラム教では違ってくる。また，クリスマスもキリスト教に限ってのことなので，他の社会では過ごし方が違う。このような社会や文化によって決められている時間によって，時の感じ方も変わってくる。クリスマスが祝日である社会から来た人にはこの日に仕事をしなくてはいけないのは考えられないものである。逆に，正月三が日は休みである日本社会からすれば，1月2日から出勤というのも落ち着かない。また，イスラム教徒にとってはラマダンの時期が重要である。この時期に食事のコントロールができない仕事環境であれば，つらいものがある。ネイティブ・アメリカンは部族ごとにさまざまな行事があり，観光客の見学を受け入れている場合でも伝統行事の日は居留地全体を閉鎖する場合もあり，遠方から来た人はがっかりすることもある。グローバル化によって人の行き来が自由になってきているが，同じ日に同じ場所にいても相手の「時」の感じ方が違うことを理解することは必要である。

　「インフォーマルタイム」とは決められたものではなく，その発言者とコンテキストを理解することなしには正確にはわからないものであ

る。例えば，「ちょっと」「少しの間」「のちほど」など曖昧なものである（Hall, 1959）。外国から日本に来ている人が戸惑うのが，「また今度」という誘いともとれる表現であるが，これは日本語特有の社交辞令であることが多い。では，お互いを知っている場合の挨拶代わりに使われる「近いうちに食事をしましょう」という「近い」はいつなのか。シチズンが行った調査によると，「1カ月後」という回答が一番多かった。「ちょっと一杯」は1時間20分という結果であった（朝日新聞，2006）。また，相手が誰かによってその時間の意味合いが変わってくる。例えば，友達と1時間程話をしたのと，大統領と1時間話をしたのではその時間の重要性が相手により変わるのである（Hall, 1959）。

　ホールが行った調査では，アメリカ中西部の人々は5分遅れるということは軽い謝辞で済むが，15分遅れると礼を尽くして謝る必要があり，それ以上は相手を侮辱している，という結果がでている（Hall, 1959）。時間の正確さでいうと，同じアメリカでも東海岸の都市部は時間に正確であり，西海岸の方がゆったりとしている。郵便局の窓口でのやりとりや公共の場所にある時計の正確さなどから生活のペースを割り出したところ日本はヨーロッパ3カ国につぎ4位という結果が出ている。しかし，郵便局での作業の丁寧さと正確さを考慮すると実質的な速さは1位ともいえる（Levine, 1997）。

　ヴァーガス（1987）によると，ハワイではポリネシア系住民のゆったりした時間の使い方の「ハワイアン・タイム」と主に初期の宣教師たちによってもたらされた比較的正確な「ハウリ・タイム」とが混在する。筆者の経験でも，パーティーをする時は「ハワイアン・タイム，それとも，ハウリ・タイム？」と確認しあうことがあった。「ハワイアン・タイム」であれば，招待されたのが7時とすると，ゆっくりと8時ぐらいから始まり，「ハウリ・タイム」であれば7時過ぎぐらいから人が集ま

りだす。インドネシアでは「ラバータイム（ゴム時間）」という表現が使われ、ゴムのように時と場合により時間が伸縮することをさす[3]。日本でも地方によっては沖縄の「ウチナータイム」や宮崎の「日向時間」などがあり、ゆったりと時間がながれている。

日本では小学生の頃から「5分前行動」ということを教えられ、集合時間には早めに行くことが習慣づけられている。近年の携帯電話やメールの普及により、友達同士では待ち合わせの時間を決めない人も多いが、目上の人との約束時間にはやはり気を使うであろう。

2.2 モノクロニックタイム・ポリクロニックタイム

Hall（1983）は時間の三つの体系に加えて、特に文化により時間の感覚と対人関係の関連性に違いがあることを発見した。ホールはこれをモノクロニック（Mタイム）とポリクロニック（Pタイム）という概念を用いて説明をしている。Mタイムとは、時間を一本の線のように考え、イベントをその線上に書き入れていくような考え方である。一つの時間帯には一つのイベントのみをこなしていき、スケジュールを優先していく。主に北米、北ヨーロッパなどがこのMタイムの概念に当てはまる。これに対してPタイムは、一つの時間帯と場所に複数のことが混在するような時間の捉え方である。例えば、仕事の打ち合わせを予定していたが、その間に知り合いが尋ねてくるとその知り合いとも旧知を深めるようなものである。スケジュールよりも人間関係を優先する。Pタイムはラテンアメリカや南ヨーロッパに多く見られる。

忙しい昼食時間に仕事の打ち合わせをしようと、時間がきてもなかなか来ない同僚を多少いらいらしながら待っていると、笑顔で現れ、その上近くにいた打ち合わせには全く関係のない他の同僚もテーブルに誘う。いらいらを感じるのはMタイムの環境に慣れている人で、笑顔で

---

[3] 都市部やイスラム教徒の祈りの時間などは正確な時間で物事がすすむ。

他の同僚も誘っているのはPタイムの習慣を持つ人である。お互いの文化的な時間の認識を理解していないと，相手のことを「時間に正確でない」とか「公私混同している」など，非難することにもなりかねない。また，逆から考えると「友達だと思っていたのに冷たい」と相手のことを信頼できなくなるかもしれない。

　日本は伝統的にはポリクロニックタイムの文化を持ち，現代ではモノクロニックの傾向もあると考えられている。日本企業を考えるとスケジュール通りに一つの物事を一つの時間帯に行いながら，共有のオフィス空間で複数のことが同時に行き交っていることからMタイムとPタイムが混ざりあっていることがわかる（Masumoto, 2005）。

2.3　過去・現在・未来

　時間に関する価値観はビジネスや政策の計画を立てる時にも影響をしてくる。過去・現在・未来のどこに重点を置いているのかにより物事の決め方が変わってくる（第7章，クラックホーンの「価値志向」参照）。伝統やしきたりを重んじる過去志向，「今」を重視する現在志向，そして，未来の目標に向かっていく未来志向と，どれか一つ，ということではなく，どこにより重点を置いているのかによって人生の価値観が大きく変わることもある。一般的に王室や皇室のある国々は伝統を重んじる過去志向であるといわれているが，日本は同時に未来志向で長期計画にも重点を置いている。長期の計画を立てるのか，短期の結果を求めるのか，によっても会社の運営自体が変わってくる。アメリカの企業ではクオーターシステムを取っている企業が多く，短期で成果を上げることが求められる。日本はそれに比べると長期のプロジェクトが多い。終身雇用制度が崩れたとはいえ，外資が日本の企業を買収した時におこる，成果を求める期間の食い違いはニュースでもよく耳にする事例である。

このように時間に関連する価値観は地球規模で解決していかなければならない環境問題や資源開発への取り組み方にも影響を及ぼす。価値観の違う国々がお互いを理解し，調整していくことが，解決には不可欠であろう。

3. におい

　アロマテラピー，香水，消臭剤，加齢臭，フレグランス入り柔軟剤，とにおいへの関心は高まっているといえる。しかし，においに関する研究は五感の中でも最も研究が遅れている分野でもある。においを感じる嗅覚野は記憶や感情を処理する脳の部分とつながっており，理論的思考や言語をつかさどる脳の「新しい」部分と違い，「古い」脳と結びついている（脳については第13章及び第14章参照）。このことから，「花のようなにおい」「甘い香り」など，においを直接表す言語は少ない（外崎，2004）。動物にとっては重要なコミュニケーション手段であるにおいは，人間のコミュニケーションではどのようなメッセージを発しているのであろうか。

　犬の嗅覚は鋭いことでよく知られているが，人間は4000から10000のにおいを嗅ぎ分けることができる（外崎，2004）。W.ケインが行った実験では，高い確率で子供は自分の兄弟姉妹のTシャツのにおいを嗅ぎ分けることができた（DeVito, 1989）。嗅覚はトレーニングにより向上するが，まだまだ使われていない部分が多い。もともと発達していた嗅覚が言語や視覚を使用する比重が高くなるにつれて，退化していくとも考えられる。

　DeVito（1989）はにおいの特徴を七つのカテゴリーに分類しているが，その中でも注目すべきなのは，においの差別化（上記の実験もこの例である），過重なにおい（多量のにおいのために他のにおいがわから

なくなる），飽満したにおい（他の人は気がつくがにおいに慣れてしまった自分は気がつかない），そして，においの記憶である。においは自分が身に着けているものであっても，空間にも影響を及ぼす。フレグランスタイプの柔軟剤が流行っているが，あまりににおいが強すぎて他のにおいがわからなくなることがある。高級なレストランでは，食べ物のかおりを妨げるほどの強い香水などは控えるのもマナーと考えられる。「においの公害」とは，単に悪臭だけではなく食べ物や香水の多量のにおいが通常の生活にも影響を及ぼすものであることを示している[4]。「においの飽満状態」の例としては，ヘビースモーカーの部屋は吸っている本人は気がつかないが，他人が入るとすぐににおいに気がつく，というものが挙げられる。北米のホテルでは全館禁煙や禁煙と喫煙の部屋をフロアごとに分けているところもあるが，日本のホテルではまだまだ徹底していない。部屋に入った瞬間にたばこのにおいが気になるという人も多い。

　においと記憶の分野は最も注目されている分野である。嗅覚野は記憶をつかさどる海馬とつながっていることから，においと記憶の研究が進められている。視覚で確認した情報はその場では 100％ 近くの確率で認識され記憶として残るが，においの情報は明確には確認できない（「〜のようなにおい」という曖昧さがある）。しかし，時が経つにつれ視覚で得た情報の記憶は急激に減るが，においの記憶は長時間残るという報告がある（Hickson, Stacks, & Moor, 2004）。においを嗅ぐことにより昔の記憶が蘇ることをプルースト効果という（Blodgett, 2010）。潮のかおりを嗅いだり，運動場の乾いた土のにおいを嗅いだ瞬間に，ふと子供の頃の思い出が明確に蘇ったことはないだろうか。においは記憶と感情を刺激するという研究結果が報告されているが，良い記憶だけではなく心理的な傷（PTSD）を刺激することもある（Lewis, 2015）。また，脳の血流を測る実験から，特定の香料がリラックス効果をもたらすことを利用

---

[4]　焼き鳥店の近隣住民が訴訟を起こした事例もある。
(http://www.courts.go.jp/app/files/hanrei_jp/338/007338_hanrei.pdf).

し，この香料の成分を使用した化粧品を高齢者の認知症の改善に実用化しようとしている例もある（月舘，2012）。

　体臭をなるべく消そうする傾向は日本社会でも強いが，体臭はいわば個人を表すものであり，個人の状態を示すものでもある。熟練した医師などは患者の息を嗅いで，どこが悪いのかがわかるという。病状により体内から特有のにおいがするのである（Knapp & Hall, 2002）。医者と患者の関係では息をかけるのは許されるであろうが，西洋社会では口臭はなるべく消そうとする。一方で，アラブ社会では互いに息を吹きかけるぐらい近づき挨拶をする。友人のにおいを嗅ぐのは好ましいとされているのである（Hall, 1966）。

　文化により好まれるにおいとそうでないものがある。これは環境的（気候，土壌，排水設備）なものや食べ物の違いによる影響がある。乾燥している土地からきた人は，日本の湿気のにおいが臭いという。ある程度はわかるが，慣れているものからするとそれほど気になるものでもない。また，アメリカで日本食が進出しはじめた頃にできた醬油工場の周辺では，住民から醬油のにおいが臭いという苦情や，留学生が寮で炊く米のにおいが臭いという苦情があったという。

　においの研究はまだまだ発展途上ではあるが，私たちの日常生活の空間に常に存在するものである。映像で世界のどこでも行ったような気分になるが，実際の経験にはにおいがある。においなしには記憶に残るような体験にはならないのではないだろうか。

4．まとめ

　この章では，空間と時間について詳しくみてきた。人はそれぞれパーソナルスペースを持っているが，その取り方には年齢，性別，文化などが影響することがわかった。会議での座席位置，家の間取り，そして，

職場での机の配置においても，空間が人間関係に影響を及ぼしているのである。時間の概念は価値観が影響するものでもある。時間の捉え方がさまざまであることを認識することは，誤解を避け，また，同じ目的に向かって協同する時にも不可欠となってくる。さらに，においが人のアイデンティティとなったり，記憶や感情と深く結びつき，さまざまなメッセージとなることについてもとりあげた。

> **演習問題**

　モノクロニックタイムとポリクロニックタイムにはどのような特徴があるのか，例を含めて考えてみよう。

邦文引用文献

朝日新聞（2006年5月31日夕刊）「『ちょっと一杯』は1時間20分」。
ヴァーガス, M. F.（1987）『非言語コミュニケーション』（石丸正訳）新潮社。
大坊郁夫（1998）『しぐさのコミュニケーション：人は親しみをどう伝えあうか』サイエンス社。
加藤哲夫（2002）『市民の日本語──NPOの可能性とコミュニケーション』ひつじ市民新書。
渋谷昌三（1990）『人と人との快適距離：パーソナル・スペースとは何か』日本放送出版協会。
月舘彩子（2012）「香る癒し女性の味方」朝日新聞夕刊（2012年4月17日）3版8面。
外崎肇一（2004）『「におい」と「香り」の正体』青春出版社。

英文引用文献

Blodgett, B. (2010). *Remembering Smell*. New York: Houghton Mifflin Harcourt Publishing Company.

DeVito, J. A. (1989). *The nonverbal communication workbook*. Prospect Heights, IL: Waveland Press, Inc.

Hall, E. T. (1959). *The silent language*. New York: Doubleday.

Hall E. T. (1966). *The hidden dimension*. New York: Doubleday.

Hall, E. T. (1983). *The dance of life*. New York: Doubleday.

Hall, E. T. (1998). Lecture by E. T. Hall at University of New Mexico, Albuquerque, NM.

Hickson, M. III, Stacks, D. W., & Moor, N-J. (2004). *Nonverbal communication: studies and applications*. Los Angeles, CA: Roxbury Publishing Company.

Knapp, M. & Hall, J. A. (2002). *Nonverbal communication in human interaction* (5th ed.). Stamford, CN: Thomson Learning.

Levine, R. (1997). *A geography of time: The temporal misadventures of a social psychologist*. New York: Basic Books.

Lewis, J. G. (2015). Smells ring bells: How smell triggers memories and emotions. *Psychology Today*. (Jan. 12, 2015).
https://www.psychologytoday.com/blog/brain-babble/201501/smells-ring-bells-how-smell-triggers-memories-and-emotions

Masumoto, T. (2005). Learning to "Do Time": A study of U. S. Interns in Japanese Organizations. *International Journal of Cross-Cultural Management*. 4 (1), 19-37.

Moor, N. J. & Hickson, M. III. (2007). *Nonverbal communication: studies and application*. Oxford, UK: Oxford University Press.

Sue, D. W. & Sue, D. (1990). *Counseling the culturally different: Theory & practice*. New York; John Wiley & Sons.

5 | 言語コミュニケーション（1）
―表現形としての言語

大橋理枝

《目標&ポイント》 この章では言語がもっている本質的な要素を理解した上で，言語を用いてコミュニケーションを行う際に関わってくる幾つかの点について考えていく。また，言語と文化との関係についても考察する。
《キーワード》 超越性，恣意性，生産性，文化的伝承性，学習性，外延的（明示的）意味，内包的（暗示的）意味，言語決定論／言語相対論，高／低コンテキストコミュニケーション，高／低コンテキスト文化

1. 言語の本質

　第1章で，私たちは感じたり考えたりしたことを他人に伝えるためには何らかの形でそれを表現しなければならず，言語がその表現形の一つであることを述べた。第2章から第4章までで見た様々な非言語メッセージは，それが録画された場合を除き，基本的に時間・空間を共有している相手，即ち今・ここでこちらを見ることができる相手に対して有効な表現形であった。それに対して言語は必ずしも時間や空間を共有していない相手に対しても有効な表現形であるといえる。音声を通して伝えられる言語は空間を共有していない相手に対しても有効な表現形となる（電話での会話はその最も端的な例であろう）し，文字で記された言語は時間・空間を共に超えて有効な表現形であるといえる（手紙などを考えると分かり易い）。この，時間と空間を超えることができるという

言語の性質を「超越性」という（末田・福田，2011）。
　今・ここのこと以外も表現することができるということも，言語に超越性という性質があるためだといえる。私たちは未来の予定や過去の出来事などを言語を用いて表現することができるが，時間の流れを表現する記号（例えば「明日」という語）が言語の中にあるからこそ，それが可能になる。このことは言語がもっている別の重要な性質を表立たせる。即ち，言語は記号の一種である，ということである。記号というのは「一定の事柄を指し示すために用いる知覚の対象物」（広辞苑第六版）のことだが，言語体系は特定の言葉が特定の対象（物・動作・状態など）を指し示すという決まりに基づいて成り立っている[1]。「アシタ」という言葉でこの先日付が変わった時からの一日を指し示す，というのは，日本語という言語体系の中では決まりとして成立している事柄である。全ての言葉がこのようにして何を指し示しているのかが決まりとして成立しているのだが，ここで重要なのは，この先日付が変わってからの一日のことを「アシタ」という言葉で指し示さなければならない必然的な理由はない，ということである。このように，ある対象を指し示す言葉と，その言葉が指し示している対象との間を結びつける必然的な理由はない，という性質を言語の「恣意性」という。これも言語の本質として非常に重要な点である（末田・福田，2011；宮原，2006）。
　また，言語は様々な「部品」を組み合わせた構造をしている。具体的にいうと，文は語が集まってできており，語は語幹と接頭辞や接尾辞に分けられたり，形態素に分けられたりする[2]。このように言語は「部品」

---

[1]　言語体系を存立させているもう一つの基盤は，そのようにして存在している語同士をどうやって並べるかということに関する規則（統語規則）であるが，これについてはここでは割愛する。
[2]　語幹はある語の中心的な意味を担う部分，接頭辞は語幹より前に付く部分，接尾辞は語幹より後に付く部分である。例えば「お話しした」という語においては「話し」の部分が語幹，「お」の部分が接頭辞，「した」の部分が接尾辞になる。形態素は意味をもつ「部品」としてそれ以上細かく分けることのできないものを指す。例えば「〜だった」は「だっ」と「た」に分けることはできず，「だった」で一ま

に分けることができるため,それを入れ替えることで無限に様々なことが表現できる。現在・未来・過去のことのみならず,空想・嘘・夢なども表現できるのである。この言語の性質のことを「生産性」という(末田・福田,2011)。

また,人間は生まれつき言語を身につけているわけではなく[3],必ず周りの人とのやり取りを通して言語を学んでいく。そして,あらゆる言語はその言語を使っている人々が作り上げている文化の中で使われている。したがって全ての言語はある特定の文化の一部として存在するし,言語を学ぶ際には必ず特定の文化の一部として特定の言語を学ぶことになる(文化的な背景の全くない自然言語は存在しない)。言語は文化の一部として存在するものであり,文化の一部として継承されていくものであるということを言語の「文化的伝承性」という(末田・福田,2011)。また,言語は生まれつき身につけているものではなく,周りとのやり取りを通して学んでいくものであるということを言語の「学習性」という(末田・福田,2011)。これらも言語の本質として重要な点である。

2. 言葉の「意味」

言語において,ある対象を指し示す言葉と,その言葉で指し示されている対象との間の結びつきは必然的なものではなく,特定の言語体系の中での決まりでしかないと先に述べた。このことはとりもなおさず,私たちが言葉を使う時には,特定の言葉が何を指し示しているのかを一つずつ脳で理解しながらその意味を判断しているということでもある。例えば日本語には「すみません」という言葉があるが,この言葉は自分が相手に対して謝らなければいけないと思う時にも,感謝の意を表したい

とまりの意味(この場合は過去を表す意味)を担う。このまとまりが形態素である。
3) 言語生得論では人間は生まれつき言語を話す能力を有しているとするが,ここで問題にしているのは言語能力が生得的であるかどうかということではなく,言語が使えるようになるためには周りとのやり取りが必要であるという点である。言語能力が生得的であるか否かについてはここでは立ち入らない。

と思う時にも，相手を邪魔して申し訳ないと思う時にも使われる。「すみません」と言われた側は，「すみません」と言った側が上記のどの意味で言ったのかを，その場の状況から判断することになる（知らない人からいきなり声をかけられたら「謝罪」や「感謝」であるはずがないので「邪魔して申し訳ない」という意味だろうと判断する，など）。他の言葉についても，その意味の判断の過程は全て同様である。即ち，言葉の意味は言葉自体に内在するのではなく，コミュニケーションの中でその場のコンテキストから各自が自分の脳で判断するものなのである。つまり言葉の意味は人の脳の中にあるといえる。

　その上，言語の「文化的伝承性」を考えると，ある対象を指し示す言葉とその言葉で指し示される対象との結びつきは文化的な枠組みの中に置かれることになる。また同時に，言語の「学習性」を考えると，ある対象を指し示す言葉とその言葉で指し示される対象との結びつきは各個人が学習しなければならないものだということになる。このことから導き出されるのは，ある対象を指し示す言葉とその言葉で指し示される対象との結びつきの決まりの中には，文化背景を共有している人たちの間で共通する面と，各自が独自に学んだ面が併存することになるという帰結である。

　例えば「山」という言葉を例に考えてみると，この言葉は日本語という言語体系の中では「平地よりも高く隆起した地塊。谷と谷との間に挟まれた凸起部。古く，神が降下し領する所として信仰の対象とされた」（広辞苑第六版）という指示対象をもつ。これが「文化的伝承性」から導き出される「山」の指示内容である。それと同時に，私たちは一人一人「山」に対して独自の学習成果をもっている。小学校の遠足で登らされて嫌だったもの，大学のサークル活動の楽しい思い出の源，人命を奪う恐ろしいもの，などなど，「山」がもつ意味合いは一人ずつ若干違う。

これが「学習性」から導き出される「山」の指示内容である。（勿論，この「学習」自体が文化的枠組みの中で行われるという意味では両者を明確に分けることはできない。日本では遠足で登山をするので「遠足の時に登らされた嫌なもの」という意味づけがなされ得るのであり，遠足がない文化や遠足でも登山をしない文化の人はこのような意味づけはし得ない。ここで強調したいポイントは，言葉の意味の中にある程度他人と共有されているものと個別的なものがあるという点である。）

このように，あらゆる言葉には，他人と共有されている意味と，各個人が個別に捉えている意味との両方がある。前者のことを言葉の「外延的意味」（末田・福田，2011）又は「明示的意味」（桜木，2013），後者のことを言葉の「内包的意味」（末田・福田，2011）又は「暗示的意味」（桜木，2013）という。一つの言葉に対して文化内で共有される指示内容と個人的な指示内容とが生じるのは，言語の本質を考えれば必然的なことであるといえる。

ここで第1章で示したコミュニケーションのモデルに戻って考えて頂きたい。今，考えや感情を表現する際に言語という表現形を用いてメッセージを作ったとする。そのメッセージが相手に届くとそこで解読されることになるが，そこでは用いられたのがどの言語であり，どの言葉なのかを把握することになる。次の段階として，メッセージを作る際に用いられた言葉を解釈することになるが，ここでは用いられた言葉の「外延的意味」即ち「明示的意味」は解釈できても，個別的なものである「内包的意味」即ち「暗示的意味」まで解釈するのはかなり難しいと言わざるを得ない。つまり，言語を用いて表現するに当たっては，メッセージを形作る「表現」と，そのメッセージが届いた相手が行う「解釈」とが100％一致することは原理的に有り得ないのである。「表現」と「解釈」は必然的にズレる。それは言語が本質的にもっている性質による限界で

あり，言語という表現形を使って行うコミュニケーションの限界なのである。

だが一方，私たちは普段，このズレを許容しながらコミュニケーションを行っている。そして大抵の場合は，さほど大きな問題も感じずに毎日を送っている。勿論ズレの幅が少ない方が，お互いに「理解」できた気になれるであろう。しかし，実際には完全な理解などないまま，ズレを含みながら，コミュニケーションを成り立たせているのである。このことを可能にするのが人間の言語能力なのである。

3．言葉の存在がもつ機能

ある言語体系の中に特定の言葉が存在することによって，その言葉が指し示す対象が存在することを意識させるようになる，というのも，言葉がもつ機能の一つである。例えば，妻が家で待っているのを知っていながら夫が自分の仲間と飲んで帰る場合に何か罪滅ぼしに買って帰ろうとする場面を考えてみよう。この「自分が何か良心に呵責を感じている時に妻に買って帰る罪滅ぼしの品」を示す日本語の単語はない（だからこそこのようにもってまわった言い方になる）。だが，ドイツ語にはこの品を一言で表す Drachenfutter という言葉があるという（サンダース，2016；ドイツ大使館，2017）。この言葉があることによって，そのような品が他の罪滅ぼしの品とは違った存在であるように感じられ，また社会全体でもそのように捉えることになる。例えば夜中まで飲んでいた夫が妻への罪滅ぼしに花束を買おうとした時に「何？『龍の餌』[4]用にバラの花束を買う？ そんなら1本おまけしとくよ！」と花屋のおじさんが言ってくれるかもしれない。恋人とのデートの時にあげるバラにはおまけしてくれない花屋のおじさんでも。

このように，名づけることによってその対象を認識させるという言葉

---

4) Drachenfutter を直訳すると「龍の餌」という意味になる。

の機能を「名づけの機能」という（宮原，2006）。この「名づけの機能」によって「名づけ」られたものは，その社会の中でその存在が認識されるようになる。「アルハラ」という言葉が存在するまでは，飲酒を無理強いすることが嫌がらせの一種であるという認識は日本社会の中で共有されていなかった。しかし，「アルハラ」という言葉が作られ，その意味が日本の社会の中で共有されていくにつれ，飲酒を強要することが嫌がらせであるという認識も日本社会の中に広まってきた。現在似たような経過をたどっているのが「アカハラ」や「マタハラ」という言葉である。

また逆に，ある社会の中に存在しないものを指し示す言葉は存在しない。例えば夫は何をしようと自由であり，妻は夫の行動に口出しできない，という社会があったとする。そのような社会では夫が何をして何時に帰ろうと良心の呵責を感じることはなく，罪滅ぼしの品を買って帰ろうとは思いもよらないかもしれない。そのような社会では当然 Drachenfutter に当たるような言葉も存在しないだろう。

更に，言葉は身の回りの現象を整理するのにも役立つ。例えば，特定の相手のことを思い出すと，心拍数が上がり，顔が熱くなり，その人のことを考えたいとは思わないのに頭に浮かんできてしまう……という気持ちになるとする。この状態では「モヤモヤしている」という感覚かもしれないが，この気持ちに対して「恋」や「恨」という言葉を充てると，途端に自分が感じていることを自分で理解・整理することができた気がするのではないだろうか。この例からも分かるように，言葉は自分の身の回りの現実を整理・理解するのにも大きな機能を果たすのである（宮原，2006）。

4. 言語の「随意面」と「不随意面」

　私たちが言語を使おうとする時，言語を使う人が自由に選べる要素，即ち「随意面」と，言語を使う人の自由にならない要素，即ち「不随意面」とがある。例えば，ある言語における統語面での規則（語順や格助詞の付け方など―例えば日本語では「を」という格助詞は目的語につけることになっている）や，ある言語内においてどの語で何を指し示すか（日本語では「ホン」という語で「文章・絵・写真などを編集して印刷した紙葉を，ひとまとまりに綴じて装丁したもの」[明鏡国語辞典]を指し示すと決まっており，「コン」という語で同じ対象を指し示すことはできない）などは，言語使用者の自由にならない「不随意面」であると捉えたい。一方，「文章・絵・写真などを編集して印刷した紙葉を，ひとまとまりに綴じて装丁したもの」を指し示す際に「ホン」という語を使うか「ショモツ」という語を使うかは日本語の使い手にとってある程度選択の余地がある。また，日本語においては語順に関する決まりは比較的緩いので「玲香は智美に本をあげた」と言うか「玲香は本を智美にあげた」と言うかはある程度言語使用者に任されている。このような面を「随意面」と呼んでおく。この両者を区別した上で，まずは「不随意面」に関して幾つかの側面を検討した後に，随意面について検討を続けたい。

4.1　不随意面の検討

　「昨日の夜友達と夕飯を食べに行った。」という文は，日本語の文として何ら不自然な点はないだろう。この文から想像できるのは洒落たレストランでの二人きりの夕食だろうか。それとも友達何人かで集まってファミレスでお喋りに花を咲かせた夕食だろうか。日本語ではこれらの情報を示さなくても文を成り立たせることができるが，例えばフランス

語であればそうはいかない。「友達」が単数なのか複数なのかは明示することが必須の文法要素だし，単数の場合は男性なのか女性なのかも明示しなければならない文法要素なのである。したがってフランス語で同じ文を成り立たせようとした場合，一緒に食事をした相手の性別と人数が必然的に表現されることになる。

多くのヨーロッパ言語において，名詞を使う場合はその性を正しく表現しなければいけないというのが言語的な決まりである。上記の例のように「友達」の性別を示さなければならないのもさることながら，多くのヨーロッパ言語は物を指し示す名詞にも「文法上の性」がある。例えば「本」はフランス語（livre）では男性名詞である。これはフランス語使用者が本を男性として扱うことにどんなに納得がいかなくても従わざるを得ない「不随意面」である。

このように言語的な決まりとしてある名詞と文法上の性とを結びつけて考えることを常に強いられると，その名詞に対してその性に合った捉え方をするようになるという（ドイッチャー，2012）。具体例としては，例えばドイツ語では女性名詞，スペイン語では男性名詞である「橋」という言葉の属性を問われた際に，ドイツ語話者は「美しい，優雅，脆弱，穏やか，可愛い，ほっそりしている」などを選ぶ傾向が見られ，スペイン語話者は「大きい，危険，長い，強い，頑丈，そそりたつ」などを選ぶ傾向があったという（ドイッチャー，2012，p.262）。このことは，本来は純粋に文法上のカテゴリーであるはずの「物質名詞に付与される性」が，その言語の使用者にとっては対象への認識に影響を与えることを示している。つまり，言語が認識に影響を与えることを示す一例といえるのである（ドイッチャー，2012）。

もう一つ言語が認知に影響を与えていると考えられる例を示す（ドイッチャー，2012；桜木，2013）。例えば道案内をする場合，日本では

「駅の改札口を出て右に行き，目の前の道を渡って正面の路地に入り，三つ目の角を左に曲がると大きな白い家があるのですが，その白い家の道向かいにある家が私の家です」のように，「右」や「左」という語を使って説明することは珍しくない。だが，このように「右」「左」という概念を使わず，全てを方位で位置づける言語がある（「駅の改札口を出て東側に行き，……三つ目の角を南側に曲がると……白い家の西側にある家が……」のように説明する）。即ちこの言語の話者は自分がどこにいても東西南北を把握している必要があるということになる。また，別の言語の話者は方位の代わりに「山側」「海側」で説明するのだという。この言語の話者は常に山や海に対する自分の相対的な位置を把握していなければならない。そして実際このような言い方を使う言語の話者は，その言語で必要な位置感覚を身につけていくのだという。つまり，言語が身体的な位置に関する認知にはっきりと影響を与えているのである（ドイッチャー，2012；桜木，2013）。

　更に別の例を挙げよう。人間が見える色は紫外線と赤外線の間の可視光線の波長の範囲だが，この可視光線のどの波長帯のものを「同じ色」であると分類し，どの波長からを「違う色」とするかは言語によって異なる。英語では様々な濃さの青を全て「blue」という一語で表す（必要に応じて「dark blue」「light blue」などの形容詞を付けて差を表す）が，ロシア語では濃い青を指す色名「siniy」と薄い青を指す色名「goluboy」とが別の語として存在する。このことは英語話者が同じ色の濃さの違いと捉えているものをロシア語話者は別の色であると捉えていることを示す。更に興味深いことに，被験者に二つの色見本を見せて両者の色がどのくらい違うかを判定させる実験を行った結果，波長としては同じ程度離れている色同士でも，ロシア語話者は「siniy」に分類される色同士や「goluboy」に分類される色同士を比較した場合より，「siniy」と

「goluboy」の境界を超える色同士の方が違いが大きいと判定したという。英語話者にはこのような違いは見られなかったことから，ロシア語話者は「siniy」と「goluboy」が言語的に別の色であるとされているが故に，両者をよりはっきりと違う色として認識していることが明らかになった。これも言語が認知に影響を及ぼしている例として考えて良い例である（ドイッチャー，2012）。

　言語が認知に与える影響については，20 世紀前半から「言語決定論」と「言語相対論」の論争が続いてきた（桜木，2013；末田・福田，2011；ドイッチャー，2012）。「言語決定論」というのは，「言語は人の認知を決定づける」とする考え方であり，例えば「日本語では『虹は七色』と言うから日本語話者は虹に現れる可視光線のスペクトルが七色に見えるのに対し，『虹は五色』と言う言語文化では同じ可視光線のスペクトルが五色に見える，斯くの如く言語は人間の認知を決定するのである」とするような考え方である。これに対し「言語相対論」というのは「言語は認知に影響を与える」とする考え方であり，「英語圏では wheat/barley/oat/rye はそれぞれ別のものとして区別する必要性があったから別の語を充てているのに対し，日本ではその区別が重要でなかったからどれも『麦の一種』（小麦／大麦／燕麦／ライ麦）とするだけで良かったのだ，斯くの如く言語は文化に影響を受けるのであり，文化を通して認知に影響を与えはするものの，認知を決定するわけではない」とする考え方である。最近では言語相対論の方が優勢であると論じられる向きもあるが，先に挙げた「橋」「方向／方角」「青」などの例をみると言語決定論も完全に否定することはできないように思われる。

　どのような要素が明示必須要素として言語の中で表され，何が表されないかというのは言語によって違うため，「昨日の夜友達と夕飯を食べに行った」という文を聞いたフランス語話者は，「友達」の性別や人数

が示されていないことにフラストレーションを感じるかもしれない。逆に，「昨日の夜友達と夕飯を食べに行った」という言い方に慣れている日本語話者は，フランス語でこのことを表現しようとした場合に，一々デートだったのか仲間の集まりだったのかを告白しなければならないことにフラストレーションを感じるかもしれない。つまり，私たちが言語を使ってコミュニケーションを行う場合，使う言語が違う相手とのコミュニケーションでは，どこに関心を向けるかが異なる可能性は十分に有り得ると思われる。言語が認知に与える影響をどんなに少なく見積もっても，この程度の影響は覚悟しておいた方が良さそうである。

4.2 「随意面」の検討

　一方，言語の中では使い手が比較的自由に選べる要素も存在する。先にも例を挙げた通り，日本語では正しい助詞と共に使いさえすれば語順はメッセージの作り手が比較的自由に選ぶことができる要素である。勿論，メッセージの作り手が比較的自由に選ぶことができる要素はこのような文法規則の側面だけではない。何を言語で表現し，何を表現しないかという点に関する選択も，言語の使い手の「随意面」の一例である。
　第1章で検討した玲香と智美の間の会話をもう一度思い出して頂きたい。玲香はあの会話の中で，智美に対して自分の窮地を救ってほしいとは一言も言明していない。自分のノートを見せてあげるということは智美が玲香に対して自主的に申し出たことである。では智美は何故頼まれもしないのに玲香に対して自分のノートを見せると申し出たのだろうか。おそらく智美の頭の中には「友達なら友人が困っている時に助けてあげるものだ」という考え方があり，「この場合助けてあげる方法の一つは自分のノートを見せてあげることだ」と理屈づけ，それを「じゃあ，この間と同じように，学校行ったら私のノート見せてあげる」という言

葉で表現したのであろう。

　第1章でコミュニケーションが行われる際の物理的環境や当事者同士の人間関係や心理状態なども含めた周りの環境全般を表す「コンテキスト」という概念を紹介したが，私たちがコミュニケーションを行う際には必ずこのコンテキストを読み込みながらコミュニケーションを行っている。例えば玲香と智美の場合は二人が仲の良い友達であり，玲香が必ずしも授業中に先生が言ったことを最後までちゃんと聞いていないことがあり，智美はそのような玲香に対して今までにも何度か救いの手を差し伸べてきており……というコンテキストを踏まえた上で，智美は「きっと玲香は私のノートを見せてほしいと思っているだろう」と推測して，「私のノートを見せてあげる」という申し出をしているのである。逆に玲香の側からすれば，「きっと智美は私が智美のノートを見たいということを分かっているだろうから，見せてあげると申し出てくれるだろう」という推測に基づき，わざわざ「ノートを見せて」と言う必要はないと考えたかもしれない。

　同時に，玲香は智美に対して「ノートを見せて」と言うことを遠慮した可能性もある。今日テストがあるなら智美も復習したいはずだし，そのためにはノートが必要かもしれない。それを自分が「見せて」と言ってしまったら大切な友達である智美に迷惑をかけてしまうかもしれない。そのことを考えると智美に対して「ノートを見せて」とは言えない……という思考の流れも有り得る。そして智美の側としては，玲香がそのように考えていることを察した上で「遠慮しなくていいよ！」という気持ちもこめながら「私のノート見せてあげる」という申し出をしたのかもしれない。そのような気持ちがこもっているということは言明しないまま，その気持ちは玲香が分かっているだろうという推測のもとに，「私のノート見せてあげる」という言葉で表現するのである[5]。このよ

---

5)　石井はこのような日本でのコミュニケーションを「遠慮と察しのコミュニケーション」として理論化している（小山, 2013）。

うに，私たちが人に何かを伝えようとする場合，考えていることの全てを言語メッセージにしているわけではない。

　但し，自分の思考の流れや，相手が考えていることをどのように推測しているかということを言語メッセージとして表現してはいけないという決まりはない。自分が考えていることをどのように言葉で表現するかは，基本的には言語メッセージの作り手の裁量である（例えば智美が玲香に対して「あら，今日テストがあることを知らなくて宿題をやって来なかったなら困っているでしょ。私のノートを見たいと思っているに違いないよね。見せてあげようか？」と言ったとしても，言語的な決まりには何も違反していない）。このように，何を言語化して表現し，何を言語化して表現しないかという点は，メッセージの作り手が決めることのできる「随意面」なのである。

　とはいえ，このような「随意面」であっても，メッセージの作り手が完全に自分の自由に決められるわけでは必ずしもなく，社会の中の慣習にある程度影響を受ける。「あら，今日テストがあることを知らなくて宿題をやって来なかったなら困っているでしょ。私のノートを見たいと思っているに違いないよね。見せてあげようか？」という言い方は随分嫌味っぽいと感じられるかもしれないが，それは日本の社会の中ではこのような言い方は殆どしないし，実際にした場合は好意的に受け取られない場合の方が多いからだろう。

　先に述べた通り，日本の社会の中でのコミュニケーションでは，思っていることを全て言語メッセージとして表現するのではなく，相手がこう思っているだろうという部分は言わないでおくのが慣習になっていると考えられる。きっと相手はこう思っているだろう，とか，自分がこう思っていることを相手は分かっているだろう，と考える根拠となるのは，「コンテキストから分かるだろう」という判断である。このように，考

えていることの多くを言語メッセージで表現せず，コンテキストへの依存度が高いコミュニケーションスタイルのことを「高コンテキストコミュニケーション」といい，そのようなスタイルが多く用いられる文化（日本など）のことを「高コンテキスト文化」という。逆に，コンテキストへの依存度が比較的低く，考えていることは言語メッセージとして表現すべきだと考えてコミュニケーションを行うスタイルのことを「低コンテキストコミュニケーション」といい，そのようなスタイルが多くの場面で用いられる文化（ドイツ系スイスなど）のことを「低コンテキスト文化」という（桜木，2013；末田・福田，2011；寺島，2009；Hall，1976）。が，この二つの概念は二者択一的なものではなく，グラデーションをなすものであることに注意が必要である。つまり，日本ではコンテキストに依存する度合いが比較的高いコミュニケーションが主流になっている，という捉え方をすべきであり，日本の中でもコンテキストに依存しないコミュニケーションが全く行われないわけではない。

　高コンテキストコミュニケーションが成り立つための必須条件は，コミュニケーションに関わる人たちの間でコンテキストが共有されているということである。相手がどのように考えているかを自分が分かっているという自信がない限り，その理解に依存した形でのコミュニケーションはできないし，自分が考えていることを相手が分かってくれているという信頼がない限り，遠慮を含んだ言語表現のままで相手がこちらの意図を慮ってくれることを期待することはできない。そのことを考えると，高コンテキスト文化では基本的に「私とあなたとは考えていることが同じ（だから言わなくても分かる）」という発想，低コンテキスト文化では基本的に「私とあなたとでは考えていることが違う（だから言わないと分からない）」という発想が根底にあるといえる。そのことを踏まえた上で，何を言葉で表現するか，何を言葉で表現することを控えるか，

という判断をしながら，私たちはコミュニケーションを行っているのである。

5．まとめ

本章ではコミュニケーション学からみた言語の本質について，超越性，恣意性，生産性，文化的伝承性，学習性という角度から検討した。また，言葉の意味についてどのように捉えたら良いのかという点について，外延的意味（明示的意味）と内包的意味（暗示的意味）の違いに着目して整理すると共に，言語という表現形を用いてコミュニケーションを行う場合に，メッセージの作り手や受け手が何に着目することになるのかを考えた。また，私たちはコミュニケーションを行う際に多かれ少なかれコンテキストに依存しており，文化によってその依存の程度が異なることをみた。言語という表現形に内在する限界により，メッセージの作り手と受け手との間で100%の理解は有り得ないにも拘わらず，私たちは日常のコミュニケーションを成り立たせることができているということの素晴らしさは，これからも心に留めておきたい。

演習問題

「空」という言葉の「外延的意味」即ち「明示的意味」と「内包的意味」即ち「暗示的意味」とを考えてみよう。

引用文献

小山慎治（2013）「遠慮と察し」石井敏・久米昭元（編集代表）『異文化コミュニケーション事典』（pp. 393-394）春風社.

桜木俊行（2013）「言語コミュニケーション」石井敏・久米昭元・長谷川典子・桜木俊行・石黒武人『はじめて学ぶ異文化コミュニケーション：多文化共生と平和構築に向けて』第5章（pp. 109-132）有斐閣.

サンダース, E. F.（2016）「Drachenfutter」『翻訳できない世界のことば』（前田まゆみ訳）創元社.

末田清子・福田浩子（2011）『コミュニケーション学：その展望と視点　増補版』松柏社.

寺島信義（2009）『情報新時代のコミュニケーション学』北大路書房.

ドイツ大使館（2017）「【今週のドイツ語】Drachenfutter」
　http://young-germany.jp/2017/10/drachenfutter/（2018年2月12日参照）.

ドイッチャー, G.（2012）『言語が違えば、世界も違って見えるわけ』（椋田直子訳）インターシフト.

宮原哲（2006）『入門　コミュニケーション論　新版』松柏社.

Hall, E. T. (1976). *Beyond culture*. Anchor Books.

6 │ 言語コミュニケーション（2）
──言語によるコミュニケーション

大橋理枝

《目標＆ポイント》 この章では私たちが言語を使ってコミュニケーションを行う場合に，何を前提にして相手の言葉を解釈しているのかを明らかにする。また，挨拶に使う言葉にはどのような背景があるのかを考える。
《キーワード》 会話の原則，協調の原則，量の公理，質の公理，関係の公理，様態の公理，公理への違反，挨拶言葉

1. 会話の原則

　第5章で言語の本質について述べたところでも言及したが，私たちは普段他人とコミュニケーションを行う際に，メッセージの作り手と受け取り手の間で伝えようとすること（＝表現されたメッセージ）と伝わること（＝表現されたメッセージを解読・解釈した結果）とが完全に一致することは有り得ない。それでも私たちは日常的にはコミュニケーションを成り立たせている。どのようにしてそれが可能なのかを説明する理論の一つに，グライス（H. P. Grice）による「会話の原則」という理論がある（Grice, 1975）。
　この理論は，会話を進める上で私たちが基本的に従っている根本原則である「協調の原則」と呼ばれる大原則と，その下に置かれる四つの公理（「行動原理もしくは行動指針」；澤田，2001，p. 39）から成る[1]。「協調の原則」は

---

[1] 用語の使い分けが若干混乱を招きかねないが，ここでは「協調の原則」と四つの公理を併せた理論全体を「会話の原則」と呼ぶ。

> 会話における自分の貢献を，それが生ずる時点において，自分が参加している話のやりとりの中で合意されている目的や方向性から要求されるようなものにせよ。（今井，2001，p.190）

という原則である。私たちは会話をする際に基本的にはこの原則を守って話を進めている，というのがグライスの指摘である。更に，この原則を守るために必要な行動指針として，以下の四つの公理が提示されている。

> 量の公理：自分の貢献を，要求されている分量きっかりのものにすること。要求以上であっても以下であってもならない。
> 質の公理：真でないことを自分が知っていることや，真であるという証拠を持たないことを言ってはならない。
> 関係の公理：関連性のあることを言え。
> 様態の公理：不明瞭な言い方やあいまいな言い方を避け，簡潔で，順序立った話し方をせよ。
> 　　　　　（今井，2001，p.190 及び澤田，2001，p.40 を一部改変）

具体的に例を考えてみよう。例えば，次のような会話があったとする。

> 玲香：ねえ，智美，今度の日曜日に指定席予約して映画見に行かない？
> 智美：えー?! 来週からテスト週間だよ？
> 玲香：じゃあ再来週の日曜日までダメか。

玲香に映画を見に行かないかと誘われた智美の答えは，本来は「行く」

か「行かない」かのどちらかのはずである。にも拘わらず，智美は次の週からテスト週間であるという，表面的には玲香の誘いとは関係ない返事をしている。しかしながらこのやり取りは二人の間でちゃんと成り立っており，玲香は智美の返事に対して次の（これもまた一見関係ないような）応答をしている。なぜこのようなやり取りが成立するのかということを解明するのがグライスの「協調の原則」である。ここでは，智美の返事が玲香の誘いに対する何らかの答えになっていると考えた上で，この会話の辻褄が合うように玲香は智美の返事を解釈するのである。つまり，一見関係のないことを言っているように見えても，実はそのメッセージがその前のメッセージに協調している返事だと解釈するのである。

　逆に，この「協調の原則」が共有されていなかったらどうなるかを考えてみよう。

　　玲香：ねえ，智美，今度の日曜日に指定席予約して映画見に行かない？
　　智美：えー?! 来週からテスト週間だよ？
　　玲香：それは知ってるよ。で，日曜日，映画，行く？

先に述べたように，玲香が智美を映画に誘ったのに対して智美が行くとも行かないとも言わずに来週テスト週間だという返事をすれば，言葉の表面だけで理解すれば智美の返事は玲香の誘いに対する答えになっていないことになる。だから玲香が，来週からテスト週間だということと日曜日に映画を見に行くかどうかということを結びつけずに智美の返事を解釈すれば，上記のような返答になってもおかしくないといえる。

　しかし，多くの場合，会話はこのようにはならず，最初に挙げた例のように進む。それは会話が基本的には「協調の原則」に則って進んでい

るということを前提にすればこそなのである。

　それでは智美の返事は玲香に何を伝えようとしていたのだろうか。ポイントとなるのは「次の週からテスト週間が始まる」という智美の返事に対して，玲香が「再来週の日曜日までは映画を見に行かれない」という解釈をしているということである。即ち，玲香は智美の返事を，映画を見に行こうという誘いへの断りとして解釈しているのである。誘いや依頼を断る際に，直接断りの言葉を使うのではなく，断らなければならない理由のみを述べることによって断りを表現する，という表現方法は一般的に使われるため，玲香が行ったこの解釈は決して無理なものではない。しかしながら，ここで重要なのは，玲香は智美が直接言語化していない事柄を推測して解釈しているという点である。つまり私たちは常日頃，直接言語化されていない内容を推測しながら解釈しつつ，会話を成り立たせている。先に述べた「協調の原則」を私たちが共有しているからこそ，このようなことが可能なのである。

　私たちが会話を進めるに当たって共有している大原則が「協調の原則」であるのに対し，四つの公理はそれを守らないと会話が順調に進まない，という点を指摘したものであるといえる。例えば「今度の日曜日に起きて朝ごはん食べて歯磨きして服を着替えてから一緒に映画を見に行かない？」と言ったら，必要以上のことを言っていることになるし，「映画見に行かない？」としか言わなかったら必要な情報を与えていないことになり（当然「いつ？」という質問がくるだろう），これらの言い方は「量の公理」への違反となる。一方，「来週からテスト週間だよ」という智美の言葉に根拠がなかったり，誤りであることが明白であったりしたら（例えば学校の予定表に来月からと書いてあるのに来週からと言ったりしたら），それは「質の公理」への違反になる。また，もし智美が玲香からの映画の誘いに対して「そうだね，秋の音楽祭，何演奏する？」

などという答えを返したら，これは「関係の公理」への違反である。そして，「指定席予約して映画を見に行かない？」という言い方からは「見たい映画の指定席券を買ってその券で映画館に入場する」という順序が想定されるのに，これを「映画見に行って指定席予約券買わない？」と言ってしまった場合は順序が逆転してしまい，「様態の公理」への違反となるのである。

2．会話の原則とコンテキストへの依存度

　誘いや依頼を断る際に，断らなければならない理由のみを述べることによって断りを表現するというのは比較的一般的な断り方だと先に述べたが，低コンテキストコミュニケーションの場合は断りの理由が比較的はっきりと分かるものであることが多いし，場合によっては「ごめん，行かれない，何故なら～」という形ではっきりと断りのメッセージを言語化するかもしれない。それに対して高コンテキストコミュニケーションの場合は誘いと断りの理由との間がかなりかけ離れているように感じられることもある。先に挙げた智美の返事は比較的結びつけ易いものだったが，もし智美が「この間の通信簿，親に怒られたんだよね。」という返事をしてきたら，玲香は間に何段階もの推論を重ねた上で智美の表現を解釈しなければならなくなるだろう（表6-1を参照）。

　また，「質の公理」についても，相手に対して否定的な情報を与えなくてはならない場合はコンテキストへの依存度の高いメッセージが用いられることが考えられる。美容院帰りの友達に「この新しい髪型似合う？」と聞かれて，似合うとは思えない場合に「似合わないと思う」と答えるより「独特だね」という答え方や「初めて見た髪型だよ」などという答え方をすることが多いかもしれない。この答えは必ずしも「質の公理」を100％遵守しているとは言い切れないかもしれないが，それで

表6-1 智美の返事を解釈する玲香の思考経路

智美の返事が「えー?! 来週からテスト週間だよ?」だった場合	智美の返事が「この間の通信簿,親に怒られたんだよね。」だった場合
1. 智美は私が映画に誘ったことを理解している。 2. 智美はテスト前にはいつも一生懸命勉強している。 3. 来週からテスト週間なら,その直前の日曜日は映画を見に行くのではなく勉強したいと思っているだろう。 4. 映画の誘いを断ることを伝える表現形として「えー?! 来週からテスト週間だよ?」という言語表現を選んだのであろう。	1. 智美は私が映画に誘ったことを理解している。 2. この間の通信簿を親に怒られたということは,きっと成績が悪かったのだろう。 3. 先学期に成績が悪くて親に怒られたのなら,今学期は良い成績を取らないといけないと思っているだろう。 4. 良い成績を取るためには,テストで良い点を取る必要がある。 5. テストで良い点を取るためには,テスト勉強をしないといけない。 6. 来週からテスト週間なら,その直前の日曜日は映画を見に行くのではなく勉強したいと思っているだろう。 7. 映画の誘いを断ることを伝える表現形として「この間の通信簿,親に怒られたんだよね。」という言語表現を選んだのであろう。

（網掛け部分は両者で必要な推論の差）

も高コンテキストコミュニケーションを用いることによって何とか質の公理に違反しないように苦心している例だといえよう。（似合うと思っているなら問題なく「似合う」と言うはずであり,そう言わずに別の表

現を使っているなら必ずしも似合うとは思ってはいないのだ，ということがコンテキストとして共有されていれば，このやり取りはメッセージの作り手の意図と受け取り手の解釈との間にさほど大きな齟齬を生まずに済むはずである。）

3. 公理への意図的な違反[2]

　私たちは「会話の原則」の下にある様々な公理に違反することを避けるために，場合によってはかなりコンテキストに依存したメッセージ表現で相手に自分の考えや気持ちを伝えることがあるということを前項でみた。ここでは逆に私たちが敢えて公理に違反することによって，考えや気持ちを伝えようとする場合があることをみてみよう。

3.1　量の公理への違反

　　玲香：昨日パソコンにメールしたけど返事くれなかったね。どこ
　　　　　行ってたの？
　　智美：うん，ちょっとお出掛けしてたんだ。
　　玲香：そうなんだ。じゃあいいや。

この会話において，玲香の「どこ行ってたの？」という質問に対して智美は「お出掛けしてた」という答え方をしている。玲香は智美が出掛けていたことは承知しており，どこに行っていたのかを聞いているのに，智美は玲香が要求した情報を与えていない。したがってこの智美の返答は「量の公理」に違反している。しかし，玲香は智美に対して更なる情報を求めるのではなく，それ以上の情報を得るのを諦めている。これは智美の返事を「協調の原則」に則った答えであると考えた上で，「出掛

---

[2]　澤田（2001）はここで述べたような違反を説明するのに「逆用」という言葉を用いている。

けた先は言いたくない」という気持ちを玲香に伝えたメッセージであると，玲香が解釈したからだと考えられる。つまり智美は「出掛けた先は言いたくない」という気持ちを，「出掛けた先は教えない」という表現形や「あなたの知ったことじゃないでしょ」という表現形を使うのではなく，量の公理にわざと違反するという表現形をとることによって，玲香に伝えることに成功しているのである。

3.2 質の公理への違反

> 玲香：昨日久し振りにハイキングに行ったんだ。
> 智美：そうなんだ。どうだった？
> 玲香：山の上は気持ち良かったけど，帰りは膝が笑っちゃって，下りて来るのが大変だった！
> 智美：そうか。やっぱり久し振りにハイキングに行く時は事前トレーニングが必要かもね。

上記の会話において，「膝が笑った」というのは明らかに質の公理に違反している（字義通りの意味では膝が「笑う」ことは有り得ない）。だが智美は明らかに玲香が伝えたかった事柄を理解できている。「膝が笑う」という言い方が，日本語では「膝がガクガクする」という意味で使われる慣用句であることを知っていれば，玲香が伝えたかったことを理解するのは難しくはないだろう。このように慣用句や比喩の中には明らかに質の公理に違反するものが少なくない（例えば「猫をかぶる」など；サンダース，2016）。しかし，「協調の原則」に則った発話であるという理解の下に，本来であれば「質の公理」に違反する発話を「比喩」や「慣用句」として理解することが可能になる。

3.3 関係の公理への違反

玲香：ねえねえ，里子ったらまた由理から宿題写させてもらったんだって。ずるいと思わない？
智美：えーーーっと，明日の放課後って何の予定があるんだっけ？

もし読者の方が玲香の立場で話していて，智美から上記のような答えが返ってきたら，これをどう理解すべきか戸惑うかもしれない。玲香は里子がずるいという話をしているのに，智美の答えはその話とは関係ない内容であるように感じられる。それでは，玲香と智美が対面で話しており，智美の側からは里子が来るのが見えるが，玲香の側からは見えないという状況を想定してみよう。更に，智美には里子がこちらに向かって歩いて来るのが見えているとしたらどうだろうか。玲香が智美に話しかけた内容に対して，智美は少なくとも表面的には関係のない返事をしたが，智美の返事は「協調の原則」に則ったものであるとして解釈しようとすれば，智美が表面的には関係のない返事をしたということ自体が何らかの形で玲香への返答になっているはずである。ここでもし玲香が，智美には里子がこちらに向かって歩いて来るのが見えているのだ，ということに気付ければ，智美の返事は玲香が出した話題を急いで変えたいということを表現したものであるという解釈に行きつくことができるかもしれない。これは「関係の公理」に違反しつつ「協調の原則」を守っている返答であると考えることによってのみ，辻褄の合った会話として理解できるやり取りであるといえよう。

3.4 様態の公理への違反

　　玲香：花本先生が宿題の答えを里子に当てたんだって？　里子は
　　　　　ちゃんと答えられたの？
　　智美：そうだねえ。ノートに書いた文字を読み上げていたよ。
　　玲香：やっぱりね。由理に写させてもらっただけだもんね。

上記の会話で，智美は玲香の質問に対してかなりまどろっこしい答え方をしている。宿題の答えを当てられたら書いてある文字を読み上げるのは当然，という観点から考えれば，智美の答えは「量の公理」にも違反している（即ち必要以上の情報を与えている）ことになるが，ここでは答えを当てられたのに「文字を読み上げていた」という表現形を智美が選んだことに着目しよう。この表現は「不明瞭な言い方を避け」ているとは言い難いし，「明瞭」や「簡潔」であるとも言い難い。つまり「様態の公理」に違反した答え方だといえる。しかし，玲香は智美のその答えを里子の様子を表現した妥当な描写として解釈している。つまり里子は「答えを言った」というより「文字を読み上げた」と表現する方が正確であるような様相だったのであり，即ちそれは里子が自分で宿題をやったのではなく由理に写させてもらっただけでちゃんと理解して問題に解答したわけではないからだ，というのが，智美の表現に対する玲香の解釈である。ここでも，「様態の公理」に違反した返答でも会話としては成り立っているのであり，智美の返答が「協調の原則」に則っていることを踏まえればこそ，玲香の解釈が導き出せるのである。

　このように，私たちは「会話の原則」に則っているという大前提のもとに，公理に違反した発話も「協調の原則」に沿った発言であると解釈して，辻褄が合うように会話を成り立たせていることが分かる。逆に，

「会話の原則」に則っていることを考えずにそれぞれの発話を解釈してしまうと，質問に答えていない発話のように思えてしまったり，相手が自分との会話を成り立たせるのを拒否しているかのように思えてしまったりするだろう。私たちが生まれてから成長する過程のどの段階でこの「協調の原則」を学ぶのかは定かではないが，このような原則は殆どの人にとってはグライスが述べたような整理された形で学んだものではなく，周りの人とのやり取りを通していつの間にか身につけたものであろう。このような形で学ぶことができるというのも，人間がもっている優れた能力の一つであるといえるのではないだろうか。

4．会話の原則と「挨拶言葉」

ここまで，私たちが会話を進めていく時にどのようなことを無条件のうちに前提にしているかということをみてきたが，この「無条件の前提」は全く文化に影響を受けない普遍的なものだろうか？

例えば，一昔前の日本では「どちらまで？」「ちょっとそこまで」が隣近所同士の「挨拶」として通用していた。これはご近所さんに「どちらまで？」と聞かれた時に自分の実際の行き先を答える必要はなく，「ちょっとそこまで」という決まり文句を返しておけば良いという「やり取りの型」のようなものが日本社会で共有されていたからこそ成り立つ「挨拶」だったであろう。このような「やり取りの型」に当たるものについては，グライスの「四つの公理」への違反は問題にされない。しかし，この「やり取りの型」を知らない（＝共有していない）人にとっては，この「どちらまで？」という「挨拶」が本当の「質問」に思えてしまい（アメリカ出身で日本に長く住んでいる人から，来日当初はこの質問が自分の行き先を一々確認されている気がしてプライバシーの侵害に思えた，という話を聞いたことがある），「ちょっとそこまで」と答え

るのは「量の公理」への違反であると感じられるかもしれない。

　実際のところ，何が「挨拶」になるのかは文化によって異なる。中国や韓国では「ご飯食べましたか？」という言い方が挨拶として使われるという（滝浦，2015a）。だが日本ではこの言葉は「挨拶」ではなく「質問」として解釈されてしまうだろう。英語の"How are you doing?"や"How is it going?"も挨拶であり，期待されるのは"Good."や"So-so."などの短い返事であって「昨日寝不足で今朝は頭痛がして……」などの健康状態の報告ではない（筆者は留学中にこのことに気付かず失敗を繰り返していた）。また，余程のことがない限り"Bad."という一言は返答として期待されていない。（もし本当に"Bad."という答えが返ってきたら，返された側は"What happened?"や"What's the matter?"と問い返さざるを得なくなり，その瞬間このやり取りは「挨拶」ではなく真剣な「会話」になるだろう。）これも「やり取りの型」にはまるものであって，質の公理への違反は基本的に問題にされないのである。

　ここでグライスの理論から離れて挨拶についての検討を続けよう。辞書的な定義では，挨拶とは「人に会ったり別れたりするとき，儀礼的に取り交わす言葉や動作」（『広辞苑第六版』）であり，「相手に対する敵意のなさを表し，人間関係を円滑化する」（『明鏡国語辞典』）ものである。しかし，ここでは「挨拶」を会った時や別れる時に述べる言葉だけではなく，「決まった場面で言う決まった言葉」というところまで拡張したい。具体的には，お礼を言う場合や謝る場合の「ありがとう」「ごめんなさい」「すみません」なども含めて考えたいし，「挨拶言葉」をそのように定義した場合に日本でよく使う「どうぞよろしくお願いします」や「先日はどうも」なども「挨拶言葉」に含めて考えることが可能になるからである。

　滝浦（2015b）は，日本語と英語の感謝表現と謝罪表現を，表6-2の

表6-2　滝浦（2015b）による感謝と謝罪の日英比較の整理

意図	感謝表明		遺憾表明
負い目	無	有	無
日本語	ありがとう	すみません	残念です
英語	Thank you.	Much obliged.3)	Sorry.4)
言語行為	感謝	謝罪	後悔

（滝浦，2015, p.101を一部改変）

ように整理した。

滝浦（2015b）は「すみません」という語は相手に対して「負い目」の感覚がある場合に現れると指摘している。そのように考えると，「すみません」が感謝の意味でも謝罪の意味でも使われるというのは納得がいくし，相手に何かを尋ねるために声を掛ける場合に使われるのも納得がいく（赤の他人である相手の邪魔をすることの負い目を表現するために「すみません」と声を掛けるのであろう）。また，この表に整理してある通り，"Thank you."や"Sorry."との対応も理解できるだろう。

そして，「どうぞよろしく」や「先日はどうも」という日本語の「挨拶言葉」も，この「負い目」という側面から説明できるように思う。即ち，「これからあなたに対して多くを負うことになりますが，どうか応じて下さい」という気持ちが，「どうぞよろしく」という初対面時の「挨拶言葉」に託されていると考えてはどうだろうか。また，「先日はどう

---

3) 滝浦（2015b）p.101の表ではここは空欄とされているが，p.102の脚注に「I am obliged to you. は直訳すると『あなたに対して恩義に感じている』ということで，負い目有りの表現と言ってもよさそうである」と記されているため，ここではMuch obliged. を入れた。但しこの言い方はここに記した他の二つに比べれば遥かに格式張っており，使用頻度も少ないことは注意すべきである。
4) 滝浦（2015b）p.101の表ではここはI'm sorryとなっているが，他の二つと文の型を揃えるためにSorry. とした。

も」という「挨拶言葉」も,「私はこれまでもあなたに負い目をもってきましたし,これからもあなたに負い目をもち続けることを認識しています」という気持ちの言語化であると考えることができる。これらをまとめていうと,自分が相手に対して負い目をもっている,ということを言語化して表明することが,日本での「挨拶言葉」として重要であるといえそうである。

実は,この「どうぞよろしく」や「先日はどうも」は,英語には極めて訳し辛い。無理やり訳そうとすると,「どうぞよろしく」は"Please take care of me."(「どうか私の世話をして下さい」)のような言い方になってしまい,初対面の挨拶としては極めて不適切になる。また,「先日はどうも」を無理やり"Thank you for the other day."と訳してしまうと「先日」とはいつの話だ? 何に対して礼を言われているのだ? という疑問を招いてしまい,やはり「挨拶言葉」としては不自然になる。これらの不自然さを避けるためには,実際に英語で相手とやり取りする場面では英語の「挨拶言葉」を充て,初対面時であれば"Nice to meet you."(お会い出来て嬉しいです)という言い方を使い,久し振りに会った時には"How have you been doing?"(いかがお過ごしでしたか?)という言葉を使わざるを得ない。だが,これらの英語の「挨拶言葉」は,いずれも自分や相手という「人」がどうである/どうした(嬉しい/どう過ごしていたか)が焦点になっており,日本語で表現したい相手への「負い目」については全く表現されなくなってしまう。先に述べた不適切さや不自然さを避けるためにはやむを得ないとは思いつつ,日本語母語話者としては何か表現し足りないところがあるように感じてしまうことも多い。

日本では相手に負い目があることを自分が認識していることを示すことが大切であり,英語では人がどうである/どうしたかが重要だという

のは，それぞれの文化内で共有されている価値観の差であるといえる。だからこそ，日本語母語話者が英語の「挨拶言葉」に物足りなさを感じたり，英語の母語話者が日本語の「挨拶言葉」をプライバシーの侵害と感じたりするのだ。このようにして見てくると，「挨拶言葉」には，それぞれの文化でどのような事柄が大切だとされているかという価値観の一例が表れていることもあるといえそうである。

5．まとめ

本章では，グライスの「会話の原則」理論を詳細に検討しながら，私たちが会話を進めていく際には何を前提にしているのかを明らかにした。また，「会話の原則」の中で提示されている公理に意図的に反することで何を伝えることができるのかを検討した。更に，挨拶言葉においては公理の違反が問題とならないことを検討すると共に，文化によって何を挨拶と捉え，何を質問と捉えるかが異なることをみた。決まり文句のように人々の口に上る挨拶言葉としてどのような言葉を使うかという点にも，それぞれの文化で何を重要視しているかの一端が表れているとみることができるのである。

演習問題

自分が最近行った会話の中の発言が，グライスの「会話の原則」のどの公理に沿っていたか，又はどの公理に違反していたかを考えてみよう。

引用文献

今井邦彦（2001）『語用論への招待』大修館書店。
澤田治美（2001）「推意」小泉保編著『入門　語用論研究：理論と応用』第3章（pp. 35-63）研究社。
サンダース, E. F.（2016）『誰も知らない世界のことわざ』（前田まゆみ訳）創元社。
滝浦真人（2015a）「あいさつのコミュニケーション」滝浦真人・大橋理枝『日本語とコミュニケーション』第4章（pp. 53-68）放送大学教育振興会。
滝浦真人（2015b）「感謝・謝罪・褒め：言語行為とポライトネス②」滝浦真人・大橋理枝『日本語とコミュニケーション』第7章（pp. 99-112）放送大学教育振興会。
Grice, H. P. (1975). Logic and conversation, In P. Cole and J. Morgan (Eds.) *Syntax and Semantics 3 : Speech Acts.* (pp. 41-58)
http://www.communicationcache.com/uploads/1/0/8/8/10887248/logic_and_conversation.pdf　（2018年2月27日参照）。

7 | 異文化と価値観

花光里香

《**目標＆ポイント**》 私たちは子供の時から，物事や考え方が良いか悪いか，正しいか間違っているかを文化の中で教えられ，状況に応じた望ましい振る舞いを身につけながら成長していく。ある状態が他のものよりも好ましいと思う一般的な傾向を，価値観と呼ぶ。本章では，文化的価値観によって表現の仕方が変わり，異なる解釈を生むことを学ぶ。
《**キーワード**》 見えない文化（深層文化），価値観，価値志向，文化の次元

1．見える文化と見えない文化

　第1章第5節にあるように，相手とコミュニケーションをとる然るべきかたちは文化の中で教わるものである。正しいとされる考え方に基づいたあるべき姿や振る舞い方は，同じ文化の中では共通する部分が比較的多いが，異なる文化では予測していなかった相手の行動に戸惑うことがある。文化は長い間さまざまな学問分野の研究対象となっており，文化には人々が後天的に学習したものが特定の社会で共有され，世代を超えて継承されるという特質があるといえるだろう（詳しくは第12章参照）。異文化コミュニケーションの分野では，文化とは生活様式の総体という文化人類学の考え方を基礎に研究が進められたが，コミュニケーションの観点から見た文化は，「動いているもの」「変わっていくもの」と捉えられている。文化は一般的に次世代に受け継がれるものではあるが，次世代には選択の自由があり，さらに時代や社会の変化に影響され

ながら，変化していくものだと考えられる。また，他の文化との接触を通して変化を遂げることもあり，異文化の影響を避けられないほどグローバル化が進む現代においては，文化の変容性は以前よりも著しいといえるだろう（石井・久米，2013）。

長年日本で教鞭を執り，異文化コミュニケーションの分野を広めたコンドンは，日本で重要だと考えられるテーマを写真で表現しようと試みた。名刺交換や結納品のやりとりなどは写真に撮れるが，義理や遠慮といったものは写真では表せない。コンドン（1980）は，「どんな文化についても，見たり聞いたりすることから多くを感じとることができるものだが，目に見えない何か，その底にある意味が，文化の価値観の概念に極めて近い。」(p.98) と述べている。

抽象的な文化の概念を理解するには，構造をいくつかに分けて考えてみるとよい。石井（2013）は，文化を精神，行動，物質の三つに分けて説明している。表層部分には物質文化があり，目に見えるため他の文化から見てもわかりやすく，文化とは何かと聞かれた際にこの部分を思い浮かべる人が多いだろう。中間にある行動文化には，言語・非言語行動が含まれる。そして，最も深いところにある精神文化は，思考や価値観などの認知的活動，喜びや悲しみなど情意的活動で構成されているという。

文化は，大きく見える部分と見えない部分に分けられ，よく氷山に例えられる[1]。ここでは，コンドン（1980）のように2層に分けながらも石井（2013）の説明にある3層構造を保ち，さらに普遍レベルを含むモデル（Ting-Toomey & Chung, 2005）を紹介したい。私たちに見える水面に出ている部分は，氷山の一部でしかない。この表層レベルには，ファッション，音楽，食べ物，建築，芸術，サブカルチャーなどが含ま

---

[1] 文化は「もの」ではなく，人々が意味と活動をつなげる過程であるため，氷山に例えるのは適切ではないという指摘がある(Bennet, 2013)。しかし，普段意識することの少ない文化の構造を理解しやすくするため，不十分な点を踏まえた上でこのモデルを紹介する。

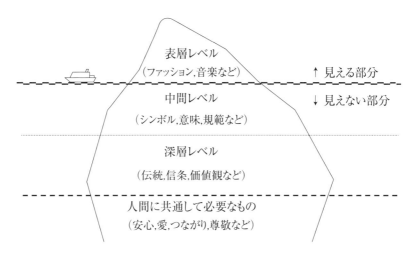

図 7-1 氷山モデル
UNDERSTANDING INTERCULTURAL COMMUNICATION 2ND EDITION by Ting-Toomy and Chung (2011) Fig.2.1 p.25. By permission of Oxford University Press, USA.

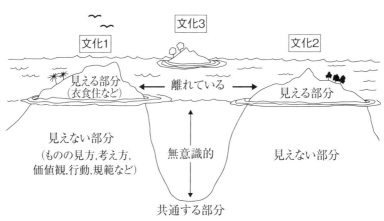

図 7-2 島モデル（Eagle & Carter, 1998, p. 103 より改変）

れる。日本文化の例では，着物，カラオケ，寿司，神社，浮世絵，アニメ，マンガなどが思い浮かぶだろう。水面下で見えない部分は，中間レベルと深層レベルに分けて考えることができる。表層レベルと接する中間レベルには，次の深層レベルにある価値観に結びつくシンボル，意味，規範がある。人々の考え方や行動は，この深層レベルにある文化的価値観や信条に基づいている。さらに深い層には，個人でも集団であっても，安心，安全，尊敬，愛，つながり，創造性，幸せなど，人間誰もが必要としている普遍的なものがあるとされる（Ting-Toomey & Chung, 2005）。このように，どのような価値観を持ち，何を真実として生きるかによって，私たちの考え方や行動は方向付けられる。それは，文化の見えない部分にある。

　また，文化を島に例えると，他の文化との関係がわかりやすくなる（Eagle & Carter, 1998）。表層レベルには，衣食住に代表される日常生活の中での見える文化があり，深層レベルにはものの見方，考え方，価値観，行動，規範など，私たちが普段は意識していない見えない文化がある。そして，離れている他の島々は最も深い部分ではつながっており，生きていくために誰もが必要なものを共有している。二つのモデルは，異文化に生きていても私たちは同じ人間としての共通部分を持ち，文化を超えてお互いを理解しあえる可能性と，そのために努力することの大切さを教えてくれる。

2．価値志向

　第1節で述べた通り，主な価値観は文化によって異なる場合が多いが，さまざまな価値観を全て比較することは極めて困難である。相手の表現の仕方や振る舞い方を理解するために，各文化にある価値観そのものではなく，価値観にどのような志向があるかをクラックホーン・モデルで

表7-1 価値志向モデル（クラックホーン・モデル）

価値志向	変動の範囲		
人間の本質	悪	中立的　善と悪	善
人間と自然	自然に服従	自然と共存	自然を支配
時間	過去	現在	未来
活動	ある	なる	する
人間関係	縦関係	横関係	個人

（Kluckholn & Strodtbeck, 1961, p. 12 より改変）

見てみよう。この考え方には，第1節の最後に触れた「人間としての共通部分」が根底にあり，どの文化にも解決しなければならない普遍的な問題があることを前提としている。そして，解決法は限られており，同じ文化の全ての人がそれを選ぶわけではないが，より好まれる方法があることを示している。誰もが直面する普遍的問題として，人間の本質，自然との関係，時間，活動，人間同士の関係について五つの志向があり，変動の範囲，つまり解決法のパターンは大きく分けて三つある（表7-1）。

　このモデルを用いて，日本文化の価値志向を探ってみよう。Kohls (2001) によれば，日本人は人間の本質は善と悪をあわせ持つという考えを持ち，自然と共存しながら生きている。庭園や生け花，四季を取り入れる俳句などに，自然との調和に置かれた価値観が見える。時間は，過去と未来が混在するといわれる。日本では，「前例がない」ため先に進むのが難しいことが多々ある。未来の計画には過去の前例が大きく関わり，前例のないことを決定するには時間と労力が必要な場合が多い。また，バブル時代に日本は高い貯蓄率を誇っていたがその後徐々に下がり続け，OECD（2017）のデータによると，日本の家計貯蓄率は25カ国中19位となっている。この結果を見ると，日本の未来志向は現在志

向に変わりつつあるのかもしれない。活動は「なる」と「する」の両方を重視している。勤勉であろうとする姿勢には「する」の価値志向が見えるが，禅の精神にも共通する「なる」にも価値を置いているといえる。人間関係においては，集団主義の傾向から，縦のつながりを大切にするとともに，個人より集団の中での横の関係を重視しているといわれる。学校や職場で上下関係や同期を大切にする姿勢に，この志向はよく表れている。ある文化に所属する全ての人が共通の志向を持っているわけではないが，他の文化と比較すると一般的な傾向が見えてくる（第8章参照）。価値志向モデルの表を見ながら，自分の価値志向を考えることは，自分の文化を客観的に見る良い機会になるだろう。

3．文化の次元

　ホフステード（1995）は，文化を表す数々の表現がある中で，文化の概念をシンボル，ヒーロー，儀礼，価値観の四つに分け，図7-3の「たまねぎ型モデル」を用いて説明した。文化の最も表層にあるのはシンボルであり，たまねぎの芯の部分にあたる中心に位置するのは価値観である。そして，ヒーローと儀礼はその中間にあり，シンボルとともに慣行とつながっている。シンボルとは，言葉遣いや俗語，服装，髪型など，同じ文化を共有する人々に特別な意味を持つものが含まれる。新しいシンボルが生まれ，古いシンボルは消え，他の文化のシンボルが取り入れられることもあるため，シンボルは文化の最も表層部分にある。ヒーローとは，ある文化で非常に高く評価される特徴を備えた，人々の行動のモデルとなるような存在である。実在する場合と架空の場合があり，アメリカの例としては，バービー，バットマン，スヌーピーなどがあげられる（ホフステード，ホフステード，&ミンコフ，2013）。日本のヒーローといえば，ウルトラマン，アンパンマン，ドラえもんなどが頭に浮かぶ

のではないだろうか。儀礼には，ある文化では欠かすことのできない社会的儀礼や宗教的儀礼の他に，あいさつの仕方や敬意の表し方，コミュニケーションにおける言語の表現方法も含まれる。シンボル，ヒーロー，儀礼は，慣行として他の文化圏の人々の目に触れるが，その文化的な意味は目には見えない。意味を理解できるのは，その文化を共有する人々だけなのである。文化の中心にある価値観は，「ある状態の方が他の状態よりも好ましいと思う傾向」（ホフステード，1995, p.8）と定義され，肯定的・否定的側面をあわせ持つ感情である。例えば，良い-悪い，正常-異常，道徳的-非道徳的，自然-不自然，論理的-矛盾などの組み合わせが考えられる。私たちは生まれてから，意識することなく多くの価値観を身につけていく。なぜそのような表現をするのか，行動を取るのかと聞かれても，「そうすべきだと思うから」としか答えられないだろう。ホフステード（1995）は，「価値観というものは議論の対象にされることも，他の文化圏の人々から直接観察されることもない。価値観は，さまざまな環境のもとで人々が取る行動様式から推論されるだけで

図7-3 「たまねぎ型モデル」：文化の表出のレベル
Geert Hofstede, Gert Jan Hofstede and Michael Minkov, "Cultures and Organizations: Software of the Mind: Intercultural Cooperation and Its Importance for Survival". 3rd ed. McGraw-Hill 2010.
ⓒ Geert Hofstede BV. All rights reserved.

ある。」(p.8) と述べている。それは，私たちの表現の仕方，つまりコミュニケーションの取り方から価値観が見えてくるということであり，視点を変えれば，私たちの行動は価値観によって方向付けられるのである。

ホフステードは，60年代から70年代にかけて50カ国と三つの地域で働くIBM社員を対象に働く上での価値観を調査し，当時としては膨大なサンプルである約11万6千人のデータを分析した[2]。その後インターネットの普及に伴いより多くのデータ収集が可能となり，ミンコフとの共同研究によって生まれた6次元モデルに基づき，76の国や地域で継続調査が行われている。ここでは，事例をあげながら，六つの文化の次元を説明する。

3.1 権力格差

「学生が授業中に質問をしないので，活発な議論にならない。」と，主にアジアからの留学生を教えるアメリカ人の教員が頭を悩ませていた。ある日あまりに授業が静かなので，もっと質問をするように学生に呼びかけると，一人の中国人学生が手を上げてやっと口を開いた。「先生，なぜ私たちは質問をしなければいけないのですか。」

アメリカの大学では，同じ学問を志す上で学生も教員も平等であり，お互いを名前で呼び合うことも多く，教室の中でも外でも両者が対等に議論する姿がよく見られる。一方で，中国で行われる典型的な授業は教員による講義であり，学生は教員を「先生」と呼び常に敬わなければならない。敬意を払うべき「先生」に質問をすることは，授業の進行を妨げるだけでなく，教員の説明不足を暗示することや，反論することにもなりかねない。

---

[2] この調査は因子の解釈の仕方などに問題点が指摘されているが（高野，2008），価値観に関する初の大規模な調査であり，長年にわたり多文化経営や教育の分野で広く応用されている。ここでは，価値観を考える際に多くのヒントを与えてくれる調査結果の一つとして紹介する。

この違いは，ホフステード（1995）が明らかにした文化の次元の一つ，権力格差の度合いによって説明することができる。権力格差とは，「それぞれの国の制度や組織において，権力の弱い成員が，権力が不平等に分布している状態を予期し，受け入れている程度」(p. 27) である。権力格差の大きい文化では，生徒は教師に敬意を払い，授業は教師の主導権のもとに行われる。生徒は教室で求められた時にだけ発言し，教師に反論することはない。もちろん，生徒は教師を名前で呼ぶことはなく，必ず「先生」と呼ぶ。他の特徴として，子供は親に敬意を払い従順であり，会社で上司と部下はお互いを不平等な存在であると考えている。これに対し，権力格差の小さい文化では，生徒と教師は平等であり，生徒の自主性を重んじた生徒中心の授業が行われる。生徒は教師と議論し，教師に反論することもある。親子は対等な存在であり，職場では部下も上司も平等である。組織における上下関係は役割を示しているだけで，便宜上作られているものにすぎない。

　追跡調査の結果によると，アメリカの権力格差のスコアは 40 で 59 位，中国はその倍の 80 で 12 位，日本は 54 で 49 位であった（ホフステード他，2013）。日本は中国よりもスコアは低いが[3]，先輩後輩の関係など，学校や職場で権力格差の大きさを感じることは少なくない。一方で，子供の自主性を伸ばす教育が提唱され，年功序列から実力主義に転じる企業もあり，今後日本の権力格差は変化していくのかもしれない。

3）　アジア諸国の中にも行動様式や価値観の違いは存在し，中国人と日本人には大きな違いがあるといわれている。どちらも一般的に西洋に比べて社会的制約を受けているが，主に中国は権威による制約であり，日本は仲間による制約である。例えば，「中国の教室を支配するのは教師であるが，日本の教室を支配するのは同級生である」（ニスベット，2004）。日本人も授業中にあまり質問をしないが，その理由は教師の権威よりも他の学生との関係にあると考えられる。

3.2 個人主義と集団主義

　日本の大学で教えるアメリカ人の教員が，日本人の学生たちを自宅に招いた時の話である。「飲み物は何にする？　お茶，コーラ，コーヒー，紅茶，ジュースはオレンジ，アップル，グレープがあるよ。好きなものを言って。」と教員が言うと，一人の学生が言った。「少々お待ちください。」その学生を中心に，全員小声で話し合いを始めた。しばらくすると，リーダー格の学生が教員に言った。"We would like some tea, please."（お茶をお願いします。）その瞬間，教員は「日本文化」を感じたという。学生の言葉を，以下の2点に着目して考えてみたい。まず，なぜ主語はI（私）ではなくWe（私たち）だったのか。そして，なぜ全員同じものを頼んだのだろうか。

　日本人にとって，自分だけが他の人と違う行動をとることを躊躇する場面はよくある。日本人はグループの一員であり，自分が属する集団の調和を維持することを大切にしてきた。自らの主張よりも相手や仲間との人間関係を重んじ，周りと同じ行動をとる傾向があるとされる。

　ホフステード（1995）が明らかにした次の文化の次元は，個人主義と集団主義であり，それぞれ以下のように定義される。「個人主義を特徴とする社会では，個人と個人の結びつきはゆるやかである。人はそれぞれ，自分自身と肉親の面倒をみればよい。集団主義を特徴とする社会では，人は生まれたときから，メンバー同士の結びつきの強い内集団に統合される。内集団に忠誠を誓うかぎり，人はその集団から生涯にわたって保護される」(p. 51)。個人主義的な社会では，子供は「私」という視点から物事を考えることを学び，アイデンティティは自分自身に根ざしているが，集団主義的な社会では視点は「私たち」にあり，アイデンティティを決めるのは自分が所属する集団である。

　追跡調査の結果によると，個人主義的傾向が最も強い国はアメリカで

あり，日本は 35 位であった。76 の国と地域の中では中位ではあるが，日本社会で集団を重んじる場面はよく見られる。例えば，スキルではなく人柄や可能性を重視した新卒一括採用を経て，企業のメンバーとして「就社」した後，期待通りに企業のために働き続ければ終身雇用によって守られる日本型雇用は，集団主義社会の特徴を反映している（第 11 章参照）。

　トリアンディス（2002）によると，集団主義の人は個人主義の人に対して，自己評価が高く，楽しいことが重要で，表情豊か，決断が早い，ギブアンドテイク，人間関係は長くは続かないという印象を持つかもしれない。日本人の傾向に当てはめると，謙遜を重んじ，感情をあまり表に出さず，幸福感より義務感を大切にするなど，どこか個人主義の方が楽しい人生を送っているように見えるが，日本人にも誇れるものはたくさんある。一見非効率に見える長い会議はコンセンサスを得るためであり，決定後は速やかに遂行される。時間をかけて人間関係を築くので，相手に何かを望む時には，その場の交換条件などなくても協力が得られる。ある視点から見た短所は，別の視点から見ると長所になり得るのだ。

3.3　女性らしさと男性らしさ

　世界各国の政治家や経営者が集まる「ダボス会議」の主催団体として知られている世界経済フォーラム（WEF）は，社会進出での性別による格差の度合いを評価した「男女格差指数」を 2006 年より毎年発表している。この指数では，男女間の経済的参加度及び機会，教育達成度，健康と生存，政治的エンパワーメントという 4 種類の指標を基に格差を算定し，対象国をランキング付けしている。

　144 カ国を対象に行われた 2017 年の調査では，日本は 114 位と前年より三つ順位を落とし，過去最低を更新した。先進国の中で最下位であ

るだけでなく，新興国とされるロシア（71位），ブラジル（90位），中国（100位），インド（108位）よりも低い順位である。男女格差が最も小さいと評価されたのはアイスランドであり，上位にはノルウェー，フィンランド，スウェーデンなど北欧諸国が目立った。日本の評価は，管理職への登用や賃金などの待遇，国会議員数や官僚ポストへの任命など政治への参加では男女間の格差は大きく，いずれも100位以下にランクを落とした。女性の社会進出という点では，日本は「後進国」であることがわかる（World Economic Forum, 2017）。

　ホフステード（1995）によると，文化の一つの次元として男性らしさと女性らしさがあり，その社会を特徴づけているという。男性らしさを特徴とする社会は，「社会生活の上で男女の性別役割がはっきりと分かれている（男性は自己主張が強くたくましく物質的な成功をめざすものだと考えられており，女性は男性より謙虚でやさしく生活の質に関心を払うものだと考えられている）。」（p. 86）と定義される。それに対し，女性らしさを特徴とする社会は，「社会生活の上で男女の性別役割が重なり合っている（男性も女性も謙虚でやさしく生活の質に関心を払うものだと考えられている）。」（p. 86）と定義される。初回の調査によると日本の男性らしさの度合いは群を抜いて高く，スコアは95で順位は1位であり，追跡調査でもスロバキアに次いで2位であった。両調査で最下位，つまり最も女性らしい国はスウェーデンであった。

　第11章で詳細に解説されているが，日本にはまだ「男性は外で仕事，女性は家事と育児」という性役割分業の価値観が根強く残っており，女性の就業率は結婚や出産を機に減少している。女性が就業している場合でも，女性の役割が「仕事と家事と育児」となることが多く，大きな負担を強いられている。総務省「社会生活基本調査」（平成23年）によると，6歳未満児のいる世帯の1日の家事・育児関連時間は，妻は7時間

を超えているのに対し，夫は約 1 時間であった。男性らしさと女性らしさでは日本と対極にあったスウェーデンをはじめ，ノルウェー，ドイツ，アメリカの数値はいずれも 3 時間以上となっている。政府は，夫の家事・育児関連時間を 2020 年に 2 時間 30 分にする数値目標を掲げている。日本の男性らしさの度合いは変わっていくのか，今後の動向を見守りたい。

3.4　不確実性の回避

　日本では公共の交通機関が時刻表通りに運行され，たとえ数分の遅延であっても理由の説明と謝罪のアナウンスが流れる。日本を訪れる外国人が，その正確さと迅速な対応に驚くことがあるが，一般的に日本では電車が時間通りに来ることは当たり前である。少しでも遅れた上に何の説明もなければ，多くの人々は不安になり苦情も出るだろう（第 4 章参照）。

　四つ目の文化の次元としてホフステード（1995）が明らかにしたのは，不確実性を回避する度合いである。不確実性の回避とは，「ある文化の成員が不確実な状況や未知の状況に対して脅威を感じる程度」（p. 119）と定義される。つまり，曖昧なことやよくわからないことに対する不安の度合いともいえる。不確実性を受け入れる社会では，安全なものと危険なものに対する区別はゆるやかで，考え方の善し悪しについて，子供たちは家庭で厳しく言われない。したがって，未知の状況や知らない人，よくわからない考え方に対して寛容に育つ。服装や髪型など外見を気にせずに，誰とでも同じように接することが求められ，違いには興味を持つようになる。職場の規則は絶対に必要なものだけに限られ，必要な時には一生懸命働くが時間に余裕がある時はくつろいで過ごす。一方，不確実性を避ける社会では，曖昧な状況やよくわからない危険を恐れる。そのような社会では，子供たちは家庭で良くないことについて厳しく教

わり，違うことは危険だと考えるようになる。社会の法律や規則は不確実要素を取り除く方法であり，守られることがないような無意味なものを含めて，職場には規則が必要だとされている。その結果，人々の正確さと規則正しさは向上するが，常に忙しく働いていないと気がすまず，くつろぐことに不安を感じてしまう。

　ホフステード（1995）の調査では，日本の不確実性を回避するスコアは92で順位は7位であり，追跡調査では11位であった。アジア諸国の中では最も高い数値である[4]。確かに日本には規則が多く，人々の正確さと規則正しさには定評があり，日本製品の質の高さや信頼性につながっている。しかし，不確実性を強く回避する社会では，自分と違うことは避けるべき危険だと捉えられ，それが少数派の抑圧につながっていくと考えられる。違いを比較的受け入れる国は，不確実なことに対する不安が少なく，違いを脅威として捉えない価値観を人々が持っているといえる。

3.5　長期志向と短期志向

　ある中国人学生は，中国と西洋の社会の最大の違いについて，西洋社会ではヒーローが崇拝されるのに対し，中国社会では聖人が崇拝されると語ったという。何か一つのことに優れていればヒーローになれるが，聖人になるためには全てに優れていなければならないのである（ホフステード他，2013）。この聖人が備えるべきものは，「徳」であろう。一般的に「仁・義・礼・智・信」を持つことを条件とする徳に，中国人は高い価値観を置く（王，2005）。

　第5の次元は，長期志向と短期志向である[5]。「長期志向は将来の報

---

4)　日本人は曖昧な表現をよく使うが，そのことが曖昧なことに対する不安と矛盾しているように思えるかもしれない。しかし，状況によって言葉にさまざまなメッセージをこめる高コンテキスト文化の日本では，同じ文化を共有していれば相手の意図を察することができるため，表現が曖昧であってもメッセージは曖昧ではないといえる。
5)　この次元は，23カ国を対象とした中国的価値観調査（CVS）と世界価値観調査（WVS）の分析結果を踏まえミンコフによって見出された。

酬を志向する徳，なかでも忍耐と倹約を促す。それに対して短期志向は，過去と現在に関する徳，なかでも伝統の尊重，面子の維持，社会的な義務の達成を促す。」（ホフステード他，2013，p.222）と定義される。23カ国中，1位から5位までは順に中国，香港，台湾，日本，韓国と東アジアが占め，中位からは欧米諸国が並ぶ。

長期志向の傾向がある人々は，何が善で何が悪かは状況によって決まると考えるが，短期志向の社会では善悪の普遍的な指標がある。これは，第2節で解説したクラックホーンの価値志向の中で，日本人が「人間の本質」をどう捉えているかにも通じる部分がある。

また，考え方の特徴として，短期志向は分析的，長期志向は統合的であるといわれている。ニスベット（2004）は，西洋人は目立つ対象物とその性質に焦点を当て分析的にものを見るのに対し，東洋人は実体の連続性と環境の中の関係に焦点を当て包括的に見ると指摘する。この包括的な世界の見方により，将来を見据えた大きな展望ができると考えると，長期志向の上位を東アジアが占めることに説明がつく。

短期志向に見られる分析的思考はノーベル賞の対象となるような基礎研究を進め，長期志向の人々は研究結果を統合して応用技術に生かすことを得意とする。異なる志向の相乗効果が，世界の発展を担っているのである。

3.6 放縦と抑制

1人当たりのGDP，平均寿命，識字率と就学率に基づいた人間開発指数を客観的幸福度とすれば，日本の幸福度は高いといえるが，有能感，生命感，達成感，人生満足感，人並み幸福感などから測る主観的幸福感は低い（第14章参照）。

六つ目の次元は，放縦と抑制である。この次元は，社会の中での主観

的幸福感，思い通りに人生を送れると思う度合い，余暇の重要性を反映しているともいえる。放縦とは，「人生を味わい楽しむ事にかかわる人間の基本的かつ自然な欲求を比較的自由に満たそうとする傾向」（ホフステード他，2013，p.263）と定義される。道徳的規範が少なく，楽観的で，余暇が重要なゆるい社会であり，肯定的な感情を思い出しやすい。その一方で抑制は，「厳しい社会的規範によって欲求の充足を抑え，制限すべきだという信念」（p.263）を示している。道徳的規範が多く，悲観的で，余暇を重視しないきつい社会であり，肯定的な感情を思い出しにくい。日本は93国中49位と中位であり，ベネズエラやメキシコなど上位にはラテンアメリカ諸国が並んだ。メキシコは人間開発指数が低いが人間開発指数の高い国よりも主観的幸福感が高く（第14章参照），放縦指数の傾向と一致している。

　否定的な側面に目を向ける日本の傾向（第14章参照）は，肯定的な感情を思い出しにくいという抑制の特徴に共通する。謙遜を重んじ，自分や身内に対する褒め言葉を控える文化的特徴も，自分が幸福かどうかを判断する基準に影響していると考えられる。

4．まとめ

　文化を考える上で忘れてはならないのは，同じ文化の中にある多様性である。例えばアメリカを例にあげると，ヨーロッパ系，ヒスパニック系及びラテンアメリカ系，アフリカ系，アジア系など，さまざまな人種的文化的背景を持つ人が「アメリカ人」として暮らしている。したがって，全てのアメリカ人を「アメリカ人」としてくくることは，私たちを「日本人」としてその価値観や行動様式を一般化することより難しい。同じアメリカ人でも，アフリカ系アメリカ人はヨーロッパ系アメリカ人よりも感情を表に出すことが多いかもしれない。ヒスパニック・ラテンア

メリカ系アメリカ人は時間に対して緩やかな感覚を持つため，約束の時間に遅れる傾向があるかもしれない。また，アジア系アメリカ人は他の人種を背景に持つアメリカ人と比べると，日本人と価値観を共有する部分もあるだろう。

　国の違いに焦点をあてて事例を紹介してきたが，異文化は国の違いだけに存在するものではなく，性別や年齢，育った地域や受けた教育なども異なる文化を形成する。そう考えると，私たちはさまざまな異文化を持つと同時に同文化にも生きていることになる。つまり，同じ文化に所属していても，異なる価値観を持っているというわけだ。統計分析の結果など客観的なデータによって比較すると，傾向として一般的な違いが認められるだけであり，その傾向をある文化に所属する全ての人に当てはめないように気をつけることが大切である（第8章参照）。

演習問題

　自分はどのような価値観を持っているか，それが日常生活での行動にどのようにつながっているかを考えてみよう。

邦文引用文献

石井敏（2013）「文化の構造」石井敏・久米昭元（編集代表）『異文化コミュニケーション事典』（p.165）春風社。
石井敏・久米昭元（2013）「異文化コミュニケーションの基礎概念」石井敏・久米昭元・長谷川典子・桜木俊行・石黒武人『はじめて学ぶ異文化コミュニケーション：多文化共生と平和構築に向けて』第1章（pp.11-34）有斐閣。
王敏（2005）『中国人の愛国心：日本人とは違う5つの思考回路』PHP新書。
コンドン, J.（1980）『異文化間コミュニケーション』（近藤千恵訳）サイマル出版会。

総務省（2012）「生活時間配分の各国比較」『平成 23 年社会生活基本調査』
　http://www.stat.go.jp/data/shakai/2011/pdf/houdou3.pdf
高野陽太郎（2008）『「集団主義」という錯覚：日本人論の思い違いとその由来』新曜社。
トリアンディス，H.C.（2002）『個人主義と集団主義：2つのレンズを通して読み解く文化』（神山貴弥・藤原武弘編訳）北大路書房。
ニスベット，R.E.（2004）『木を見る西洋人　森を見る東洋人：思考の違いはいかにして生まれるか』（村本由紀子訳）ダイヤモンド社。
ホフステード，G.（1995）『多文化世界：違いを学び共存への道を探る』（岩井紀子・岩井八郎訳）有斐閣。
ホフステード，G.，ホフステード，G.J.，＆ ミンコフ，M.（2013）『多文化世界：違いを学び未来への道を探る［原書第3版］』（岩井八郎・岩井紀子訳）有斐閣。

英文引用文献

Bennet, M. J. (2013). *Culture is not like an iceberg*. Intercultural Development Research Institute Blog
　http://www.idrinstitute.org/page.asp?menu1=14&post=1
Eagle, S. & Carter, J. (1998). Icebergs and islands: Metaphors and models in Intercultural communication. 『異文化コミュニケーション研究』第 10 号，97-118，神田外語大学異文化コミュニケーション研究所。
Hofstede, G., Hofstede, G. J., & Minkov, M. (2010). *Culture and organizations: Software of the mind*. New York: McGraw-Hill.
Kluckholn, F. R. & Strodtbeck, F. L. (1961). *Variations in value orientations*. New York: Row, Peterson.
Kohls, L. R. (2001). *Survival kit for overseas living: For Americans planning to live and work abroad* (4th ed.). Yarmouth, Maine: Intercultural Press.
OECD (2017). *Economic outlook No.102-November 2017: Household saving rates-forecasts*.
　http://stats.oecd.org/Index.aspx?QueryId=51648#
Ting-Toomey, S. & Chung, L. C. (2005). *Understanding intercultural communica-

tion. Los Angeles : Roxbury.
World Economic Forum (2017). *The global gender gap report 2017*
　http : //www3.weforum.org/docs/WEF_GGGR_2017.pdf

8 | コミュニケーションと多文化共生

花光里香

《目標&ポイント》 文化の違いがあるのは国だけではないと考えると，私たちは常に多文化の中で生きているといえる。同じ文化に所属していても異なる価値観を持ち，自分が所属する複数の文化で，多数派になることもあれば少数派になることもある。本章では，異文化理解を妨げるステレオタイプについて学び，さまざまな異文化，そして自文化を見つめながら，共に生きていくための道を探る。
《キーワード》 ステレオタイプ，少数派と多数派，アイデンティティ，多文化共生

1. ステレオタイプ

　第7章では国の違いに焦点を当てて価値観について学んだが，研究によって導き出された傾向は，その国に所属する全ての人にはあてはまらない。以下に紹介するのは，各国に対するイメージをジョークにしたものである。

　世界的な音楽コンクールが行われ，各国から参加者が集まった。開始1時間前にドイツ人と日本人が到着した。10分前にイギリス人が到着した。開始時間ちょうどにアメリカ人が到着した。5分してフランス人が到着した。15分後にイタリア人が到着した。30分以上経ってから，スペイン人がようやく現れた。ポルトガル人がいつ来るのかは，誰も知らない（早坂，2006，p.110を一部改変）。

　日本人は，最後のオチではなく「1時間前に来る日本人」のところで

笑うのではないだろうか。それがジョークのために誇張されたものであっても，当事者である日本人が笑えるのであれば，どこか思い当たるということだろう。確かに日本では，時間厳守は礼儀正しさの一つであり，早めの到着を心がけることがよくある。しかし，時間の捉え方は文化によって異なるため，「時間にルーズ」という表現がない文化もあり，時間を守らないことがどの文化でも日本ほど失礼な行動だとは限らない（第4章参照）。もし，日本人がスペイン人の遅れてくる姿を見て，「全てのスペイン人は時間を守らない」と決めつければ，それはステレオタイプである。

1.1　ステレオタイプとは

　私たちはこの複雑な世界をグループ化し，カテゴリー化することで理解している。したがって，カテゴリー化は情報処理における自然な認知過程の一部であり，人間にとって必要なことである。しかし，カテゴリー化をした後に，あるグループに属する全ての物や人に同じ特性をあてはめてしまうことがある。これはステレオタイプ化と呼ばれ，ジャーナリストのリップマンが1922年に初めて使用したとされる。リップマン（1987）は，「われわれはたいていの場合，見てから定義しないで，定義してから見る」（p. 111）と述べ，私たちの頭の中にある「絵」が，誤った方向に導くことがよくあることを指摘している。この「絵」が，まさにステレオタイプである。語源は印刷に用いられるステロ版にあり，同じものが何枚も印刷できることから，学校や会社といった集団や，性別，職業，民族などの社会的カテゴリーに対して「型にはまった考え方」「固定観念」を持つという意味で使われるようになった。

　リップマン（1987）も当時指摘したように，私たちは文化が既に定義したものを選び，それを「われわれの文化によってステレオタイプ化さ

れたかたちのままで知覚しがちである」(p. 111-112)。つまりステレオタイプの問題は，一度形成されるとそれに合った情報のみを選んで認知し，情報を歪めて取り入れてしまうため，事実を正確に把握することが難しくなることにある。また，そのことが偏見につながり差別を生むことが，異文化コミュニケーションにおける大きな問題となっている。偏見とは，ステレオタイプに支えられた概念で，相手がある社会・文化に所属しているという理由だけでその集団の否定的な性質をあてはめ，嫌悪・敵意ある態度を取ることである。冒頭のジョークにあてはめると，「スペイン人は時間に遅れる」というイメージを全てのスペイン人にあてはめれば，それはステレオタイプである。そして「(時間を守れないから) スペイン人は失礼だ，信頼できない」という偏見につながり，「スペイン人とは付き合いたくない」と排除するような行動に出ればそれは差別となる。

　Gudykunst（1991）もまた，ステレオタイプについて「私たちが用いるさまざまな社会のカテゴリーに対して持っている『絵』である」(p. 71) と述べている。図8‐1は心理学者のKanizsa（1955）が発表した錯視図形の一つであり，ステレオタイプ化が起こる過程を理解するのに役立つ。「何が見えますか。」という質問に，多くの人は「三角形」と答えるだろう。白い三角形が見えると言う人もいれば，重なる二つの三角形が見える人もいるかもしれない。これは「主観的輪郭」で構成された図と呼ばれ，私たちが「見えるもの」ではなく，直接体験していなくても過去の経験をもとに「見たいもの」や「見えるはずのもの」を見てしまうことを教えてくれる。三角形の輪郭は実際に描かれているわけでは

図8‐1　カニッツァの三角形（Kanizsa, G., 1955）

なく，三つの黒い円の切り込み部分によって暗示されているにすぎない。つまり，三角形という形がすでに私たちの頭の中にあるため，「三角形らしきもの」を三角形というカテゴリーに入れ，しかもそのことに気づかないのである。

1.2 ステレオタイプの種類と問題

　ステレオタイプには，私たちが個人として形成する場合と，所属する集団内で情報を得ることにより社会的に共有する場合がある（Tajfel, 1981）。例えば，初めて出会った日本人の特徴や，少ない経験で得た情報を全ての日本人に当てはめることは個人的に形成されるステレオタイプである。一方，実際日本人に会ったことがなくても，所属する社会で「日本人とはこういうものである」と見なされている特性によって日本人を判断すれば，それは社会的に形成されたステレオタイプである。

　またステレオタイプには，否定的なものばかりでなく肯定的なものもある。そして肯定的なステレオタイプが相手への理解を阻むこともある。アメリカ社会では，日系人を含めたアジア系アメリカ人は「勤勉で真面目である」と見なされることがよくある。これは，「モデル・マイノリティ」と呼ばれる肯定的なステレオタイプ化である（Martin & Nakayama, 2018, p. 208）。このような肯定的に思われる特性を全ての日本人にあてはめて仕事を任せた結果，相手が期待通りに働かなかった場合には期待した分落胆も大きくなり，相手に対して負の感情が膨らむことがある。ステレオタイプ化された日本人の方もまた，期待に応えられなかったせいで日本人としての劣等感を抱くことになりかねない。また，一見肯定的な特性も，「（真面目すぎて）つまらない」など，否定的なステレオタイプに転じることもあるだろう。ステレオタイプによる判断が否定的でも肯定的でも，相手への正しい理解を妨げ，多くの場合円滑な

コミュニケーションを阻むことには変わりがないのである。

では，ステレオタイプには具体的にどのような問題があるのかをまとめてみる。前述のように，ステレオタイプは事実でないことを事実だと信じこむことで，事実の把握を妨げる。また，所属する社会の中で何度も口にされ，人々がテレビや映画などで繰り返し目にすることでステレオタイプは強まり，その結果変えることが難しくなる。そして，一般的に言われていることを全ての個人にあてはめることが，目の前にいる相手への理解を難しくする原因となる。さらに，「能力が低い」など否定的にステレオタイプ化された人は，実際にパフォーマンスを下げてしまうことがあり，本来できることもできなくなる可能性がある（Jandt, 2018）。

1.3　ステレオタイプと一般的傾向

図8-2は，二つの文化をある文化的傾向について比較研究した結果を，わかりやすいように単純化して示したものである。B文化の方がA文化よりその文化的傾向が強いが，図が示す通り，A文化にもB文化の人より強い傾向を持つ人は存在し，同様にB文化にも傾向が弱い人がいる。ここで問題になるのは，人は顕著な部分に着目してしまうということだ。つまり，まず目がいくのは最も傾向が弱い部分と強い部分の両極端であり，文化的特徴を二極化して捉えがちである。

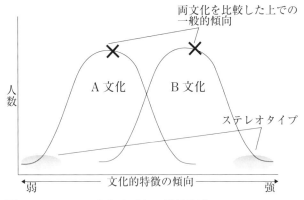

図8-2　ステレオタイプと一般的傾向

しかし重要な点は，研究結果からわかることは「二つの文化をある条件で比較した場合，一般的な基準点に違いが認められ，A文化よりB文化の方がその傾向が強い」ということであり，B文化に属する全ての人がA文化に比べその傾向が強いわけではない。つまり，冒頭のジョークには，時間に関する研究結果と重なる部分もあるが，あくまで各国によく持たれるイメージであり，全ての日本人が早めに来るとはいえず，時間の感覚がゆるやかな文化に暮らす人々が常に遅れてくるとは限らない。しかし，同じ時間に生きているように思われる私たちが，同じようには時間を捉えていないことや文化による傾向を知ることは，相手を理解する助けとなるだろう。

　特徴を比較した上での傾向であるということをいつも頭に置き，ステレオタイプに陥らないようにする工夫も必要だが，人はステレオタイプに陥りやすいということを常に意識していることが大切である。「自分はステレオタイプなどしない」と思い込むことが，最もステレオタイプに陥りやすい状態かもしれない。

2．できることが異なる文化

　第7章では価値観を通して異なる国の傾向を学んだが，文化は国だけでないと考えると，私たちは複数の文化に所属して生きているといえる。地域や年齢，ジェンダーなどに加え，何かができることとできないことも文化となりうる。ここでは，異なる視点（主に当事者の視点）から見る機会がないまま，気づかないことやステレオタイプ化されていることを事例に，少数派と多数派について考える。

2.1　聞こえないこと，聞こえること

　まず，「モーテル・ジョーク」と呼ばれる話を紹介したい（パッデン

＆ハンフリーズ，2016，pp. 188-189)。

　ろうの夫婦がモーテルにチェックインした。深夜に妻が夫を起こし，頭痛がするので車の中にある薬を取ってきてほしいと頼んだ。夫は車に薬を取りに行ってモーテルに戻ろうとしたが，自分の部屋がどこだか思い出せない。少し考えた後，夫は車に戻りクラクションを押して待った。すぐにモーテルの部屋に明かりがついたが，一室だけはつかなかった。もちろんそれが妻の部屋である。夫は車の鍵を閉めて，明かりがついていない部屋に向かった（パッデン＆ハンフリーズによる翻訳を一部改変）。

　これは，ろう者の間で広く知られている昔からあるジョークで，夫は聴者の音に対する敏感さを利用して部屋に戻れたというオチがある。深夜でも音に反応してしまう聴者の行動が，このジョークの面白いところなのである。音が聴者のものだということに，疑問を持たれることはほとんどない。普段聞こえないことで損をすることが多いろう者が得をし，聞こえることで聴者が損をする場面は痛快である。

　ろう者は音のない世界に生きているというのは，聴者によく見られる誤解である。多くのろう者は音について実によく知っていて，音自体は（音がないということだけでなく）ろう者の生活の中心的な役割を果たしている。物を叩いたらどんな音がするか，どのくらい叩いたら迷惑になるのか，笑い声など自分が発する音をどの程度までどんなときに出してよいのかなど，ろうの子供たちはさまざまな経験を通して，音の働き，音量や反響音について多くの知識を獲得していく（パッデン＆ハンフリーズ，2016）。

　また，榧（2012）は，生まれつきのろう者にとって，聞こえないことは当たり前だということを知ってほしいと語る。「風の音や川のせせらぎが聞こえないと物足りなく感じませんか？」と聞かれ，「木々がそよ

いでいるのを見るだけで風が吹いているなって分かるし，川もいろいろな流れがあって，目で十分楽しめます。」と答えると相手は驚き感心していた（梶，2012，p. 205）という。

聞こえる人は聞こえない人をひとくくりにしがちだが，「聞こえないこと」にはさまざまな状況がある。先天的，後天的，失聴時期（言語習得期の後かどうか），難聴の程度，聴者の家族の有無，親の手話やろう文化に対する価値観などがそれぞれ異なる。厚生労働省（2006）の調査によれば，約34万3千人が聴覚障害[1]者として身体障害者手帳を交付されているが，聴力の衰えた高齢者や，やや聞き取りにくいレベルの難聴者まで含めると，聞こえることが困難な人の数を把握することは難しい。また，それぞれが聞こえない状況に合わせて，異なるコミュニケーションの方法を取っている。補聴器や人工内耳などの補聴機器，筆談や要約筆記，手話や手話通訳，相手の口の動きや表情から音声言語を読み取る読話などを，単独あるいは組み合わせて使用する，多様性に満ちた世界である（佐々木，2012）。

また，冒頭のジョークはアメリカ手話を英語に翻訳し，さらに日本語に訳したものであるが，原文では「ろう者」は大文字で始まるDeafであり，アメリカ手話という一つの言語と文化を共有する特定のグループを指す（日本での手話使用状況については第1章を参照）。耳が聞こえないという聴覚的な条件を表す場合は，小文字で始まるdeafを用いる（パッデン＆ハンフリーズ，2016）。1995年に出された，「ろう者とは，日本手話という日本語とは異なる言語を話す言語的少数者である」とする「ろう文化宣言[2]」は，大きな反響を呼んだ。多数派，すなわち聴者

---

[1] 「人や人の状態」を表す場合には，「害」や「危害」を連想させる「障害」という表記を避け，「障がい」「障碍」「チャレンジド」などが使われることがある。本章では，「害」となるのは個人ではなく社会の壁であることを意識する意味をこめて，「障害」を用いる。
[2] 木村晴美・市田泰弘 (1995)「ろう文化宣言―言語的少数者としてのろう者」『現代思想』第23巻3号，(pp. 354-362)。

は，日本人でありながら異なる言語文化を持つ人々がいることに驚いた。また，聴者の社会で生きるためにろう学校では手話の使用が禁じられ，言葉を奪われる生活を強いられてきたことに衝撃を受けたのである。そして16年の歳月を経て，2011年に障害者基本法が改正され，手話が言語として認められた。「身ぶりに近く，ことばではない」「狭い範囲にしか通じない」「単語はあるが文法はない」など，聴者の視点からの手話に対する誤った認識が改められ，ろう者の言語が権利として保障されたのである。

2.2 見えないこと，見えること

> 「だいたい三メートルくらいのスクリーンが……見える範囲で三つあって，それぞれに映像が映し出されています」
> 「一つ目は雨が降っている様子，二つ目は人々が水に飛び込んでいる様子」
> 「飛び込んでいる水は……あんまりきれいじゃないです」
> 　　⋮
> 「飛び込んでいるのは大人？　子ども？」
> 　　⋮
> 「子どもです……とっても楽しそうで……。インドかどこかの国かな」
>
> （伊藤，2015，pp. 157-158）

　これは，見えない人と見える人がツアー形式で美術館内を見て回る，ワークショップの一場面である。2013年に水戸芸術館で開催された「視覚に障害がある人との鑑賞ツアー」と銘打った「セッション！」という

企画で，5，6名のグループの中に必ず一人は見えない人が入り，一緒に作品を鑑賞する。伊藤（2015）はこれを「ソーシャル・ビュー」（p. 158）と呼び，見える人による見えない人のための解説ではないことを強調する。グループ内でのやり取りを通し，人と関わりながら見ることに意味があるこの企画では，参加者は「見えているものと見えていないものを言葉にしてください」という指示を受ける。見えているものとは客観的情報（色やモチーフなど）であり，見えていないものとは主観的意味（印象や感想）である。伊藤（2015）は，毎日のように同じ絵を見ている美術館の職員が，見えない人とのやり取りを通して，今まで湖の情景だと思っていた絵が野原であることに気づいたエピソードをあげ，ソーシャル・ビューは「見えない人にとって新しいだけでなく，見える人にとっても新しい美術鑑賞」（p. 170）であると述べている。つまり，見えないことが，コミュニケーションを変化させ，人々の関係を深めていくというわけである。伊藤（2015）は，見えることを基準に考えると，見えないことはネガティブな壁にしかならないが，見えないという特徴をみんなで引き受ければ，それは人々を結びつけ，生産的な活動を促すポジティブな要素になりえると述べている。「重要なのは障害が触媒として，人々の関係を変えること」（p. 185）なのである。

　「視覚障害者とつくる美術鑑賞ワークショップ」の設立者は，「見えていることが優れているという先入観を覆して，見えないことが優れているというような意味が固定すれば，それはまたひとつの独善的な価値観を生むことになりかねない。そうではなく，お互いが影響しあい，関係が揺れ動く状況をつくりたかった。」（伊藤，2015，pp. 185-186）と語る。

　見えない人を特別視するのではなく，見える人との対等な関係を築こうとすることでもなく，揺れ動く関係の中で，見えない人もまた変わっ

ていく。ワークショップに参加するまでは,「見えることは良い—見えないことは良くない,見えることは正しい—見えないことは正しくない,見える人は強い—見えない人は弱い」という価値観の中で,見える人の言うことには絶対的な力があったという。しかし,見える人が湖と野原を間違うこともある。見える人の絶対的な力が揺れ動くとき,見えない人と見える人の関係もまた変わり始める。見える人も,盲目なのだ。伊藤 (2015) が指摘するように,この試みには「福祉とは違う,『おもしろい』をベースとした障害との付き合い方のヒント」(p. 187) がある。

13歳で失明した広瀬 (2009) は,見えない人の文化と生き方を考えるキーワードとして,三つの「しょく」(食・色・触) を挙げている。懐石料理のような目で味合う料理は別にして,おいしい物は,見えても見えなくても関係なく楽しめる。また,全盲の人は色とは無縁だと思われがちだが,一般的に多くの全盲者が日常的に色を意識し,おしゃれを楽しんでいる人もたくさんいるという。そして,「触」は,「視覚障害者のオリジナリティを追求する思想」(p. 4) であり,「さわる文化」は広くて深く,豊かな文化であると強調する。「健常者といわれる人たちにも体験可能な普遍性」(p. ii) を持つこの文化を,見える人にこそぜひ味わってほしいと広瀬は語る。

そのような願いから実現したのが,2006年に国立民族学博物館で開催された企画展「さわる文字,さわる世界——触文化が創りだすユニバーサル・ミュージアム」であった。点字が考案される前に世界各地で用いられた多種多様な盲人用文字の紹介や,点字体験のワークショップが行われ,盲学校で使われていた算盤や地球儀などの教具,さわる仏像や神社の模型など,さわっておもしろい物が展示された。より多くの情報収集に価値が置かれる社会で,物の温度や材質などさわらなければわからない触文化を体験することは,創造力と想像力を刺激する (広瀬, 2009)。

また，この企画展にはユニバーサル・ミュージアムの構想上，二つの特徴があった。環境整備であるバリアフリー化と，「障害を『いかす』強さを育む社会のダイナミズム」(p. 73) であるフリーバリア化である。ここにもまた，「『つくる力』と『ひらく心』を育むために」(p. 90) 始動した新たな試みが見られる。

　目が見えない，耳が聞こえない，足が不自由である，注意が持続しない，同時に複数のことができないなど，心身に特徴がある人が，一般的に障害者だと思われている。しかし，2011年の障害者基本法の改正により，障害者は「社会の壁によって暮らしにくく，生きにくい状態が続いている人をいう」(内閣府，2012) とされ，障害者個人に障害があるのではなく，障害の原因は社会にあることが定義に盛り込まれた。障害の個人モデルから社会モデルへの転換である。障害の社会モデルは，健常者を正常とする社会の支配的価値観を問い直し，障害者自身による新たな価値観を創出したといえる (河口，2014)。しかし，法の改正により急に社会が変わるわけではない。人々の意識を変えていくためには，障害が触媒となり，少数派と多数派のコミュニケーションをつくり出し両者の関係を動かす新しい試みが，社会に求められるのではないだろうか。

3. 性の多様性

　「『生物学的に男性であるとみなされ，自分のことを男性だと認識し，女性に性的な魅力を感じる人』をどう呼ぶか」と質問をしたところ，「普通」という答えが返ってきたことがある。この答えを聞いて，何か気づいたことはないだろうか。

　性は，生物学的なものとみなされる男女の違い (セックス)，社会的につくり出された男女の違い (ジェンダー) に区別される。しかし，「生

物学的な性差」という知識もまた社会的にかたちづくられたものであり，境界線を引くことは難しく，それぞれに何が含まれるかは時代や地域，学問分野によって異なる。現在では，性別に関する知識や考え方全体が「ジェンダー」と呼ばれるようになった（加藤・石田・海老原，2005）。

　LGBT とは，英語でいうレズビアン（女性同性愛者），ゲイ（男性同性愛者），バイセクシュアル（両性愛者），トランスジェンダー[3]（性別違和[4]，つまり自分の生物学的性別に違和感を持ち，その枠を越えようとする者）の四つの頭文字を合わせた言葉で，広い意味での性的マイノリティ全体を指す言葉としても用いられる。インターセックス（性分化疾患：生物学的性別が男女のどちらかに区別されにくい，生まれつき一部異なる発達を遂げた体の状態）を含めた LGBTI という表記や，どのカテゴリーにもあてはまらないクィア[5]，もしくは，クエスチョニング（セクシュアリティを決められない，またはあえて決めない人）を入れた LGBTQ という表記も広がりつつある（加藤，2017）。

　2012 年に発表された Gallup の調査（Gates & Newport, 2012）には，人口を代表する標本調査で「LGBT」の項目を含むものとしては過去最多である 12 万人以上が回答した。報告書によると，アメリカの人口に占める「LGBT」であると自認する人の割合は 3.4% であり，その割合は年齢，性別，人種などによって異なることも明らかにされている。日

3）　必ずしも医療を必要としない当事者もいるが，性別適合手術（本来の性に合わせるという意味では性転換ではない）を必要とする場合，トランスセクシュアルと呼ばれる。異性の服装をすることで性別違和を解消しようとする人々は，トランスヴェスタイトと呼ばれる。

4）　2014 年，アメリカ精神医学会による診断マニュアル改定の際，「性同一性障害」という概念が削除され「性別違和」に置き換えられ大きな注目を浴びた。この改定を後押ししたのは，性自認に障害を抱えているわけではないという当事者の不満の声であった（加藤，2017）。

5）　「変態」や「奇妙」という意味の Queer という言葉が，当事者たちによってあえて使われている（加藤，2017）。本来性的マイノリティに対する侮蔑の言葉を自ら使うことで，「普通」の性のあり方しかわからない人々の方が「奇妙」だという意味がこめられている（加藤・石田・海老原，2005）。

表 8-1　性の多様性

生物学的性別	男性				女性			
性自認	男性		女性		男性		女性	
性的指向	男性	女性	男性	女性	男性	女性	男性	女性
	⇩	⇩	⇩	⇩	⇩	⇩	⇩	⇩
	ゲイ	異性愛シス男性	MtF	MtFレズビアン	FtMゲイ	FtM	異性愛シス女性	レズビアン

本では，公的統計や社会調査によって性的指向や性自認を捉える試みは数少ない。調査結果は「LGBT 割合」として一人歩きする傾向があるが，調査方法と集計方法に問題がある場合も少なくない。また，性的マイノリティと特定された人々は，調査において自分のアイデンティティ，あるいは性経験や関心を公にした人に限られているため，状況を把握することは難しい（釜野他，2016）。しかし，性には想像以上に多様性があるという点は認識しておくべきことである。

　性には，生物学的性別，性自認，性的指向の 3 要素がある。生物学的性別とは，外性器・内性器・性腺・性染色体の状態や，性ホルモンのレベルなどから定められる[6]。性自認（ジェンダー・アイデンティティ）は，自身の性別をどのように認識しているかを表す。また性的指向（セクシュアル・オリエンテーション）は，恋愛や性愛の対象となる性を意味する。日本語ではどちらも「性」と訳されるが，ジェンダーが女と男の分類を指すのに対し，セクシュアリティは性的な欲望を表す概念である（加藤，2017）。

　性の多様性を示した表 8-1 を左から見ていくと，全ての要素が男性であればゲイ，生物学的性別と性自認が男性で性的指向が女性の場合は異性愛のシスジェンダー（生物学的性別と性自認が一致している）男性，

---

[6]　どの状態・レベルも多様であり，女と男の 2 種類に分類できるものではない（加藤・石田・海老原，2005）。

つまり「普通」と呼ばれる男性となる。生物学的性別が男性，性自認は女性，性的指向が男性の場合は MtF トランスジェンダー（Male to Female：男性から女性への意味），生物学的性別が男性，性自認と性的指向が女性の場合は MtF レズビアンである。生物学的性別が女性，性自認と性的指向が男性の場合，FtM ゲイ（Female to Male：女性から男性への意味），生物学的性別が女性，性自認が男性，性的指向が女性であれば FtM トランスジェンダーとなる。生物学的性別と性自認が女性，性的指向が男性であれば異性愛のシスジェンダー女性，つまり「普通」と呼ばれる女性であり，全ての要素が女性の場合レズビアンとなる。表 8-1 を見ながら，冒頭に紹介した質問を考えてみると『生物学的性別は男性，性自認は男性，性的指向は女性』となり，期待していた答えは異性愛のシスジェンダー男性である。

　少なくとも 8 種類のカテゴリーの中で，マイノリティが 6 種，「普通」と呼ばれる異性愛シスジェンダーは 2 種類であり，カテゴリー数では性的マイノリティが多数派であることにも注目したい。また，ジェンダーという枠組みそのものへ違和感を持つ人もいれば，全ての人が異性愛，同性愛，両性愛という主要なカテゴリーに必ずあてはまるわけではないため，二元的な表で全てを説明することはできない。

　性の多様性が日本で以前より意識されるようになっても，当事者の生きづらさが大きく変わったとはいえない。トイレ，体育の授業での着替えやプール，健康診断，宿泊行事，制服，友人関係，恋愛に関する話，いじめ，カミングアウト，就職，結婚など（藥師他，2014），さまざまな場面で社会のさらなる理解と現状を変えていく力が求められる。

　自分を「普通」だと思う立場にある者は，異性愛でシスジェンダーであることが当たり前だという認識を改めなければならない。相手も自分と同じだという前提から離れ，性の多様性を常に意識していたい。また，

性は個人の属性の一つであると捉え，人を性的マイノリティという一つの枠に押し込めないことが大切である。価値観や生き方にも関わる性の問題に，無関係な人などいない。誰もがかけがえのない一人の人間として尊重されるためには，性が年齢や肌の色といった数ある属性の一つとして適切に理解される世界の実現が必要なのである。

4．共に生きるために

　榧（2012）によれば，ろう者が社会で幸せに生きるために大切なことは，ろう者としてのアイデンティティを持ち，自信を持って生きることである。自分らしく自信をもって生きることは誰にとっても大切なことではあるが，アイデンティティとは自分の中で完結するものではなく，他者との関係性の中で社会における位置付けとして決まる側面がある（加藤，2017）。「アイデンティティは，問う・問われるという非対称な関係の中で顕在化され」（p.27），問う側と問われる側は多数派と少数派に重なる。多数派は自分のアイデンティティを空気のように自然なものと見なし，自分を基準にして少数派を異質で偏った「他者」として扱いがちである（加藤，2017）。そのことを踏まえた上で，共に生きる道はどこに見出せるのだろうか。

　9歳で失明し，18歳で聴力も失った全盲ろう者である福島（2015）は，「最もつらかったのは，見えない・聞こえないということそれ自体よりも，周囲の他者とのコミュニケーションができなくなってしまったということ」（p.247）だと述べている。自分から話すことはできても，相手の返事は聞こえず，表情も見えない状態では，会話をしようという意欲さえなくなったという。コミュニケーションは双方向的なものであり，人間にとって不可欠なものだと実感したという。また，インタビューの際に「（盲ろう者になっても）福島さんはすごく能動的でポジティブ

で……」と言われたことを受け，自分を宇宙の恒星に例えて以下のように答えている。

> ……自分から能動的になってすべて切り開いてきたということよりも，他者が能動的になってくれたという側面があって，それに私が応えたっていうところがあるんですよね。
> 　少なくとも他者からの能動性がなければ，私からだけ，自分だけで光り続けるってことは難しいんです。
> ……少なくともほかにも恒星があって，その光を受けないと，相互の重力がないと，宇宙の中にポッと自分だけ光ってるってことはできないんですよね。
>
> （福島，2011，p. 333）

　必要なのは「他者の光」と「相互の重力」，つまり，周囲の人々とのコミュニケーションなのである。そしてそれは少数派に限らず，第7章で示した氷山モデルや島モデルの根底にある，生きていく上で誰もが必要としていることではないだろうか。
　東田（2014）は，会話のできない重度の自閉症者でありながら，文字盤を指差しながら言葉を発していく「文字盤ポインティング」やパソコンを使ってコミュニケーションが可能であり，講演や執筆活動を行っている。社会の中に自分の居場所はなく，「まるで，広い海の中に浮かんでいる小舟のよう」(p. 13)であり，「特に困っているのは，本当の自分をわかってもらえないこと」(p. 13)だという。さらに，わかってもらえさえすればいいのかと問いかける。なぜなら，「知ることと，行動することは，別の問題」(p. 13)であり，障害の理解を広めることで必ずしも誰もが暮らしやすい社会がつくれるとは限らないと述べている。人

の心は複雑で，理解できたから協力するとは限らず，「正しさがいつも，世の中を動かすわけではない」(p.14) と説明する。「それでも，自閉症を知ってもらうことで生きやすくなると思うのは，僕を見るみんなのまなざしが，変わってくるから」(pp.14-15) だと語る。

少数派が生きやすい，誰もが生きやすい社会をつくるには，「まなざしを変える」ために，少数派と多数派の双方が努力と工夫を続けていくことではないだろうか。多くの人は，自分と異なるように見える人を，違ったまなざしで見る。例えて言えば，本来そこにはない色を，色のついたメガネで見てしまう。青い色のついたメガネで物を見れば，青くない物も青く見えるのである。相手のことを知り，メガネをかけていることに気づくことが，個人のまなざしを変える出発点となり，社会を変える力となるだろう。お互いを知る機会は，双方の努力なしではつくれない。少数派も多数派も，「くり返し，相手を知る努力，自身を知ってもらう努力を続ける」(佐々木，2012, p. xvii) ことが，異なる者が共に生きていく鍵となるに違いない。

5．まとめ

本章では，異文化コミュニケーションにおいて問題になるステレオタイプについて考察し，相手を理解するための工夫を提案した。また，私たちは複数の文化に所属して生きていると考え，できることとできないことも文化の一つであるという立場から，聞こえない文化と見えない文化の事例を当事者の視点から紹介した。そして，誰もが属性の一つとして持っている性について考えることを通して，少数派と多数派について理解を深めた。私たちは，同文化の中で生きるとともに異文化に暮らし，所属する複数の文化の中で少数派になったり多数派になったりする。ただ，多数派であるときには，そのことに気づきにくい。「普通」とは何

かを意識することを忘れず，常に自分と異なる立場に置かれている人のことを考え，違うからこそ創り上げられる関係を楽しみながら，社会で共に生きる道を一緒に探りたい。

演習問題

自分が持つ文化の中で，協働と共生のために，少数派としてできること，多数派の立場からできることを，それぞれ考えてみよう。

邦文引用文献

伊藤亜紗（2015）『目の見えない人は世界をどう見ているのか』光文社新書。
加藤秀一・石田仁・海老原暁子（2005）『図解雑学ジェンダー』ナツメ社。
加藤秀一（2017）『はじめてのジェンダー論』有斐閣。
釜野さおり・石田仁・風間孝・吉仲崇・河口和也（2016）『性的マイノリティについての意識—2015年全国調査報告書』科学研究費助成事業「日本におけるクィア・スタディーズの構築」研究グループ（研究代表者　広島修道大学　河口和也）編。
榧陽子（2012）「ろう教育のこれから」佐々木倫子（編）『ろう者から見た「多文化共生」：もうひとつの言語的マイノリティ』第8章（pp. 170-209）ココ出版。
河口尚子（2014）「社会のカベを崩す：社会モデル」小川喜道・杉野昭博（編著）『よくわかる障害学』（pp. 182-183）ミネルヴァ書房。
厚生労働省（2006）『平成18年身体障害児・者実態調査結果』
　　http://www.mhlw.go.jp/toukei/saikin/hw/shintai/06/dl/01_0001.pdf
佐々木倫子（2012）「はじめに—『ろう者』と『手話』と『多文化共生』」佐々木倫子（編）『ろう者から見た「多文化共生」：もうひとつの言語マイノリティ』（pp. iii-xxvi）ココ出版。
内閣府（2012）『改正障害者基本法の概要』
　　http://www8.cao.go.jp/shougai/whitepaper/h24hakusho/zenbun/honbun/honpen/h1_1_2.html

パッデン, C. & ハンフリーズ, T.（2016）『新版「ろう文化」案内』（森壮也・森亜美訳）明石書店．
早坂隆（2006）『世界の日本人ジョーク集』中央公論新社．
東田直樹（2014）『跳びはねる思考』イースト・プレス．
広瀬浩二郎（2009）『さわる文化への招待』世界思想社．
福島智（2011）『盲ろう者として生きて：指点字によるコミュニケーションの復活と再生』明石書店．
福島智（2015）『ぼくの命は言葉とともにある』致知出版社．
リップマン, W.（1987）『世論』（掛川トミ子訳）岩波文庫．
藥師実芳・笹原千奈未・古堂達也・小川奈津己（2014）『LGBT ってなんだろう？：からだの性・こころの性・好きになる性』合同出版．

英文引用文献

Gates, G. J. & Newport, F.（2012）. *Special report : 3.4% of U.S. adults identify as LGBT,* Gallup. https://news.gallup.com/poll/158066/special-report-adults-identify-lgbt.aspx

Gudykunst, W. B.（1991）. *Bridging differences : Effective intergroup communication.* Newbury Park, CA : Sage.

Jandt, F. E.（2018）. *An introduction to intercultural communication.* Thousand Oaks, CA : Sage.

Kanizsa, G.（1955）. Margini quasi-percettivi in campi con stimolazione omogenea. *Rivista di Psicologia* 49(1), 7-30.

Martin, J. N. & Nakayama, T. K.（2018）. *Intercultural communication in contexts.* New York : McGraw-Hill.

Tajfel, H.（1981）. Social stereotypes and social groups. In J. Turner & H. Giles (Eds.), *Intergroup Behavior.* Chicago : University of Chicago Press.

9 | 外国人労働者

根橋玲子

《目標&ポイント》 第8章では日本国内のさまざまな異文化について学んだが，第9章と第10章では，外国人，特に日本で働く外国人について学ぶ。日本は，歴史的には第二次世界大戦を挟む「出移民」の時代から，バブル経済やその後に続く人手不足に起因する「入移民」の国へと転換してきた。本章ではこのうち「入移民」について，どのような国から，どのような資格で人々が来日し働いているのかを，歴史的経緯も交えて概観する。
《キーワード》 出移民，入移民，循環移民，入管法，在留資格

1．人はなぜ移動するのか

　移民・難民問題は，国際社会の喫緊の課題である。移民や難民の増加により異文化接触が増えているが，これは日本も例外ではない。職場の同僚や隣人として，私たちの周りにはかつてないほど，文化の異なる人々がおり，彼らとのコミュニケーションや共生について考えることはますます重要になっている。本章では，「移民」—国外に職を求めて移動する人々，を取り上げるが，そもそも人はなぜ移動をするのかまず考えてみよう。ここでは，移動する人々を理解するための三つの考え方,「プッシュ＝プル理論」「歴史構造論」「移民システム論」からの理解を試みる。
　「プッシュ＝プル理論」とは，移民を送り出す国には貧困や失業など移民を押し出す（プッシュ）要因があり，逆に移民が流入する国には，好景気や高賃金などの引き寄せる（プル）要因がある，人々はこれらを天秤にかけることで，労働・居住する場所を選ぶ，という考えを指す（小

井土，2005)。例えば，1980年代，日系ブラジル人の移動を，景気低迷（プッシュ要因）の続くブラジルからバブル景気に沸く（プル要因）日本にチャンスを求めたものと解釈するのはこの考え方に基づく。「歴史構造論」は，上記「プッシュ＝プル理論」のプッシュ・プル要因それぞれが起こるのは，「資本主義の歴史的発展による諸社会間の不平等構造の創出」（樽本，2016a，p. 62）によるものととらえ，送り出し国と受け入れ国の歴史的つながり（例えば旧宗主国と植民地）や地域，階層，エスニック集団などの差に着目して人々の移動を理解しようとするものである。先ほどの在日ブラジル人を例にとれば，彼らの移動を日本とブラジルの経済格差や，移民をかつて送り出していた日本と受け入れ国ブラジル，またそこに構築された在日ブラジル人コミュニティ，という歴史的なつながりで説明するものである。「プッシュ＝プル理論」は個人の選択，「歴史構造論」はマクロな視点であると言い換えられるが，「移民システム論」は前者二つの考え方とは視点が異なり，ネットワークを核とする議論である（小井土，2005）。最初に移動する者は，渡航手続き，仕事や住居の確保等，多くの作業や努力が必要とされるが，後に続く者は，この最初に移動した者の助けを借りることができる[1]。これはやがてネットワークとなり，移住のリスクとコストが下がり，より移住しやすくなり，連鎖移民が形成され，一部はエスニックコミュニティに発展する（樽本，2016a）。在日ブラジル人の多くに，このネットワークにより，一般に職の多い東京よりも移動先駆者の多い地域に集住する傾向が見られるのはこの例に当てはまる。本章では，この移民システム論の視点から来日する外国人についての理解を試みる。

2．日本における外国人労働者

英語には，「移民」を表す言葉に「emigrant」と「immigrant」があ

---

[1] 後に続く人々を連鎖移民と呼ぶ。そのうちの一部が後述のような循環移民となる。

る。どちらも日本語では「移民」と訳されるが，それぞれ指すものが異なる。「emigrant」が「出移民」であるのに対し，「immigrant」は「入移民」のことである。例えば，明治初期の日本からハワイやアメリカ本土への移民は，日本にとって「出移民（emigrant）」であるのに対し，1980年代からの日系ブラジル人の日本への出稼ぎは「入移民（immigrant）」である。日本は20世紀初頭までは，「出移民」の国であった。上述のハワイやアメリカ本土の他に，カナダやブラジル，ペルー，メキシコなどに多くの人々を送ってきた歴史がある。この背景には，国内の経済不況や凶作による失業と貧困，人口増加に伴う食料不足や耕地不足などがあった。ブラジルには，1908年に笠戸丸で渡った第一団から1960年代までに約25万人が移動したが，彼らは移民1世としてブラジルで日系人社会を構築し，その数は今では150万人以上に上るといわれる（西原，2016b）。このような「出移民」は，戦後日本の高度経済成長に伴いその姿を消した。逆に，日本国内の工場労働者や土木作業現場などにおける労働力不足が顕著になった1980年代頃から，日本は「入移民」の国となった。

　1990年の「出入国管理及び難民認定法」いわゆる「入管法」の改正により，ブラジルやペルーなどの南米各国にいる日系南米人が日本で自由に働くことができるようになり，来日する者が急増した。彼らは，韓国・朝鮮籍などの古くから日本に住む「オールドカマー」に対して「ニューカマー」と呼ばれる。特にブラジルから来日する者の増加は目覚ましく，2008年の世界金融危機（以降リーマンショックと呼ぶ），またそれに続く2011年の東日本大震災までは増加の一途で，中国・韓国（および北朝鮮）に次ぐ人数を誇った。彼らは，移民システム論でいうところの連鎖移民，また循環移民として，日本国内におけるトランスナショナリズム[2]の研究対象として注目を浴びた。循環移民とは，「出自

2）　トランスナショナリズムとは，国家・国境・国籍の差異を超えて人々が相互交流する場面を表す。トランスナショナリズムの研究は，主にこれらの場面における人の国際移動，政治，経済，社会貢献等の領域にまたがる（西原，2016a）。

国からホスト国へと移動したものの，一定期間を経て帰還し，再びまたホスト国へ移動するというように循環するように移動する人々」である（樽本，2016b，p. 13）。日系ブラジル人の場合は，もともと日本を出国し（出自国），ブラジル（ホスト国）へ移動したが，再び来日した1世のケースや，ブラジルで生まれ育った者が，日本で暫く居住し，その後ブラジルに戻る2世以降のケース，またこれらを繰り返すなど，さまざまなケースが見られた。いずれにしても最初に来日した人々を除き，多くが家族や親戚を頼りに来日し，日本とブラジルの間を行き来し，コミュニティを形成していくという現象は移民システム論で説明できる。

日系南米人が優遇された入管法の改正の背景には，日本人の血を引く彼らであれば，日本文化や言語に精通していることや勤労観が似ていることが期待されていたといえよう（イシ，2009）。確かに1世や2世の世代ではそのような者も多かったが，その後に来日した3世では日本語ができない者も多かった。当初短期的な人材として受け入れられた彼らであるが，滞在が長期化し，習慣の違いから地元住民と軋轢が生じたり，子供たちの不就学や不登校，言語やアイデンティティの形成などに関する問題が指摘されるなど，さまざまな問題がメディアや研究対象として取り上げられるようになった。主に彼らの住む地方自治体が中心となって問題に対応していたが，リーマンショックを機に，零細企業や工場に派遣されて働く彼らの職は真っ先になくなった。彼らの多くが，派遣会社に紹介された仕事をし，用意された住居に住み，職場までバスで送迎されるなど，生活が派遣会社に支えられていたこともあり，派遣会社の倒産や職を失うことで一気に生活が成り立たなくなるという脆弱さを露呈した（松尾，2010）。2009年に実施された在日南米人帰国支援事業やブラジルの好景気の後押し，また2011年の東日本大震災により多くの在日南米人が帰国し，その数は減少している。

ちょうどこの時期とクロスする形で将来的な人材としてその数を増やしたのが，留学生である。2008 年に政府が打ち出した「留学生 30 万人計画」（第 10 章で詳述する）は，留学生を，学位取得後本国へ帰国する者とみなすのではなく，高度外国人材として，日本で就業し，定住するという視座を提示した。この背景には，日本の国際的競争力の向上を目指す戦略，少子高齢化を背景とした労働人口の減少などがある。さらにその背景には，上述した，主に南米からの日系人の流入と定住化に関わる問題がある。「留学生 30 万人計画」は，留学により日本語や日本の文化・慣習に親しんだ者に，日本で就業してもらうことで，国際化や人手不足の問題にも対応しようという，長期的な展望が含まれている。従来，表立って移民の受け入れを表明しない日本政府であるが，Liu-Farrer（2013）が指摘するように，日本への留学は移住・移民への side-door[3]であるといえよう。いずれにせよ，この計画を機に，留学生は増加している（日本の留学生については第 10 章で詳述する）。

3．日本に住む外国人はどこから来ているのか

　上述のように，日本に留学したり，日本で働く外国からの人々は増えているが，ここではどこの国から来日する者が多いのか，その変遷を見てみよう（表 9‐1 参照）。戦後しばらく，日本の登録外国人数は 60 万人台で推移していた。70 万人台に乗ったのは 1970 年である。この頃最も多かったのは，戦前や戦中に日本に住むことになった韓国・朝鮮籍者（移住当時は日本国籍であった）で，いわゆる「オールドカマー」と呼ばれる人々である。次節でも述べるが，戦後は韓国・朝鮮いずれかの国籍となり，日本では「特別永住者」の資格を持つことになった。その後 1990 年の入管法改正により，南米ブラジルやペルーから来日する者が

---

[3]　side-door は「通用口・脇戸」の意。日本は現政権もたびたび強調するように「移民政策」は表向き存在しない（鈴木，2017）。しかし，実際は留学資格など別の資格で入国し，他の資格に切り替えることで，長期滞在者となったり永住権を取得したりする者も増加しており，事実上移民は存在するという視点で本章は進める。

表9-1　日本の在留外国人数および上位5カ国

年	総数(人)	上位5カ国								
1970	708,458	韓国・朝鮮	614,202	中国	51,481	アメリカ	19,045	イギリス	3,001	カナダ	1,649
1980	782,910	韓国・朝鮮	664,536	中国	52,896	アメリカ	22,401	フィリピン	5,547	イギリス	4,956
1990	1,075,317	韓国・朝鮮	687,940	中国	150,339	ブラジル	56,429	フィリピン	49,092	アメリカ	38,364
2000	1,686,444	韓国・朝鮮	635,269	中国	335,575	ブラジル	254,394	フィリピン	144,871	ペルー	46,171
2008	2,217,426	中国	655,377	韓国・朝鮮	589,239	ブラジル	312,582	フィリピン	210,617	ペルー	59,723
2009	2,186,121	中国	680,518	韓国・朝鮮	578,495	ブラジル	267,456	フィリピン	211,716	ペルー	57,464
2011	2,078,508	中国	674,879	韓国・朝鮮	545,401	ブラジル	210,032	フィリピン	209,376	ペルー	52,843
2017	2,471,458	中国	711,486	韓国	452,953	フィリピン	251,934	ベトナム	232,562	ブラジル	185,967
2018	2,561,848	中国	730,890	韓国	450,663	ベトナム	262,405	フィリピン	260,553	ブラジル	191,362

(法務省（2008, 2009, 2011, 2017, 2018）「在留外国人統計」より筆者作成）

増えた。2008年までは，彼らおよび在留外国人数は堅調に伸びたが，この年に起こった世界金融危機（いわゆるリーマショック）とこれに続く景気後退，また2011年の東日本大震災により，人数を減らした。表9-1を見ると，リーマンショック後の2009年からブラジル人人口は大きく減り，2017年ではピーク時の2008年に比べおよそ半減しているのがわかるだろう。

現在在留外国人総数は再び増加に転じているが，上位国の構成はこの間に大きく変わった。まず，上位2カ国であるが，長らく韓国・朝鮮籍者が最も多かったが，2007年に中国が1位となり，その差は広がり続

けている。2018年の統計では，中国73万人，韓国45万人と，約28万人の差がある。これには韓国・朝鮮籍者の高齢化や帰化があるといわれる。前述のように，1990年の入管法の改正により数を増やした在日南米人は大幅に減少に転じた。南米からの在留者に代わり人数が増えたのが，東南アジアからの来日者である。フィリピンは1980年には既に上位5カ国に入り，その後もほぼ増加基調であるが，これに加え，昨今ではベトナムやリストにはないがネパールなどからの滞在者も増えている（ネパールは2018年約8万人で第6位）。彼らはなぜ日本に来るのだろうか，またこのような変化の背景に何があるのであろうか。

4. 日本に住む外国人にはどのような人々がいるのか

なぜ彼らが日本で暮らすのかを理解するのには，在留資格について知ることが有効だろう。本節では，在留資格から日本に住む外国人の特徴をとらえ，どのような人々が働いているのかを理解する。

4.1　在留資格

入国管理局によると，2016年時点で，在留資格には，「本邦において行うことができる活動」別に23，「本邦において有する身分又は地位」で四つ，計27の資格がある（表9-2参照）。「活動」の資格は，主にどのような仕事をしているのかを示すものである。医師であれば「医療」，大学で教えている者は「教授」，駐在員として赴任してきたのならば「企業内転勤」といった具合である。一方，「身分又は地位」の四つの在留資格には「永住者」「日本人の配偶者等」「永住者の配偶者」「定住者」がある。先述の入管法改正後に増えた在日ブラジル人の多くが「定住者」の資格を持っている。

次に在留資格ごとの人数を見てみよう。法務省（2017）の「国籍・地

表 9-2 在留資格

在留資格	該当例	在留資格	該当例
外交	外国政府の大使，公使，総領事，代表団構成員等及びその家族	興行	俳優，歌手，ダンサー，プロスポーツ選手等
公用	外国政府の大使館，領事館の職員，国際機関等から公の用務で派遣される者及びその家族	技能	外国料理の調理師，スポーツ指導者，航空機の操縦者，貴金属等の加工職人等
教授	大学教授等	技能実習	技能実習生
芸術	作曲家，画家，著述家等	文化活動	日本文化の研究者等
宗教	外国の宗教団体から派遣される宣教師等	短期滞在	観光客，会議参加者等
報道	外国の報道機関の記者，カメラマン	留学	大学，短期大学，高等専門学校，高等学校，中学校及び小学校等の学生・生徒
高度専門職	ポイント制による高度人材	研修	研修生
経営・管理	企業等の経営者・管理者	家族滞在	在留外国人が扶養する配偶者・子
法律・会計業務	弁護士，公認会計士等	特定活動	外交官等の家事使用人，ワーキング・ホリデー，経済連携協定に基づく外国人看護師・介護福祉士候補者等
医療	医師，歯科医師，看護師	永住者	法務大臣から永住の許可を受けた者（入管特例法の「特別永住者」を除く）
研究	政府関係機関や私企業の研究者	日本人の配偶者等	日本人の配偶者・子・特別養子
教育	中学校・高等学校等の語学教師等	永住者の配偶者等	永住者・特別永住者の配偶者及び本邦で出生し引き続き在留している子
技術・人文知識・国際業務	機械工学等の技術者，通訳，デザイナー，私企業の語学教師，マーケティング業務従事者等	定住者	第三国定住難民，日系 3 世，中国残留邦人等
企業内転勤	外国の事業所からの転勤者	特別永住者[4]	入管特例法により定められた資格に該当する者

（入国管理局（2017）「在留資格一覧表」を改変）

[4]「特別永住者」は主に戦後日本国籍から離脱した韓国・朝鮮・台湾などの人々のことである。「日本国との平和条約に基づき日本の国籍を離脱した者等の出入国管理に関する特例法」（入管特例法）という他の資格とは異なる法律により定められた資格であるが，後述の説明にも関連するためここでは一覧に入れた。

域別在留資格」によると，日本に在住する外国人は約247万人である。このうち総数の5％以上を占める資格を一覧にした（表9-3参照）。「身分又は地位」（ここでは「永住者」「定住者」「日本人の配偶者等」がこれにあたる）に「特別永住者」を加えると，登録外国人の半数以上を占める。これらの資格を有する者は日本で自由に就業することができる。この他には，「留学」「技能実習」「技術・人文知識・国際業務」「家族滞在」といった資格を持つものが多いことがわかる。

表9-3　在留資格ごとの人数（2016年）

	在留資格	人数	％
1	永住者	738,661	29.9
2	特別永住者	334,298	13.5
3	留学	291,164	11.8
4	技能実習	251,721	10.2
5	技術・人文知識・国際業務	180,180	7.3
6	定住者	173,317	7.0
7	家族滞在	157,424	6.4
8	日本人の配偶者等	139,944	5.7

4.2　外国人就業者数

　日本で働く外国人数は年々増加しているが，2017年現在で，その数は約128万人で過去最高を更新しているという（厚生労働省，2017）。前述の登録外国人数247万人のうち，およそ半数の128万人が働いていることになる。表9-3の人数の多い上位八つの在留資格一覧の中で，「家族滞在」以外は働くことができる資格である。なお，「留学」は学業以外に規定内であれば働くことができる。これを資格外活動という。厚生労働省（2017）のデータでは，日本で就業する者のうち，「身分又は地

表 9-4 国籍別・在留資格別外国人労働者数

在留資格 \ 国籍	国籍計		中国		フィリピン		ベトナム		ブラジル		ネパール	
	372,263	(%)	146,798	(%)	240,259	(%)	117,299	(%)	69,111	(%)		
専門的・技術的分野の在留資格			95,583	(25.7)	7,862	(5.4)	20,109	(8.4)	735	(0.7)	6,453	(9.3)
(技術・人文知識・国際業務)			80,106	(21.5)	5,256	(3.6)	17,727	(7.4)	423	(0.4)	3,594	(5.2)
技能実習			84,179	(22.6)	26,163	(17.8)	105,540	(43.9)	77	(0.1)	361	(0.5)
資格外活動			91,014	(24.4)	1,601	(1.1)	101,221	(42.1)	186	(0.2)	56,009	(81.0)
(うち留学)			76,520	(20.6)	1,099	(0.7)	98,528	(41.0)	153	(0.1)	40,926	(59.2)
身分に基づく在留資格			97,207	(26.1)	108,369	(73.8)	10,837	(4.5)	116,279	(99.1)	3,167	(4.6)
(うち永住者)			65,093	(17.5)	63,151	(43.0)	5,208	(2.2)	57,401	(48.9)	1,613	(2.3)
(うち日本人の配偶者等)			17,766	(4.8)	16,672	(11.4)	1,967	(0.8)	16,562	(14.1)	746	(1.1)
(うち定住者)			9,595	(2.6)	26,289	(17.9)	2,642	(1.1)	41,403	(36.3)	468	(0.7)

(厚生労働省 (2017)「『外国人雇用状況』の届出状況まとめ」を一部抜粋)

位に基づく在留資格」が全体の約 36% を占め,続いて「留学」(20.3%),「専門的・技術的分野[5]」(18.6%),「技能実習」(20.2%) が多いことが報告されており,表 9-3 ともほぼ一致している。

 国籍別には,多い順に概数で,中国 37 万人 (全体の 29.1%),ベトナム 24 万人 (18.8%),フィリピン 15 万人 (11.5%),ブラジル 12 万人 (9.2%),ネパール 7 万人 (5.4%) となっている。これら 5 カ国の人々がどのような在留資格を持つのか見てみよう。

 表 9-4 は国籍・在留資格別の労働者数を示すものである。総じて数の多い中国人がどの項目でも人数が多く,「専門的・技術的分野の在留資格」(25.7%),「技能実習」(22.6%),「資格外活動」(24.4%),「身分に基づく在留資格」(26.1%) のいずれの項目でも 20% 以上の人数がおり,これらの資格に一定数分散していることがわかる。最近増加の著

---

[5] 「専門的・技術的分野の在留資格」には,「教授」「芸術」「宗教」「報道」「高度専門職 1 号・2 号」「経営・管理」「法律・会計業務」「医療」「研究」「教育」「技術・人文知識・国際業務」「企業内転勤」「興行」「介護」「技能」が含まれる。

しいベトナムは,「技能実習」(43.9%) と「資格外活動」(42.1%) が多く, 多くの留学生が働いていることがわかる。かつて留学生のアルバイトは, 中国人がその多くを占めたが, 2017年時点で「留学」資格で働くのが最も多いのはベトナム人である。同じく増加傾向にあるネパールは, 現時点ではそのほとんどが「資格外活動」(81%, うち留学59.2%) である。ベトナム・ネパールの新興勢に対し, 1980年代から来日が増加したブラジル・フィリピンは,「身分に基づく在留資格」者が多い。ブラジル人の実に9割以上, フィリピン人の7割以上がこの資格を持ち, 中でも「永住者」がそれぞれその半数近くを占める。ブラジルについては, 既に触れたように, 在日南米人の来日が優遇された経緯があり, 早期から「身分に基づく在留資格」をとる者が多かったのが理由として考えられる。一方, フィリピンは当初「興行」資格で来日し, パブやスナックなどで働く女性が多かったという経緯がある。「興行」資格については, 2000年代に入り国際的な批判があり, 現在ではこの資格での入国は厳格化されているが, この間フィリピン女性たちの中には日本人男性と結婚する者も多く現れた（髙谷, 2016）。このため「日本人の配偶者等」の資格を持つ者や滞在が長期化し「永住」や「定住」も多いものと思われる（フィリピンを含めた女性の移動については第10章で詳述する）。

このように, 一般的に「オールドカマー」に対する「ニューカマー」という区分でいえば, 一部ニューカマーを含む中国を除き, ブラジル・フィリピン・ベトナム・ネパールの4カ国は全てニューカマーに分類されるが, その中にも在留資格から見て大きな傾向の違いがあることが明らかである。

5. まとめ

　本章では，日本に住む外国人労働者を歴史的な背景と在留資格による特徴から概観した。日本は今後も外国から移り住む人々の増加が見込まれ，異文化接触の機会はますます増えていくだろう。自分の周囲にどのような人々がいるのかを知ることは，彼らを理解する一助となろう。これら基本的なことがらを踏まえた上で，次章では日本における外国人労働者が形成する労働市場を扱う。

演習問題

　日本で働く外国人はどこの出身が多く，どのような特徴を持つのだろうか。

引用文献

イシ，アンジェロ（2009）「それでも在日ブラジル人は『定住化』できるのか？」川村千鶴子・近藤敦・中本博皓（編）『移民政策へのアプローチ：ライフサイクルと多文化共生』（pp. 158-163）明石書店.
小井土彰宏（2005）「国際移民の社会学」梶田孝道（編）『新・国際社会学』（pp. 2-23）名古屋大学出版会.
厚生労働省（2017）「『外国人雇用状況』の届出状況まとめ」
　http://www.mhlw.go.jp/stf/houdou/0000192073.html より取得.
鈴木江里子（2017）「外国人選別政策の展開：進行する選別的排除」小井土彰宏（編）『移民受入の国際社会学：選別メカニズムの比較分析』（pp. 310-336）名古屋大学出版会.
髙谷幸（2016）「フィリピンにおける国際移動」西原和久・樽本英樹（編）『現代人の国際社会学・入門：トランスナショナリズムという視点』（pp. 94-108）有斐閣

コンパクト。

樽本英樹（2016a）『よくわかる国際社会学　第2版』ミネルヴァ書房。

樽本英樹（2016b）「国際社会学とは何か」西原和久・樽本英樹（編）『現代人の国際社会学・入門：トランスナショナリズムという視点』(pp. 2-18) 有斐閣コンパクト。

西原和久（2016a）「トランスナショナリズムとは何か：もう一つの可能性を問う」西原和久・樽本英樹（編）『現代人の国際社会学・入門：トランスナショナリズムという視点』(pp. 19-34) 有斐閣コンパクト。

西原和久（2016b）「日本における『越境者』」西原和久・樽本英樹（編）『現代人の国際社会学・入門：トランスナショナリズムという視点』(pp. 36-54) 有斐閣コンパクト。

入国管理局（2017）「在留資格一覧表」
http://www.immi-moj.go.jp/tetuduki/kanri/qaq5.html より取得。

法務省（2017）「国籍別，在留資格（永住・非永住）別外国人登録者数」
http://www.stat.go.jp/data/chouki/zuhyou/02-12.xls より取得。

法務省（2008，2009，2011，2017，2018）「在留外国人統計」
http://www.moj.go.jp/housei/toukei/toukei_ichiran_touroku.html より取得。

松尾隆司（2010）「『ガラスのコップ』が壊れる時—国際金融危機と日系南米人の生活」加藤剛（編）『もっと知ろう!! わたしたちの隣人—ニューカマー外国人と日本社会』(pp. 122-145) 世界思想社。

Liu-Farrer, G. (2013). *Labour Migration from China to Japan : International Students, Transnational Migrants*. Routledge.

10 | 労働市場と外国人労働者

根橋玲子

《目標&ポイント》 第9章では，外国人，特に日本で働く外国人について学んだ。本章では，なぜ日本で外国人労働者が増加傾向にあるのかを，背景とともに読み解く。また増加によりどのような問題が起こっているのかも合わせて理解しよう。
《キーワード》 入管法の改正，高度外国人材，留学生の就職，外国人女性の就業

1．外国人労働者の増加

　街を歩いていて「外国人が増えた」と感じる方も多いだろう。前章で触れたように，日本は1990年代から「入移民」社会となっている。つまり日本で働く外国人の受け入れが進んでいるのである。図10‐1は，厚生労働省が毎年10月に発表する外国人雇用状況の届出状況をまとめたものである（厚生労働省, 2008, 2009, 2010, 2011, 2012, 2013, 2014, 2015, 2016, 2017）。平成19年に届出が義務化されて以来，2011年の東日本大震災翌年の2012年を除き，外国人労働者数は右肩上がりに増加していることがわかる。2013年からは届出状況の文面にも，その数が毎年「過去最高を更新」の文字が躍っている。2010年には約65万人だったのが，2017年には約128万人となり，およそ倍増している。なぜこのように外国人労働者は増えているのだろうか。それには大きく二つの要素があると考えられる。一つは在留資格の緩和で，もう一つは雇

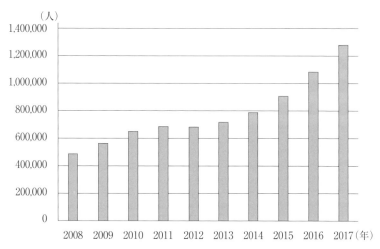

図10-1　外国人労働者数の推移図

用情勢の改善である（在留資格については第9章参照）。次節ではこの二点の背景およびこれらに関連する事象について説明する。

2. 在留資格の緩和

　日本に入国する外国人を管理する入管法（出入国管理及び難民認定法）は時代に合わせて改正が行われてきた。1990年の改正では日系人が日本で働くことを緩和するものであったことは第9章で述べた。これによりブラジルやペルーなど日系人の多い国からの移動者が増加した。最近の改正では，2009年（2010年施行）の「技能実習」，2014年（2015年施行）の「高度専門職」，2016年（2017年施行）の「介護」の創設が記憶に新しい。

　技能実習制度は，もともと1950年代に国際貢献を目的とし，発展途上国への技術移転のために研修生を受け入れるという目的で始まった制度である。人材育成を主たる目的としており，在留資格の「留学」とし

て扱われていたこともある。しかし，日本の好景気による人手不足を背景に，特に就労環境の厳しい産業への外国人労働者の流入により，不法就労者が増加し，この問題に対応するため1990年施行の入管法改正で「研修」資格が創設された。この資格に関して，1年の活動後，一定の評価を得ることで「技能実習」に移行できるという制度もできた。しかしこの制度は，中小企業における人手不足解消のための手段として，安い賃金で労働者を供給する役目を担うものに変わっていった。長時間労働や低賃金，プライバシー侵害等人権問題の視点からも問題を指摘された結果，「研修」「技能実習」資格は，2009年に大幅な改正が行われ，現在の「技能実習」にまとめられた。また，この「技能実習」資格の保有者は，労働基準法，最低賃金法等で守られる存在となった（入国管理局，2009；守谷，2013）。しかし上林（2015）によると，技能実習生は労働移動の自由がなく，滞在期限も更新できないため，労働条件の向上を求めることができず，多くは今もなお最低賃金レベルで働く弱い立場にあるといえる。

　2015年に施行された「高度専門職」の創設は，高度外国人材のために新たに創設された在留資格である。高度外国人材とは，「国内の資本・労働とは補完関係にあり，代替することが出来ない良質な人材」であり，「我が国の産業にイノベーションをもたらすとともに，日本人との切磋琢磨を通じて専門的・技術的な労働市場の発展を促し，我が国労働市場の効率性を高めることが期待される人材」とされる（高度人材受入推進会議，2009，p. 4）。高度外国人材は，「高度学術研究活動」「高度専門・技術活動」「高度経営・管理活動」の三つの類型に分かれ，それぞれ「公私の機関との契約に基づいて行う研究，研究の指導又は教育をする活動」「公私の機関との契約に基づいて行う自然科学又は人文科学の分野に属する知識又は技術を要する業務に従事する活動」「公私の機関において

事業の経営を行い又は管理に従事する活動」を行う（入国管理局，2017）。

　2012年には彼ら高度人材を優遇するためのポイント制度が施行された。ポイント制度とは，「学歴，年齢，年収，職歴などのカテゴリー別にポイントを設定し，合計ポイントの多い外国人に対して入国許可を優先的に付与する」制度である（上林，2015，p.55）。また「最長5年間の在留期間が当初から付与され，かつ永住許可も従来の10年間から5年間の在留歴で取得可能」（上林，2015，p.56）となるなどが盛り込まれた。しかし当時，高度人材は思ったほど増加しなかったことから，2015年に再度改正が行われた。この改正では，永住許可申請に要する期間をさらに短縮し，特にポイントの高い者についての緩和が導入された。例えば，80点以上（70点以上が高度人材）については，これまでの永住許可申請に要する在留期間が5年から1年に大幅に短縮され，「日本版高度外国人材グリーンカード」と呼ばれるように，より高度人材を積極的に受け入れようという姿勢が見られる（法務省，2017a）。

　法務省（2017b）の「高度人材ポイント制の認定件数の推移」によると，2015年の改正により高度人材は徐々に人数が増え，2017年9月現在，認定された高度人材は9,700人余りである。また，2020年までに1万人，2022年までに2万人に高度外国人材の認定を目指すという。この背景には，「留学生30万人計画」がある。「留学生30万人計画」は2008年に文部科学省を筆頭に関連省庁が共同で発表した，グローバル戦略展開の一環である。2020年を目途に留学生受け入れ30万人を目指し，大学等の教育研究の国際競争力を高め，優れた留学生を戦略的に獲得するというのがこの計画の目的である（文部科学省，2008）。「留学生30万人計画」「高度専門職」の創設とともに，留学生を「高度人材の卵」として位置付け，官民一体となって受け入れ環境づくりや日本語教育の強化も含めた重点的な支援を行い，将来的には高度外国人材として活躍

してもらうというのが目標である。このような将来的な日本での就業，また永住権の取得などのインセンティブにより昨今日本への留学生は増加し，就業者も増えている。

2017年に創設された「介護」資格は，「介護福祉士の資格を有する外国人が介護施設等との契約に基づいて介護（又は介護の指導）の業務に従事するための在留資格」（入国管理局，2017）である。この資格の対象者は，日本の介護福祉士養成施設を卒業し，日本の介護福祉士の資格を持つ者に限られる。ここでも重要なカギは留学生である。まずは留学生として入国し，介護福祉士養成施設で学んでもらい，国家資格を取得した暁には，在留資格を「留学」から「介護」に切り替え，介護福祉士として業務に従事してもらうという仕組みが作られた。

以上のように，在留資格が緩和されたことにより，元留学生を中心に日本で就業する者が増えているといえる。また，留学生そのものが増加することで，彼らの資格外活動としての就労（主にアルバイト）があり，これも外国人労働者数を押し上げる要因になっている。

3．雇用情勢の改善

外国人労働者が増えているもう一つの要因として，「身分に基づく在留資格」（永住者，日本人の配偶者等）の就労増加が考えられる。この資格では，就労職種に制限はなく，自由に好きな職に就くことができる。特に，「日本人の配偶者等」の資格を有する人々のサービス分野への進出は特筆すべきである。ここでは，その数が顕著なフィリピン人女性について，これまでの歴史的な流れもふまえて説明する。

3.1 フィリピン人女性の移住

　フィリピンは「出移民」の国であり，労働者の国際移動の歴史は長い（鈴木有理佳，2017）。1980年代から2000年代にかけて，フィリピン人女性は，主に「興行」資格でエンターテイナーとして日本に入国し，パブやスナックで働いていた。しかし，2004年にアメリカ国務省から，この資格に基づく移動は人身売買である，という批判を受け，これをきっかけに日本政府は「興行」資格での入国を厳格化し，以降新規来日するフィリピン人女性は激減した。この間，彼女たちの中には，日本人男性と結婚した者も少なくない。日本人の国際結婚は，圧倒的に日本人夫と外国人妻の組み合わせが多いが，その中でもフィリピン人妻は，長年配偶者の国籍別人数で，上位に入っている。しかし，フィリピン人女性の新規来日者が減ったことに伴い，最近では日本人男性との婚姻数も減少している（髙谷，2016）。とはいえ，2017年現在，日本で就労するフィリピン人約15万人のうち，1万7千人ほどが「日本人の配偶者等」資格である（厚生労働省，2017）。

　彼女たちが日本で働くことを期待されている分野の一つに，介護関連職がある。既にフィリピン人を含め外国人妻を介護職として教育・斡旋する事業所もあり，人手不足が慢性化しているこの業界の新たな担い手として期待が高まっている（樋口，2015）。介護職とともに，他国でも伝統的に女性が担っている職に家事労働がある。共働き世帯の増加に伴い，家事代行サービスの需要は高まっている。このような時代の流れを背景に，内閣府が打ち出したのが，「家事支援外国人受入事業」である。「家事支援外国人受入事業」とは，「女性の活躍促進や家事支援ニーズへの対応，中長期的な経済成長の観点から」2015年の改正国家戦略特区法で認められた「国家戦略特別区域内において，第三者管理協議会による管理体制の下，家事支援活動を行う外国人を特定機関が雇用契約に基

づいて受け入れる事業」（内閣府，2015）のことである。まずは，東京都，神奈川県，大阪市といった首都圏で解禁され，家事代行大手数社が事業認定を受け，フィリピン人女性の雇用を始めたという（中村，2017）。ある企業では，フィリピン人女性を現地で採用し，同じく現地で研修を行い，その後に来日させるという方法をとっている。この企業では，永住や日本人配偶者等の資格を持つ在日フィリピン人女性を採用し，これから来日する者の指導役にするという。家事代行サービスは，共働き家庭を中心にニーズがあり，今後も需要が見込まれる。特にフィリピン人は英語が話せるため，人気があるという。増加する需要に対応するために，この制度によるフィリピン人女性の来日，および「身分に基づく在留資格」を持つ在日フィリピン人女性の就業はますます増えるものと思われる。もともと，フィリピン人女性の海外における労働で最もその数が多い職種は家事労働サービスで，行き先は中近東や東南アジアの他諸国が多いが（鈴木有理佳，2017），日本は労働条件が他国に比べてよいため，これも今後の増加の一因となるだろう。

以上のように，政府が推進している高度外国人材や留学生の受け入れが進んでいること，また雇用情勢の改善が進み，「永住者」や「日本人の配偶者等」など，「身分に基づく在留資格」の就労が増えていることが日本での外国人労働者増加の背景にあると考えられる。次に，第9章の内容も踏まえ，日本では外国人労働市場がどのように形成されているのかを確認しよう。

4．外国人労働市場の形成

第9章および本章のこれまでの話をまとめると，在留資格を基にした現在の日本における外国人の労働市場モデルが提示できる（図10‐2参

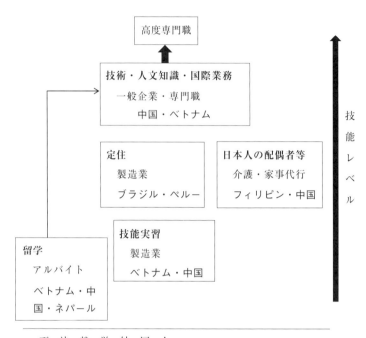

図10-2　日本の外国人労働市場モデル（上林，2015を基に作成）

照）。

　図10-2では，在留資格を技能レベルに並べている。上に位置するほど技能レベルが高いことを意味する。また各資格の下には，代表的な職種が示されており，その下には2017年度時点で人数の多い代表的な国名が書いてある。例えば，「技能実習」資格の者は製造業に就いている割合が高く，ベトナム人・中国人が人数として多い，という具合である。

　技能レベルについてはさまざまな考え方があるかと思うが，ここでは，「留学」は資格外活動としてしか働くことができないため最も下にした。また「技能実習」は，移動や滞在期限の制限があるため，下位に位置付

けた。「定住」は本来，どのような職にでも就くことができるが，「定住者」の多くを占めるブラジル人，特に日系人の受け入れについては，3世までしか認められておらず，高齢化およびその数が縮小していること，また彼らの多くが製造業に従事しているため「技術・人文知識・国際業務」よりも下のレベルとした。「日本人配偶者」は「定住者」と同じように就労職種や移動の自由があるため同レベルとした。「技術・人文知識・国際業務」は先述の高度人材に位置付けられ，ポイント制によりさらに上の「高度専門職」の取得も可能であるため上に置いた。「留学」から「技術・人文知識・国際業務」へ向かう矢印は，留学生の一定数が卒業後日本で就労することを示すものである。

　以上のように，日本で働く外国人労働者を俯瞰することができる。次節では，日本の外国人労働者が抱える問題点について論じる。

5．外国人労働者が抱える問題

　前章からここまで，日本における外国人労働者の歴史的背景と現状について整理してきた。今後も増加が見込まれる外国人労働者が直面する問題を四つに分類し，みてみよう。

5.1　不安定な雇用

　まず，前章でも述べたバブル経済崩壊後およびリーマンショック後など，景気後退場面での外国人労働者のおかれる状況について考えよう。どちらの場面でも，不況時に真っ先に解雇されるのは非正規労働者である。派遣や請負といった非正規労働者の雇用問題がリーマンショック後に紙面をにぎわしたのは記憶に新しいだろう。これはもちろん国籍を問うものではない。しかし，日本語ができないなどの不利な要素があると，

より先に職を解かれる可能性がある。

　上記で述べた「定住者」の多くは在日ブラジル人である。彼らの多くは大規模製造業の下請け・孫請け工場などで働いており，雇用の調整弁的な役割を担っているといえる。技能実習生も同様である（上林，2015）。前章でも説明したが，リーマンショックで職を失った在日ブラジル人の中には，帰国した者も多くいるが，日本で貧困に陥った者も少なくない。彼ら非正規労働者のセーフティネットは脆弱であり，不況時における生活の困難さを助長している（松尾，2010）。

　好景気になると人手不足が叫ばれ，外国人の受け入れの議論が再燃するが，景気が悪くなれば真っ先に彼らの職は切られる。しかし，外国人労働者は人数合わせだけの存在ではない。

5.2　国際移動とジェンダー

　国際的に移動する女性については，女性ならではの問題もある。一つは，前出の家事労働に関する問題である。フィリピン人女性を含め，移住家事労働者は，先進諸国の子供や家族をケアするのが仕事であるが，家族の呼び寄せができないため，彼女たち自身の子供や家族のケアはできなくなる。そこで，彼女たちが残してきた子供や家族を，出身社会の，彼女たちよりも低階層の女性がケアするという，トランスナショナルなケアの連鎖が起きている（樋口，2015）。これを「グローバル・ケア・チェーン」と呼ぶ。樋口（2015, p.103）によれば，グローバル・ケア・チェーンは，「ジェンダー非対称であると同時に，より低階層の女性が，より高階層の女性をケアするという国境を越えた階層化の現象でもあり，その末端には，ケアを十分に受けられない人々」がいるという。

　また，海外における女性就労者の職種が上記のような家事労働者やエンターテイナーといった社会的に弱い立場に集中するため，就労先でト

ラブルに巻き込まれることもある。これについては，フィリピン政府も労働者保護の方針を打ち出している（鈴木有理佳，2017）。

「日本人の配偶者等」の資格を持つ女性，つまり日本人男性と結婚している女性については，離婚という問題もある。彼女たちの中には，離婚後に経済的に困窮する者が多いという（髙谷・稲葉，2011）。日本人女性であっても，夫と離婚後，母子世帯になることで貧困に陥る者は多いが，外国人の場合，日本人以上に安定した職に就くのが難しいものと思われる。

5.3　外国人の選別と排除

外国人の受け入れは，リーマンショック・東日本大震災による景気後退の鎮静化とともに再燃している。これに伴い，女性の活躍，高齢者の活用，また高度外国人材の受け入れが議論されている。しかし，政府はこのような高度外国人材や技能実習生の受け入れを移民政策ではないと強調する。鈴木江理子（2017）は，たとえ政府が「移民」受け入れを否定しようとも，活動に制限のない定住型外国人や，活動と在留期間に制限のない永住者が，日本に住む外国人の多数を占めており，「すでに日本は移民を受け入れているのである」と指摘し，その上で「『移民政策ではない』と繰り返すのは，彼／彼女らを容易に排除できる『処分可能』な存在とみなしているからではないだろうか」（p.330）と問題を提起する。

外国人労働者の増加については，在留資格の緩和があると先に述べたが，実はこの逆の法律も制定されている。入管法の改正では，新しい資格の創設もさることながら，実は在留資格取り消し事由や退去強制事由が追加されており，「あらゆる『外国人』は『選別・分離・排除』の対象」であり，「『有用』でなければ排除しうる権限を政府が保持している」

ともいえる（鈴木江理子，2017，p.330）。

5.4 日本の雇用慣習

　いわゆる日本企業で総合職や事務職に就くのは，「技術・人文知識・国際業務」の資格を持つものである。多くは「留学生」資格から，日本での就職活動を経験し，就職時に資格を切り替える。彼らの多くは，日本の高等教育機関で学び，日本語や日本文化に理解が深く，アルバイト経験などを通し日本の企業文化にも親しんでいる，ことを期待されて雇用される。そのような彼らが就職活動のプロセスや就職後に直面する問題とはなんだろうか。

　経済産業省（2015）の「外国人留学生の就職及び定着状況に関する調査」によると，外国人留学生が就職活動中に感じた困難として，「就職活動の仕組みが分からない」「日本語による適性試験や能力試験が難しい」といった回答が多かった。日本の就職活動は，世界でも独特な新卒一括採用方式（第11章参照）である。説明会や複数回に及ぶ試験や面接，また企業ごとに異なるこれらの組み合わせは，日本人学生にとっても煩雑なプロセスである。留学生にはなおさらであろう。また，日本語の試験や日本語による面接もハードルが高いものである。上記経済産業省の調査でも，日本企業が採用時に留学生に求める日本語能力は，英語能力のない者については9割以上がＮ１[1]以上と回答した。また同じく経済産業省（2012）の「日本企業における高度外国人材の採用・活用に関する調査」では，留学生の採用時に最も重視する能力として「日本語力」，次いで「コミュニケーション能力」が挙がるなど，高い日本語の力が期待されていることがわかる。

---

[1]　日本語能力検定試験の１級のこと。日本語能力検定試験とは，「日本国内及び国外において，日本語を母語としない者を対象として，日本語能力を測定し，認定することを目的とした試験」（多文化共生キーワード事典編集委員会編，2004，p.92）１級が最上級レベル。詳しくは国際交流基金・日本国際教育支援協会 http://www.jlpt.jp/about/levelsummary.html 参照。

また，日本語力だけでなく，日本企業は留学生に日本人と協調できる日本人性の高い人材を求めている（横須賀，2007）。しかし，留学生側は，外国人として，日本人と異なるメンタリティや日本人にない発想を認めて欲しいと考えている。彼らは高度外国人材として，自分の能力を生かせる仕事に就きたいと思っているが，日本企業では日本人扱いされることにギャップを感じているという（鈴木，2015）。

　この他にも，外国人元留学生が日本企業で働いて感じる違和感に，本人の希望や能力を生かした配属をしていないこと（厚生労働省，2011）や，明確なキャリアパスが示されていないこと（守屋，2012）などがあり，日本企業の特徴的な雇用システムが，外国人社員の定着に影響を与えているといえる。

6．まとめ

　本章では，近年日本で外国人労働者が増加傾向にあるのはなぜか，在留資格の緩和と雇用情勢の改善を軸に論を進めた。入管法の改正により，新しい資格が創設され，特に留学生を中心に，将来的な高度人材として外国人の受け入れは加速している（但し，入管法の改正は断続的に行われており，本章は執筆当時までの改正を反映している）。しかし，これには問題も伴う。外国人労働者を受け入れるということは，短期的に人材不足を補い，不況になれば放出するという短絡的なものであってはならない。受け入れたことにより派生する将来的な課題も見据えることが肝要である。

　また，最終節で触れたが，外国人が日本で働く際に抱える問題のいくつかは，日本企業の経営スタイルや雇用システムに拠るところが大きい。次章では，この点を詳述する。

演習問題

　外国人が日本で働く際，問題となることはなんであろうか。本章に述べられていることを確認しよう。また，それ以外にどのような問題があるのかを自分で調べてみよう。

引用文献

上林千恵子（2015）「労働市場と外国人労働者の受け入れ」宮島喬・佐藤成基・小ケ谷千穂（編）『国際社会学』（pp. 45-62）有斐閣。
経済産業省（2012）「日本企業における高度外国人材の採用・活用に関する調査」
　　http://www.meti.go.jp/policy/asia_jinzai_shikin/surveydata_2012.pdf
経済産業省（2015）「外国人留学生の就職及び定着状況に関する調査」
　　http://www.meti.go.jp/policy/economy/jinzai/global/pdf/H26_ryugakusei_report.pdf
厚生労働省（2011）「高度外国人材活用のための実践マニュアル」
　　http://www.mhlw.go.jp/bunya/koyou/oshirase/dl/110224aa.pdf
厚生労働省（2008-2017）「『外国人雇用状況』の届出状況まとめ」
　　http://www.mhlw.go.jp/stf/houdou/0000192073.html
高度人材受入推進会議（2009）「外国高度人材受入政策の本格的展開を（報告書）」
　　http://www.kantei.go.jp/jp/singi/jinzai/dai2/houkoku.pdf
国際交流基金・日本国際教育支援協会「日本語能力試験　Ｎ１～Ｎ５：認定の目安」
　　http://www.jlpt.jp/about/levelsummary.html　（2018年2月25日取得）。
鈴木江理子（2017）「外国人選別政策の展開：進行する選別的排除」小井土彰宏（編）『移民受入の国際社会学：選別メカニズムの比較分析』（pp. 310-336）名古屋大学出版会。
鈴木伸子（2015）「外国人社員の非日本人意識とその入社企業の育成・支援の様態：元留学生の文系総合職社員の場合」『移民政策研究』第7号（pp. 71-84）。
鈴木有理佳（2017）「フィリピン女性の国際労働移動」児玉由佳（編）『発展途上国の女性の国際労働移動　調査研究報告書』（pp. 15-35）アジア経済研究所。

髙谷幸（2016）「フィリピンにおける国際移動」西原和久・樽本英樹（編）『現代人の国際社会学・入門：トランスナショナリズムという視点』(pp. 94-108) 有斐閣コンパクト。

髙谷幸・稲葉奈々子（2011）「在日フィリピン人女性にとっての貧困：国際結婚女性とシングルマザー」移住連・貧困プロジェクト（編）『日本で暮らす移住者の貧困』(pp. 27-35) 現代人文社。

多文化共生キーワード事典編集委員会編（2004）『多文化共生キーワード事典』明石書店。

内閣府（2015）「国家戦略特区：家事支援外国人受入事業」
https://www.kantei.go.jp/jp/singi/tiiki/kokusentoc/kajishien.html

中村かさね（2017年3月10日）「家事代行外国人が来日 特区第1陣、フィリピンから25人」毎日新聞
https://mainichi.jp/articles/20170310/ddm/012/040/042000c

入国管理局（2009）「研修・技能実習制度の見直し」
http://www.immi-moj.go.jp/newimmiact/koumoku3.html

入国管理局（2017）「平成28年入管法改正について」
http://www.immi-moj.go.jp/hourei/h28_kaisei.html

樋口直人（2015）「トランスナショナルな移民ネットワーク」宮島喬・佐藤成基・小ケ谷千穂（編）『国際社会学』(pp. 31-44) 有斐閣。

法務省（2017a）「永住許可申請に要する在留期間の見直し」
http://www.immi-moj.go.jp/newimmiact_3/pdf/h29_04a_minaoshi.pdf

法務省（2017b）「高度人材ポイント制の認定件数（累計）の推移」
http://www.moj.go.jp/content/001243622.pdf

松尾隆司（2010）「『ガラスのコップ』が壊れる時―国際金融危機と日系南米人の生活」加藤剛（編）『もっと知ろう!!わたしたちの隣人―ニューカマー外国人と日本社会』(pp. 122-145) 世界思想社。

守屋貴司（2012）「日本企業の留学生などの外国人採用への一考察」『日本労働研究雑誌』No.623, 29-36。

守谷智美（2013）「企業と研修生：共生に向けた日本語支援の視点から」加賀美常美代（編）『多文化共生論：多様性理解のためのヒントとレッスン』(pp. 246-264) 明石書店。

文部科学省（2008）「『留学生 30 万人計画』骨子」
　http://www.kantei.go.jp/jp/tyoukanpress/rireki/2008/07/29kossi.pdf
横須賀柳子（2007）「企業の求人と留学生の求職に関する意識比較」『留学生教育』
　12，47-57。

11 | 日本的経営・雇用

根橋玲子

《**目標&ポイント**》 本章では，日本の職場における人間関係やコミュニケーションのありようを日本的経営・雇用の視点から概観する。日本的経営の特徴といえる「終身雇用」「年功序列」や「新卒一括採用」「配置転換」といった制度がなぜ戦後長く続いてきたのかを，メンバーシップ制という新たな視点を交えて読み解き，このような雇用制度が職場における人々のコミュニケーション行動にどのような影響を与えているのかを理解する。また，日本で働く外国人がどのようなコンテキストで就業しているのかもあわせて考える。
《**キーワード**》 日本的経営，雇用制度，メンバーシップ制，意思決定，リーダーシップ，チームワーク，インフォーマルコミュニケーション

1．日本的経営をめぐる諸相

　第9章および第10章では，日本で働く外国人について概観した。本章では，彼らがどのようなコンテキストで働いているのか，日本企業の特徴を理解しよう。

　日本企業の戦後の目覚ましい成長の原動力として指摘されるのが「日本的経営」と呼ばれる経営手法である。アベグレンは著書『日本の経営』（1958）の中で，日本企業の経営の主たる特徴を挙げ，これらを総称して「日本的経営」と呼んだ。「日本的経営」は，主には中規模から大規模企業に当てはまるモデルではあるが，多くの日本企業がこの雇用慣行を取り入れようとしてきたことから，日本の企業の特徴を知るのに有用である。さらに，そこで働く人々がどのようなコンテキストでどのよう

なコミュニケーション行動をとるのか（例えば，なぜ日本の企業では「ホウ・レン・ソウ」が重視されるのか，なぜ残業が多いのか等）を理解するのにも役立つ。本節では，「日本的経営」を「高度経済成長期」「バブル崩壊後」「2000 年以降」の三つの時代に区切り概説する。

1.1 高度経済成長期

アベグレンが日本企業の主たる特徴として挙げたのは，「終身雇用」「年功序列」「企業別組合」で，これらを総称して「三種の神器」と呼んだ。これら三つの特徴は第一次世界大戦後に実施され始めたが，多くの企業で導入されるようになったのは第二次世界大戦後である（濱口，2011）。

終身雇用制のもとでは，従業員は高校や大学などの教育機関を卒業すると新卒一括採用される。企業側は，中途採用する者には即戦力を求める傾向があるが，新卒一括採用する者に関しては，どのようなスキルを有するか，ではなく人柄や可能性を重視する（Abegglen & Stalk, 1985）。終身雇用では，従業員の多くが入社から定年まで同じ企業に勤めることを期待され，代わりに容易に解雇されるという心配はなくなる（Chen, 2004）。この制度では，従業員は配置転換などを通じ，その企業の中で通用する独自のスキルを身につけていくことになる。

年功序列は，給与や職位が年齢や勤務年数により決定される制度のことである。この制度は上記の終身雇用制と深く結びついている。多くの従業員が特別なスキルもなく新卒一括採用されるシステムでは，企業で働く年数（つまり年齢）が賃金報酬の基本となる。長く勤務すればするほど責任と賃金報酬が増えるという仕組みである。この制度の中では，従業員は長く一社に勤めるほうが有利であり，またそれが長く勤める動機ともなる（Chen, 2004）。渡辺（2015）によると，この制度は戦前から実施されており，主に子育てや住宅購入など生活上費用のかかる年配

者に賃金報酬を厚く，その分若者には薄く分配することで，全体としては人件費を節約するための方策であったという。

　企業別組合とは，欧米では同じ職能の労働者が企業を超えて連携するための組合であるのに対し，日本では，職能に関わらず，ある企業に所属する正規労働者により構成される組合となっている（Abegglen, 2006）。従業員はキャリアの一時期に労働組合に所属するが，いずれは管理職となり，管理職として労働組合と向き合う。組合での経験が管理職として役立つこともある。つまり企業別組合では，労働者と経営者は相互に依存しているともいえる（Chen, 2004）。これら三つの特徴が，バブル崩壊前，高度経済成長期の日本型経営に安定をもたらし，また牽引力になっていたといえる。

1.2　バブル崩壊後

　日本的経営は，高度経済成長期には従業員間の結束を高め，調和をもたらし，忠誠心を高めてきたといわれているが，1990年代初頭のバブル経済崩壊後はその負の側面が指摘されるようになり，企業は組織改革を余儀なくされた（Higashimura & Harvard University, 1997）。そこで行われたのが，リストラや事業規模の縮小，統廃合，給与システムの変更などである（McCann, Hassard, & Morris, 2006）。この頃成果主義が導入され，来るべき時代の新しいモデルとして脚光を浴びた。年功序列型賃金制度では，やる気のある従業員や力のある若手従業員を評価できなかったのに対し，成果主義ではそのような従業員を動機付けることにより，組織として高い成果を出せるようになると期待された。どれくらい長くある企業に勤務しているか，またどれくらい長時間働くのかではなく，出てきた成果を評価するというのが成果主義であるが，この制度は導入後間もなく問題点を露呈することになった。渡辺（2015）が指摘

した五つの問題点を下記にまとめる。

　一点目に，成果主義のもとでは，従業員は短期間に成果を出すことが求められる。そのため，従業員は将来を見据えて高い目標を持つことよりも，より達成しやすい目先の目標を設定するようになったといわれる。これにより，新規や長期のプロジェクトが実施されにくくなった。二点目として，成果主義は文字通り「成果」が評価の対象である。これが公正に行われなければ制度自体が成り立たなくなる。しかし，日本の企業は仕事の規定や範囲が明確でなく，どう成果を評価するかがはっきりとは規定されていない。このため，評価が不明瞭であるとして，多くの従業員の不満を招くことになった。三点目に，成果主義のもとでは従業員は自己の仕事や成果を優先することになり，これまで培われてきたチームワークや仕事の共有といった側面が損なわれることになった。四点目に，先輩従業員や経験のある従業員が，自身の成果にとらわれ，若手を育てることを軽視するようになった。最後に，成果を評価し，従業員をその成果により序列化し，賃金報酬に差を与えるという行為は，長らく年功序列制度に親しんだ年配従業員にとっては困難を伴う作業であった。

　このように，成果主義は年功制に取って代わる制度として導入されたものの，問題点も多く，実際の賃金や昇給制度としては成果主義導入後も年齢給，職能給，役割給，成果給などを企業独自に配分したものが使用されてきた。

1.3　2000年以降

　不況の中で変化を求められた日本的経営であったが，不況対策に有効な面も検証されている。例えば，日本では，長引く不況下でも従業員を容易に解雇しなくてもすみ，結果として失業率が大幅に上昇することがなかったのは，終身雇用とそれに伴う配置転換という制度があるためで

ある，という指摘もある（Abegglen, 2006）。配置転換は終身雇用制とも深く関連している。配置転換は，従業員が長く勤める中で，さまざまな部署でさまざまな経験を積むことで，その企業独自のスキルを身につける制度であるが，この配置転換が職場の統廃合により不要になった人員を別の場所に異動することを可能にし，失業の抑制につながったといわれる。バブル崩壊以降，日本的経営はその終焉を取り沙汰されてはきたが（Abegglen, 2006），その後の検証でも，日本の雇用は他の国々に比べて長く，転職率も低いことが引き続き報告されている（Auer & Cazes, 2003；総務省統計局，2015；内閣府，1998，2003，2008）。また成果主義が期待外れだったことも相まって，日本的経営は，変化しながらも今後もある程度続いていくものと思われる（東洋経済，2015）。

2．日本の雇用制度

　アベグレンが指摘した終身雇用や年功序列的な要素がなぜ今も残っているかを理解するには，日本型雇用制度をメンバーシップ制の観点からとらえ直してみることが有用である。メンバーシップ制は濱口（2009，2011，2014）が提唱した概念で，日本の企業では従業員を雇用する際に，特定の職に対してその職で必要とされるスキルを持つ者を採用するというジョブ型雇用ではなく，企業のメンバーとして迎えるという考え方を指す。日本企業の多くは新卒一括採用を行っているが，この方式では，候補者が現在どのようなスキルを持っているかではなく，将来的にその企業で活躍できるか，メンバーとして適切かという側面により採用が決定する。「就職」ではなく「就社」といわれる所以である。またこのメンバーシップ制のもとでは，従業員がどのような職に対してどのような責任を持つのかといった契約は明文化されていない。なぜならば特定の職に対して採用を行うのではなく，企業のメンバーとして採用を実施す

るからである。このため，従業員はしばしば配置転換により職場を異動することになる。先に述べたように，配置転換は職場の再編や統合，縮小に対して柔軟に機能するため，従業員は容易には解雇されず，結果長期間就労できることになる（濱口，2014）。

3．日本企業におけるコミュニケーション

上記のようなメンバーシップ制がそこで働く者たちにどのような影響を与えているのかを（1）働き方と，（2）職場でのコミュニケーションの両視点から考えよう。

3.1 メンバーシップ制における働き方

明確な職務規定を伴わないメンバーシップ制は，アベグレン（1958）が指摘する「終身雇用」「年功序列」「企業別組合」を支える基盤となっている（図11-1参照）。メンバーシップ制により，従業員は長期間ひ

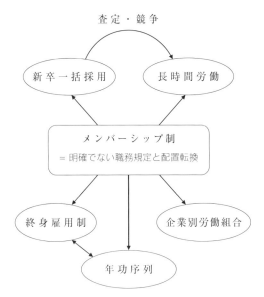

図11-1　メンバーシップ制に見る日本型雇用制

とつの企業にとどまり，結果就業期間により昇進昇給が行われる（濱口，2009，2014）。そのような職場では，入社後どこに配属されるのかわからないため，予め配属される部署に必要なスキルを身につけることは難しい。これは就職活動中の者にも共有され，彼らは特別なスキルがあるかどうかよりは，職場のメンバーに相応しいかどうかが重視される。従業員は入社後に行われる OJT（on-the-job-training）などの研修により基礎的な訓練を受ける。OJT とは現場で上司や先輩従業員の指導の下で行われる実務的な訓練のことで，マニュアルに沿って自学するのではなく，実務を通して経験を積むやり方を指す（濱口，2014）。

このような制度では，従業員が他社に転職することは難しくなる。企業側は，転職を繰り返す者をメンバーとして快く迎え入れず，また従業員側も転職は新たに転職先企業への貢献を最初から積み上げなければならないため不利になる。

多くの新卒一括採用者は，入社から退職までの長い期間の中で何度か配置転換を経験する。配置転換はメンバーシップ制の一部であり，基本的に従業員には断る権利はない。また，多くの日本企業では職務規定が明確でなく，従業員は企業メンバーであるため，多くの仕事が従業員同士の協働・協力により遂行される。各従業員は自分の担当する仕事が終わったとしても，他の同僚の仕事を手伝うことが期待され，そのことが良きメンバーの証となる。もし自分の仕事が就業時間内に終わっていても，他の人の仕事がまだ完了していない場合，手伝わずに帰宅することは会社や同僚に誠実でないと解釈されるかもしれない。仕事や評価が明確に規定されていない組織では，自他の仕事の境界がはっきりせず，また複数の従業員で重複して扱われることも多い。このため積極的に自分の担当以外の仕事にも取り組む姿勢は，上司からの評価に影響を与える可能性もある。また，大量に新卒一括採用された人材は，数少ないポス

トをめぐって競争にさらされている。上司からの査定も気になるところである。結果として，人々は長時間働くことになる。

　長期間のメンバーシップ制は多くの日本企業においては，男性のみに適用されるものである。表面上，女性にとっても開かれているように見えるが，実情は異なると濱口（2015）は指摘する。近年状況は改善されてはいるものの，日本人女性の就業率は結婚や出産を機に減少する（岩井，2013）。これは男女の役割分業によるものである。元来，メンバーシップ制は男性従業員を対象に構築されてきたものであるため，女性にとっては適用されにくい制度なのである。性役割分業により，女性は子育てや家事の役割の担い手であるという社会的通念があり，メンバーシップ制で求められる残業や転勤，長時間労働を厭わない勤務姿勢を，女性にも男性と同じように求めるのは事実上不可能である(濱口, 2015)。近年，結婚や出産を機に離職した女性が，子育てがひと段落すると復職するケースも増えてきている(厚生労働省, 2016)。企業によっては，結婚・出産による離職を減らそうという取り組みや動きもある。しかし，復職の際には，パートタイムとしてであったり，異なる部署に配属されたりする場合も多い。女性がメンバーシップ制に全面的に参加することが難しいことは，想像に難くない。

3.2　メンバーシップ制と職場でのコミュニケーション

　上述のように，日本企業では，従業員は特定のジョブにおいて契約した者ではなく，メンバーシップ制によりつながりを持つ。ここでは，そのような環境の中で構築されてきた四つのコミュニケーションの特徴—「意思決定」「リーダーシップ」「チームワーク」「インフォーマルコミュニケーション」について述べる。

3.2.1 「意思決定」

意思決定には大きく二つのスタイルがあるといわれる。一つは，官僚制に代表されるトップダウン（上意下達）形式で，もう一つがボトムアップ（下意上達）形式である（桑田・田尾，2010）。トップダウン形式は上司が情報を集め，決定を下し，部下に伝える上からの流れであるのに対し，ボトムアップ形式は現場が必要な情報を集め決断したことを上司に報告し，上司が修正を加えながらさらに上にあげていく方式である。多くの日本企業では，稟議制度や根回しとて知られるボトムアップ形式で物事を決定することが多いといわれる（Abegglen & Stalk, 1985；Chen, 2004；石黒，2012；周，2007）。ボトムアップな意思決定ではある課題について稟議書が作成され，中間管理職に回覧され，必要であれば変更や修正が加えられながら承認されていく。その後最終決断を下すトップマネージメントまで順々に上がっていくというシステムである。つまり稟議制度は階層的で関係者のコンセンサスを重視したものである。このコンセンサス形成過程では，関係のある者は自分の意見を反映させる機会が与えられている（Meyer, 2015）。多くの日本企業では，最終的な決定を下す前に，コンセンサス形成のためのインフォーマルな集まり（根回し）がしばしば行われる。これにより，直接的な意見の対立や社内の混乱を回避できるのである。しかし稟議制度を用いたコンセンサス形成には時間がかかるという弱点がある。Chen（2004）はこれにより，日本の企業ではたくさんの長時間に及ぶ会議が開かれ，不要な質問や提言がなされており，管理職は仕事時間の実に40％を会議に費やしていると指摘している。しかし，既にコンセンサスを得ている分，いったん決定が下ると速やかに遂行され，関係部署などからのサポートも得やすいといわれる（西田，2007）。

3.2.2 リーダーシップ

　上記のような意思決定を行う組織では，リーダーの重要な役割の一つに意見の調整や対立の解決がある。また部下の情緒的な側面を理解することも大切な役割である（久米，2001）。リーダーの特徴として他に挙げられるのは，高コンテキストコミュニケーションである（高コンテキストコミュニケーションについては第5章参照）。高コンテキストなリーダーは部下に仕事について詳細な指示を出すのではなく，仕事の概要と大枠を与え，あとは部下がそれぞれ取り組むこととなる（西田，2007）。日本人のリーダーは部下に自ら課題の意図を理解し行動することを期待している。また，課題遂行においては，進捗状況を上司に報告しながら進めることが重要である（石黒，2012）。

3.2.3 チームワーク

　チームワークと情報共有は日本人の働き方の特徴の一つである。新人は経験者からチームワークを通して仕事を学ぶ。またプロジェクトはチームで取り組み，チームの目標を遂行するために従業員は協働する。その際，メンバーは自発的に助け合う（林，1985）。チームで上げた成果はチームに帰属し，個々の従業員には帰属しない（西田，2007）。逆に仕事上で問題が起これば，チームで解決する。具体的には，問題が生じた時，まず何が起こっているのかをチームで話し合い，なぜ起きているのかを特定する。その後，どうすべきか，誰が何をすべきか等の解決策について話し合われる（林，1994）。たとえ担当者が起こした問題でも，その担当者を単に非難するのではなく，チームが一丸となって問題に当たることがよしとされる（西田，2007）。このようにチームで協働する際に欠かせないのがいわゆる「ホウ・レン・ソウ」（報告・連絡・相談）である。情報共有は日本企業における重要なコミュニケーション行動といえるだろう。

3.2.4 インフォーマルコミュニケーション

意思決定の節で述べられた公式のコミュニケーションの他に，組織には必ずインフォーマルなコミュニケーションが存在する（桑田・田尾，2010）。桑田らによると，インフォーマルコミュニケーションは「正規の意思決定を補完することもあれば，仲のよいものが互いに情報を交換するだけ」(p.170) の場合もある。「仲のよい人たち」の代表が「同期」と「派閥」であろう。日本企業では，入社式を済ませた新入従業員は数週間から数カ月に及ぶ研修を受ける。この過程を通し，同時期に入社した者たちは「同期」として親交を深めることになる。この交流は職場のみならず，プライベートでの付き合いも続くことが多い（Nishiyama, 2012）。また，企業の規模や組織風土によっても異なるが，「派閥」や「学閥」といわれるような出身地や出身学校によるグループも存在することがある。グループ内では公私に渡り目上の者が目下の者の面倒をみることで，グループやひいては企業への忠誠心が高まるといわれる（Nishiyama, 2012）。これら仲のよい人たちが公式ルートでは得られない情報を交換，伝達することで，意思決定に大きな影響を及ぼすこともある(桑田・田尾，2010)。この他にも，職場の仲間たちと就業時間後に飲むことも，日本では重要なコミュニケーションチャンネルになっている。昔ほど盛んではないものの，第一生命経済研究所（2007）の調査では，多くの従業員が仕事後に同僚らと飲むことを「楽しい」「必要である」と感じている。この傾向は特に男性管理職に強く見られるが，これはメンバーシップ制とも関連があるものと思われる。彼らにとって，就業後の飲み会は，社内の公式なコミュニケーションルートから外れて情報を集めたり，ネットワークを作ったりする重要な機会である。また，これらインフォーマルコミュニケーションチャンネルは，長期間一つの企業に勤務することによって深化するものであるといえる。

4．まとめ

本章では，日本的経営および日本的雇用について説明し，そのようなコンテキストで構築される職場におけるコミュニケーションの特徴について概観した。特に近年提唱されたメンバーシップ制の視点から日本の雇用と職場をみることで，なぜ日本人が長時間働くのか，なぜチームワークを重視するのか，が可視化されたと考える。あるコンテキストで時間をかけて構築されてきた人間関係やコミュニケーションのあり方は，しばしば外から来る者にはなじみにくいものである。日本人であっても，学生から社会人へのトランジションは時に困難を伴うプロセスである。外国人留学生や外国人従業員にとっても同様もしくはそれ以上であることは想像に難くない。

第9章から第11章にかけて，日本で働き，生活する外国人の増加に関して，その背景や彼らの在留資格，また彼らを取り巻く環境など，主に働く場面についてみてきた。次章以降では，さらに一歩掘り下げ，なぜ文化（ここでは組織文化）が多くの人々に共有されるのか，共有されるプロセスにも言及し理解を深めたい。

演習問題

メンバーシップ制から日本人の働き方を説明してみよう。

邦文引用文献

アベグレン, J.C.（1958）『日本の経営』（占部都美訳）ダイヤモンド社。
石黒武人（2012）『多文化組織の日本人リーダー像：ライフストーリー・インタ

ビューからのアプローチ』春風社。

岩井八郎（2013）「戦後日本型ライフコースの変容と家族主義」落合恵美子（編）『親密圏と公共圏の再編成：アジア近代からの問い』（pp. 127-153）京都大学学術出版会。

久米昭元（2001）「集団／組織内の意思決定試論」石井敏・久米昭元・遠山淳（編）『異文化コミュニケーションの理論』（pp. 177-188）有斐閣ブックス。

桑田耕太郎・田尾雅夫（2010）『組織論（補訂版）』有斐閣アルマ。

厚生労働省（2016）「働く女性の実情」
http://www.mhlw.go.jp/bunya/koyoukintou/josei-jitsujo/dl/16b.pdf

周宝玲（2007）『日系企業が中国で成功する為に：異文化経営が直面する課題』晃洋書房。

総務省統計局（2015）労働力調査時系列データ
http://www.stat.go.jp/data/roudou/longtime/03roudou.htm

第一生命経済研究所（2007）「職場のコミュニケーションに関するアンケート調査」
http://group.dai-ichi-life.co.jp/dlri/ldi/news/news0711.pdf

東洋経済（2015年5月30日）「日本型雇用システム大解剖」『週刊東洋経済』42-89。

内閣府（1998，2003，2008）第6回，7回，8回世界青年意識調査
http://www8.cao.go.jp/youth/kenkyu.htm

西田ひろ子（編）（2007）『米国，中国進出日系企業における異文化間コミュニケーション摩擦』風間書房。

濱口桂一郎（2009）『新しい労働社会：雇用システムの再構築へ』岩波新書。

濱口桂一郎（2011）『日本の雇用と労働法』日本経済新聞出版社。

濱口桂一郎（2014）『日本の雇用と中高年』ちくま書房。

濱口桂一郎（2015）『働く女子の運命』文春新書。

林吉郎（1985）『異文化インターフェイス管理：海外における日本的経営』有斐閣。

林吉郎（1994）『異文化インターフェイス経営：国際化と日本的経営』日本経済新聞出版社。

渡辺聰子（2015）『グローバル化の中の日本型経営：ポスト市場主義の挑戦』同文舘出版。

英文引用文献

Abegglen, J. C. (2006). *21st-century Japanese management : New systems, lasting values.* NY : Palgrave Macmillan.

Abegglen, J. & Stalk, Jr. G. (1985). *Kaisha : The Japanese corporation : How marketing, money, and manpower strategy, not management style, make the Japanese world pace-setters.* New York : Basic Books, Inc.

Auer, P. & Cazes, S. (Eds.). (2003). *Employment stability in an age of flexibility : Evidence from industrialized countries.* Geneva : International Labour Office.

Chen, M. (2004). *Asian management systems* (2nd ed.). London : Thomson Learning.

Higashimura, T. & Harvard University. Program on U. S.-Japan Relations. (1997). *Japanese-style/American-style : Management to meet the global challenge.* Cambridge, MA : Harvard University.

McCann, L., Hassard, J., & Morris, J. (2006). Hard times for the salaryman : Corporate restructuring and middle managers' working lives. In P. Matanle & W. Lunsing (Eds.), *Perspectives on work, employment and society in Japan* (98-116). Hampshire, UK : Palgrave Macmillan.

Meyer, E. (2015). *The culture map : Breaking through the invisible boundaries of global business.* US : Public Affairs.

Nishiyama, K. (2012). Japanese style of decision making in business organizations. In L. A. Samovar, R. E. Porter, & E. R. McDaniel (Eds.), *Intercultural communication : A reader* (13th ed). International Edition (331-412). Boston : Wadsworth Publishing Co. Inc.

12 | 文化をスキーマと考える

佐々木由美

《目標&ポイント》 ここまでの章では,「文化」について, 異文化コミュニケーション研究で伝統的に扱われてきた定義に基づき紹介されてきた。本章と次章では, 主に脳科学, 人工知能学などの認知科学の発展を受け, 2000年前後から, 文化と脳との関連に注目して論じられている流れにスポットを当てる。まず本章では, 2000年代初頭に異文化コミュニケーション理論として提唱された, 文化を脳に貯蔵される「スキーマ」と捉える理論を紹介する。
《キーワード》 文化, 文化スキーマ

1. 異文化とは？

コミュニケーション学では, 異なる文化を持つ人とのコミュニケーションを「異文化コミュニケーション」(intercultural communication) と呼び, 異なる文化への適応や文化間の相違による摩擦といった多様な問題が扱われる。理論の説明に入る前に,「異なる文化を持つ人とのコミュニケーション」と聞いて, どのようなコミュニケーションをイメージするか少し考えてみよう。「国際化」,「グローバル化」といった言葉が氾濫する現代の日本においては,「外国人とのコミュニケーション」を思い浮かべる人が少なくないかもしれない。しかしながら,「異なる文化」の指すところは, それ以外にも多くが考えられる。

例えば, 国内にも各地方の文化がある。これはテレビ番組などでもよく取り上げられるが, 地方ごとの食文化の違いを考えるとわかりやすい。また, 方言（言語）の相違, 伝統行事や慣習の違いがある。さらに各都

道府県内でも，地域により食文化，言語，伝統行事，慣習の違いがみられる。例えば，福岡の博多弁と北九州弁，東京弁の山の手言葉，下町言葉の違いなど，都道府県内の言語の多様性は方言研究で明らかになっている。このように，各地方，地域にも特有の文化がある。

　他にもジェンダー（生まれ持った性に対し，社会で期待される役割，またはイメージ）による文化が考えられる（第8章参照）。ジェンダーイメージの例を挙げると，女性らしさ，男性らしさというイメージがある。例えば，ピンク色は「女の子らしい色」というように，特定の色に特定の性別のイメージが付与されることがある。これは子供服の色や，ランドセルの色を思い浮かべるとよくわかるだろう。また，近年は「看護師」，「保育士」などニュートラルな言葉が使われるようになりつつあるが，特定の職業に特定の性別のイメージがつきまとうのは，例えば，日本で「ナース」と聞いて女性を思い浮かべる人が多いことからもわかる。このように，ある社会において特定の性別に，特定のイメージや役割が結びつけられるのがジェンダーだが，ここにジェンダー別の文化が存在する（詳細は第8章参照）。

2．文化の定義

　では，いったい「文化」とは何だろう？　この抽象概念のいくつかの特質が，前節で挙げた例からも浮き彫りになる。それは，多くの伝統的な文化の定義が示すように，（1）人によってつくられ，（2）学習され，（3）特定の社会で共有され，（4）世代を超えて継承されるということである。文化は後天的に学習されるもので，先天的に生まれ持つものではないため，先天的に生まれ持つ要素，例えば，肌の色，目の色，髪の色，骨格などは文化とは関係ないという点が，従来の文化の定義では重要な一側面として強調されてきた。この点について，近年の脳と遺伝子

研究の目覚ましい発展により，文化の心理学（cultural psychology）や文化脳神経科学（cultural neuroscience）の分野では，生活における学習により脳の神経回路が変化し，文化的に形成されるという考え方が提示され，ひいてはこれが遺伝子にも変化をもたらすという見解も示されており（Kitayama & Uskul, 2011），必ずしも文化が後天的に学習されるとはいえない可能性もある（詳細は第13章を参照）。しかし，最初に「文化」という概念を提唱した「文化人類学の父」と呼ばれるタイラー（Edward Tylor）以来，多様な分野の研究者によって数限りなく挙げられてきた従来の文化の定義に共通するのは，最初に挙げた四つの点であろう。異なる風土（地形，天候を含む環境）で暮らす人々が生きるためにつくり出し，共有し，伝えてきた知恵を文化と捉えれば，世界に多様な文化が存在することは不思議ではない。

　では，文化がどのように定義されてきたか，もう少し詳しくみてみる。文化という概念を重要なトピックとして扱う主な学問分野には，文化人類学，コミュニケーション学，心理学（比較文化心理学，文化心理学）などがある。先に述べたように，文化の定義には共通点もあるが，大きな二つの流れがあると考えられる。

　一つは，文化が人の外側にある静的な固定化された存在で，人は文化に帰属し，その影響を受けるという定義である。すなわち，文化には変化しにくい本質があり，文化に属する人の役割や行動に影響するという考え方である。例えば，日本で生まれ育った人は日本文化に帰属し，その影響を受けるため，その結果として日本語を共有し，「よろしくお願いします」，「お疲れ様です」という日本語特有の表現を使い，挨拶でお辞儀をするという行動パターンを身につけると考える。これは，文化を「個々の人間の外に存在し，独自の力動をもつ意味空間」（箕浦，2003, p. 42）とみなす文化人類学者のギアーツ（Clifford Geertz）に代表され

る定義の流れを汲む。ギアーツは，文化を人が生活に関する知識と態度を伝承，発展させるためのシステムだと説明する。つまり，人は〇〇文化という空間またはシステムの中で暮らし，知識，態度，行動を共有しながら発展させ，次の世代に伝える。それがスムーズに行われるシステム（仕組み）を持つ空間が文化だという。

また比較文化心理学（cross-cultural psychology）でも，この定義が前提となり，人の心理プロセスは普遍的ながら，外界の文化が異なるため「一見」異なる反応がみられると考えられている（北山，1997）。すなわち，人の心理は全人類に共通しているが，国や地域が異なれば文化環境が異なるため，そこに暮らす人々は異なる影響を受け，結果としてそれが異なる行動（反応）を生み出すと考えられている。これは，人の心理は普遍的だが，異なる刺激には異なる反応をするという考え方である。これに基づき，例えば，日本人とアメリカ人が相手を誘う時の行動について考えてみよう。両者の心理プロセスは同じだが，日本文化の影響（刺激）を受ける日本人は誰かを誘う時，最初から相手が断りたい場合のことも考え，断れる余地を与え「もし忙しかったらいいんだけど」などと言い添えるが，一方，アメリカ文化の影響を受けるアメリカ人はそのようなことは最初から言わず，「来たら絶対楽しいよ」などと，相手の利益になる点を強調する形で相手を気づかう（ザトラウスキー，1993）[1]。つまり，どちらの文化の人も相手を気づかうのは同じだが，気づかう点と誘い方が異なる。このように行動面（反応）に違いが出てくるのは，それぞれの国の人の心理プロセスの違いではなく，それぞれの国の人が帰属する文化の影響（刺激）だと捉えることになる。

多くの異文化コミュニケーション研究も，人を取り巻く文化がコミュニケーション行動に影響するという暗黙の前提に立つ場合がある。しかし，この「人の外側に文化が存在し，人々はその文化に帰属し，その文

---

1) ザトラウスキー（1993）によれば，日本式の誘い方でアメリカ人を誘うと，相手はそれを気づかいとは捉えず，本当はあまり来てほしくないのではと誤解される可能性があるという。こういう文化的な相違に留意する必要がある。

化の影響を受ける」という考え方には，二つの問題がある。一つは，文化が人の外側に存在するのであれば，その実体は果たして何か？　という問題である。文化とは人を取り巻く漠然とした環境を指すのか，社会を指すのか，空気のような存在なのか，これでは結局，文化の実体が摑めない。もし文化が社会環境を指すのであれば，文化という別の概念を設ける必要はあるのか？　あるのならば，それは何か？　この考え方では，これらの疑問への答えが得られない。もう一つの問題は，文化が人の外側に存在するのであれば，文化は何を介して，どのように人の行動に関わり得るのか？　その仕組みが説明されるべきだが，この定義では，その点に対する答えも得られない。これらの疑問に答えるべく，新たに受け入れられつつあるのが，もう一つの文化定義の流れである。つまり，文化は外側に漠然と存在するのでなく，人の脳または心[2]の働きに関連し，それは刻々と変容しながら再構築を繰り返すという前提で，文化の実体が何で，それがどのように人の行動や考え方と関連するのかという疑問に答えようとするものである。

　それは文化を人の内側にある動的な存在と捉える定義で，近年，著しい発展をみせる脳科学，文化心理学，文化神経学などの分野における人の脳や心理プロセスに関する知見を活用している。このように，学問の垣根を超え，学際的，多角的に文化概念を考えるアプローチが盛んになっている。したがって，今後，文化を扱うあらゆる研究分野で，脳の神経回路[3]に関する議論は避けられないだろう。本章では，その流れに沿っ

---

[2]　ここでいう「心」は，一般的に使われる「心のこもった贈り物」「心ない言葉」などの表現に見られる「優しさ」や「誠実さ」を意味する「心」ではなく，脳科学をはじめとする脳に関連する学問分野（人工知能学，心理学，言語学など）で使われる専門用語としての「心」である。認知心理学者の森（2010）によれば，近年の脳科学においては，「心」とは「脳」を指すが，心が物理的作用だとすると，物理的作用は脳内部にとどまらないという。森は，「（こころという感じは）からだと環境にまたがって発生・存在している」（大谷，2008，p.226）という脳科学者の見解を引用しながら，心は身体の働きと環境を結ぶシステムだと説明する。
[3]　人が同じ体験を繰り返すことにより脳に神経回路が形成され，記憶が貯蔵される。それによって，人は物事を認識したり，理解することができる。

た文化の定義を紹介する。

　まず，文化がコミュニケーション（相互作用）過程の中で，ダイナミックに変容しながら構築されるという考え方が提案され始めた（川上，1999；丸山，2009 他）。文化人類学でも，比較的新しい潮流といえる認識人類学者のグッドイナフ（Ward Goodenough）に代表される学派は，文化を「各人の頭の中にある行動の見取り図」（箕浦，2003，p. 42）とし，物事を認識する際の概念枠，何をなすべきかという信念，態度や意思決定の準拠枠と定義した（箕浦，2003）。すなわち，グッドイナフは文化を認識体系の規準と考えた。ここでいう「ダイナミックに変容しながら再構築される」のは，より厳密には，新しい学習により脳の神経回路が再構築されることで，それにより新たな知識（記憶）が貯蔵される状態を指す。認識人類学者が，「行動の見取り図」，「物事を認識する際の概念枠」，「信念，態度，意思決定の準拠枠，認識体系の規準」と呼んだものも，すなわち，繰り返しの体験により脳に神経回路が形成され，獲得された知識（記憶）を指す。このように説明すれば，文化が目に見えない漠然と空気のように存在するものではなく，確かに存在する実体のあるものだと認識でき，よりすっきり理解できるのではないだろうか。少なくとも，「そもそも文化とは本当に存在するのだろうか？」と，以前の定義に投げかけられた批判的な疑問は解消されるだろう。文化をこのように定義する利点の一つはそこにある[4]。

　その後，コミュニケーション学においても，こうした定義の流れを汲む動きがみられる。異文化コミュニケーション研究の分野では，文化を

---

[4] 文化を脳の観点から定義する他の利点として，研究上の目的や手法の広がりがある。脳の機能や遺伝子を研究する自然科学者と文化を研究する社会科学者が，研究分野の範疇を超え，互いの知見と手法を補完し合えれば，さらに多角的な視野から文化を研究することができるだろう。例えば，文化心理学，コミュニケーション学などの社会科学者は，価値観，礼儀作法などの文化的な記憶がどのように脳に貯蔵され，それが行動に移され，文化環境において共有され，代々受け継がれ，また変容し，遺伝子構造へも影響するかについて，自然科学の知見と手法を共有することにより，その解明に近づけるだろう。

様々な繰り返しの体験から獲得される，物事の共通点が一般化された汎用的知識である「スキーマ」と捉える動きがでてきた（Gudykunst & Ting-Toomey, 1988）。一般化された汎用的知識とは，例えば，「家に入る時には靴を脱ぐ」とか「水を沸かすとお湯になる」といった日頃の繰り返しの体験から獲得される知識を指す。こうした知識があるからこそ，私達はいちいち考えることなくスムーズに自然に行動できると考えられている。つまり，こうした知識がスキーマとして既に獲得されているため，何か行動を起こそうと思った時，これらの知識が無意識に活性化され，適切に行動に移せるという考え方である。逆に，こうしたスキーマが獲得されていない場合，行動に移せないばかりか，物事を認識できない可能性がある。例えば，日本で生まれ育っていない人は，「あんこ」という物体を今まで見たことも味わったこともないかもしれない。その場合，「あんこ」を見せても，それがただの黒っぽい物体にしか見えず，何であるのか，食べ物であることすらわからない可能性もある。スキーマを用いて説明する場合，それは，「あんこ」を食べた経験がなく，それがどのような物か学習する機会がなく，「あんこ」に関するスキーマを持たないためだとされる。他の例として，仏教徒として生まれ育った人がイスラム教の礼拝堂であるモスクへ初めて行く場合，そこでどう振る舞うべきかわからないかもしれない。それは，モスクに関するスキーマが獲得されていないためだという説明になる。

　さらに異文化コミュニケーション研究の分野において，文化を日常の繰り返しのコミュニケーションでの集積結果，すなわち「人間の頭脳の中で記憶として刻まれる一連の情報システム」（久米・遠山，2001，p. 112）と捉える定義がみられる。ここでいう「記憶」とは，先に説明した長期的または永久に貯蔵される記憶を指すと考えられる。このように異文化コミュニケーション研究では，1980年代頃から文化を脳科学な

どの認知科学の視点から定義する動きがでてきた。次節では，そうした定義をより具体的に理論化した「文化スキーマ理論」(西田，2003；Nishida, 2005) を紹介する。

3. 文化スキーマ理論

　前節でみた通り，文化を「スキーマ」または「記憶」と捉える考え方がでてきた。そうした文化定義の流れの中で提唱されたのが「文化スキーマ理論」(西田，2003；Nishida, 2005) である。文化スキーマ理論では，伝統的な定義に沿って，スキーマを「過去の体験に基づいた記憶の集合体」，「過去の体験が組織化されたもの」(西田，2003, pp. 54-55) と定義し，理論の柱としている。文化を「スキーマ」とみなし，「文化スキーマ」と定義することで，漠然とした抽象概念として文化をみる定義からの脱却を試み，文化を実体のある存在として理論化した点が新しい。すなわち，文化スキーマとは，「自文化内での体験が長期記憶[5]として脳内に貯蔵されたもので，さまざまな状況や行動ルールについての情報，自分自身や周りの人々についての情報，実際に起こった事柄やさまざまな物事についての情報，自己が獲得した方略，情動についての知識など，自文化の影響を強く受けた知識・情報のことである。さらに，文化スキーマは，これらの知識・情報だけでなく，知識や情報間の関係等を含む組織化された認知構造全体を指す総称的概念でもある」(西田，2003, p. 55)[6]。特定の文化環境で育った人が，その文化環境特有の行動や事象を認識し，学習し，また実行できるようになるのは，文化スキーマが獲得されているためだと説明される (西田，2003；Nishida, 2005)。例えば，日本で育った人は，日常の挨拶行動としての「お辞儀」を幼い頃から繰り返し目撃し，親や先生など周りの大人から「お辞儀の練習」をさせられ，繰り返し体験することで，「お辞儀」に必要な文化スキーマを

---

[5] 長期記憶に関する詳細は第 13 章を参照。
[6] この定義では，文化スキーマは脳に貯蔵される「長期記憶」であると説明されているが，スキーマと長期記憶は異なる。これについては第 13 章で説明する。

獲得する。「お辞儀」に関する文化スキーマがあるからこそ，お辞儀を「挨拶」として認識，理解でき，また，適切な場面で自然に「お辞儀」を実行できるようになる。筆者の体験から例を挙げると，米国留学中，キャンパスを歩いていた時，前方から歩いて来た日本人留学生に軽く会釈したのを，たまたま別のドイツ人留学生に目撃され，後でそのドイツ人留学生から「なんでペンギンみたいに頭を前方に動かしながら歩くんだ？」と真顔で聞かれ，一瞬，何を聞かれているかわからなかったという笑い話のような実話がある。すなわち，日本人がよく歩きながらやる「会釈」という動作を体験したことがないドイツ人学生から見たら，この動作は「まるでペンギンのような歩き方」にしか見えず，まさか挨拶している動作だとは認識されなかった訳である。これはまさにドイツ人学生が「会釈」に関するスキーマを獲得していないため，「会釈」の動作を「挨拶行動」と認識できなかった良い例である。

　言い換えると，特定の文化環境「A」でしか獲得できない文化スキーマを，文化環境「B」で育った人は獲得しないため，文化環境「A」で育った人の行動を認識，理解できない可能性がある。すなわち，日本で育った人のように，お辞儀という挨拶行動を目撃することもなく，学習することもない文化環境で育った人は，お辞儀を挨拶として認識，理解しない可能性があり，当然，実行できないことになる。

　文化スキーマ理論では，対人コミュニケーションに関わる重要な文化スキーマとして，以下の下位スキーマが挙げられている。それらは，（1）事実・概念スキーマ（事実に関する知識），（2）状況スキーマ（状況に関する知識），（3）手続きスキーマ（出来事の流れ，手続きに関する知識），（4）方略スキーマ（問題解決の方法に関する知識），（5）人スキーマ（他者に関する知識），（6）自己スキーマ（自己に関する知識），（7）役割スキーマ（職業，性別等の役割に関する知識），（8）情動スキーマ

（情動に関する知識），（9）言語スキーマ（特定の国・地域で一般的に使われる言語に関する知識），（10）非言語スキーマ（特定の国・地域で一般的に使われる非言語に関する知識）である（西田，2003；Nishida, 2005）。

（1） 事実・概念スキーマとは，事実や概念（物事に共通する本質的な特徴）に関する知識を指す。事実スキーマの例は「地球は自転している」，概念スキーマの例は「机には4本の脚があり，その上に読み書きできる平面の板がのっている」などである。こうしたスキーマを獲得しているからこそ，私達は多くの物事を理解し，様々な形やデザインの机を見ても，それが多少，変形したデザインであっても，これは「机」と認識できるだろう。日本で生まれ育つと獲得されやすいと思われる文化スキーマとしての概念スキーマの例として，「こたつには4本の短い脚があり，その上に平面の板がのっていて，その下には電気暖房器具がついていて，その上から毛布や布団をかけ，その中に脚を入れて温まる」が挙げられ，このスキーマがなければ，こたつを見ても，どのような目的で使われる物か認識されないかもしれない。

（2） 状況スキーマは，状況に関する知識を指す。例えば，レストランにはテーブルと椅子が複数置かれ，そこにお客さんが座っていて，そこで働くスタッフが動き回っている。そのように，その状況の中に含まれる人や物に関するスキーマである。このスキーマがあるからこそ，私達はどのようなレストランに初めて行っても，その場所がレストランであると認識できるのである。日本で生まれ育つと獲得されやすいと思われる文化スキーマとしての状況スキーマの例として，「寿司屋」の状況スキーマが挙げられる。テーブル席のある寿司屋もあるが，カウンター席しかない寿司屋では，カウンターの周りに椅子が横に並び，お客が座る目の前に寿司ネタとなる魚の切り身などがガラスケースの中に並び，

カウンターの中に料理人である寿司職人が立っている。場合によっては，水槽に生きた魚や海老などがいる。日本で生まれ育ち，繰り返しの体験から「寿司屋」の状況スキーマを獲得している人には，当たり前の寿司屋の光景かもしれないが，寿司屋に行った経験も，寿司を食べた経験もなく，寿司が何かも知らない人は，こうした「寿司屋」の状況スキーマを獲得していないため，寿司屋が一般のレストラン同様，食べ物を食す場所だと認識しにくいかもしれない。或いは，カウンター席，カウンターの中にいるお店のスタッフという状況スキーマから，食べ物を食す場所というより，「バー」の状況スキーマが活性化され，バーのような所だと誤解するかもしれない。

（3）　手続きスキーマは，出来事の流れ，手続きに関する知識を指す。例えば，お客としてレストランに入ったら，スタッフに案内され（或いは，日本では店によってはスタッフに案内されなくても，お客が自分で）テーブルにつき，メニューを渡され注文をし，注文した品が来たら，それを飲食し，最後に代金を支払って出る，といった一連の手続きの流れがある。こうした手続きスキーマを繰り返しの体験から獲得しているからこそ，私達はレストランに行っても，意識的に考えず自然に一連の行動をとることができる。ある場所へ行くと，まず先に状況スキーマが活性化され，それにより場所を認識したら，次に手続きスキーマが活性化されることがわかっており，それにより場所に適した行動がとれると考えられている（西田，2003）。したがって，先に挙げた「寿司屋」の状況スキーマが活性化されると，自動的に「寿司屋」の手続きスキーマが活性化されると考えられる。これは，日本で生まれ育つと獲得されやすいと思われる文化スキーマとしての手続きスキーマの例である。「寿司屋」の手続きスキーマは，カウンター席に座ると，何も言わなくても店のスタッフからお茶とおしぼりが出され，寿司の注文は目の前にいる寿

司職人に直接言うと，寿司職人は寿司を目の前に置いてくれるといったスキーマであろう。こうした「寿司屋」の手続きスキーマを獲得していない人にとって，この一連の手続きは全く未知であり，頼んでもいないお茶とおしぼりが勝手に出されることに困惑し，注文を誰にするかも，料理がどう運ばれるかも予測できず戸惑うという事態になるかもしれない。

　（4）　方略スキーマは，推論や分類など問題解決の方略に関する知識を指す。例えば，毎日の通勤，通学の繰り返しの体験から，遅刻しそうな時は，目的地に着くまでに，どのような近道をすれば，またはどのような行き方（乗物の選択や電車等の乗り継ぎ方など）をすれば一番時間がかからないかという問題解決の方法を知っているだろう。このスキーマがあるからこそ，私達は日常の小さな問題を解決しながら，より効率的に生活することができる。日本の大都市で生活すると獲得されやすいと思われる文化スキーマとしての方略スキーマの例として，遅刻せずに目的地に早く着きたい時には，車より電車の方が速いという方略スキーマだろう。都心では数分間隔で電車が走っている上，路線も多く渋滞はないので，同じ目的地に行くのに車よりはるかに速いことも多々ある。この方略スキーマがないと，急いでいる時にタクシーに飛び乗ってしまい渋滞に巻き込まれ，より遅れてしまうという事態に陥るかもしれない。

　（5）　人スキーマは，他者に関する知識を指す。例えば，Aさんはのんびりした性格で，時間にルーズになりがちだといった，特定の他者に関する知識である。そうしたスキーマがあれば，Aさんと待ち合わせをする時に相手の遅刻を想定でき，対処の方法を考えることができるだろう。日本で生まれ育つと獲得しやすいと思われる文化スキーマとしての人スキーマの例として，礼儀作法や言葉遣いに厳しい人は，上下関係にも厳しい場合が多いなどが挙げられるかもしれない。

（6）自己スキーマは，自己に関する知識を指す。例えば，自分の名前，性別，身長，体重，出身地，学校，勤務地など自己の客観的情報や，自分の性格，価値観，信条など内面的，主観的情報など，自分はこういう人間だという自己アイデンティティにつながる知識の全てを指す。このスキーマがあるからこそ，私達は自己の存在を認識でき，主張できる。日本で生まれ育つと獲得されやすいと思われる文化スキーマとしての自己スキーマの例として，日本人はアメリカ人と比べ，自己を否定的に評価する傾向があることが明らかにされている（Kitayama, *et al.*, 1997）。控えめさや遠慮が美徳とされる日本では，自分や身内のことは過小評価，もしくは批判的にすら評価する方が控えめでよしとされる傾向がある。しかし，このような自己評価，自己スキーマは日本的文化スキーマと考えられ，他文化の人からは，これが控えめさの表れとは理解されず，なぜ自分をそんなに否定するのか？ そんなに自分に自信がないのか？ と文字通りに解釈され，あらぬ誤解を生む可能性がある。

（7）役割スキーマは，先天的に獲得される性別に対して文化的に後付けされるイメージや役割（ジェンダー）に関する知識[7]や，後天的に獲得される職業などに対するイメージや役割に関する知識を指す。例えば，日本で生まれ育つと獲得されやすいと思われる文化スキーマとしての役割スキーマの例として，女性が家事や子育てに従事するといったイメージや役割が挙げられる。日本でも女性の社会進出が当たり前の時代となり，男性の育児参加が奨励されつつあるが，その中において，なお女性が家事や子育てを担うという役割スキーマは根強い。それは，育児休業者の有無別事業所の割合[8]が女性85.9%，男性5.4%という厚生労働省による「平成28年度雇用均等基本調査」（厚生労働省，2016）の結果からも明らかである。最近では家族で使える公共トイレも増えつつあ

---

[7] 先天的に獲得される条件に関する役割スキーマとして，人種に関するイメージや役割に関する知識があり，それは人種差別や偏見につながりやすい。例えば，「黒人は身体が大きく，暴力的だ」などである。
[8] 育児休業者がいた事業所の割合（厚生労働省，2016）。

るが，おむつ替え用ベッドが設置されているのは，まだ女性用トイレであることが多い。日本では母親が夫とは別の部屋で，乳幼児期の子供と一緒に寝ることが多く，ここでも母子という関係の強さが窺える。また，1959年から放送されているNHK Eテレ（旧NHK教育テレビ）の長寿人気番組「おかあさんといっしょ」[9)]では，稀に「おとうさん」も登場するが，タイトル通り，子供が「おかあさんといっしょ」にいるシーンが圧倒的に多く，「母子関係」を強調するイメージを流し続けているが，このようにメディアがジェンダーに与える影響も大きい[10)]（ジェンダーについては第8章参照）。このように役割スキーマは，社会における繰り返しの体験から獲得される。職業（または社会的立場），人種，民族，国民に関する役割スキーマは，初対面の人と会う場面で，ある程度，相手について予測して会えるなどの利点がある一方で，性差別，人種・民族差別，職業差別などの差別につながる可能性もある。

（8）情動スキーマは，情動（または感情）とその表現方法に関する知識を指す。私達は日頃の繰り返しのコミュニケーションの体験から，どのような表情がどのような感情を表すかを学習している。それが情動スキーマである。これがあるからこそ，相手の表情を見て「今，ちょっと機嫌が悪そうだな」とか「退屈なのかな」と，相手の感情を推測することができ，それにより話題を変えるなど，コミュニケーションを調整することができる。日本で生まれ育つと獲得されやすいと思われる文化スキーマとしての情動スキーマの例として，「喜びの感情表現としての

---

9) NHK Eテレでは「おとうさんといっしょ」という番組も，2013年から放送されているが，BSで週1回29分間，地上波ではミニ版が週1回5分間放送されるだけで，週6回毎回26分間放送される「おかあさんといっしょ」に比べ，扱いが小さい（NHKオンライン，2018）。
10) 他の例として，食品のテレビコマーシャルで，エプロン姿の女性がキッチンで料理するシーンを映すものも多い。こうしたイメージがメディアで流されるのを受身的に見るうち，無意識に「エプロン姿で料理する女性」のイメージが刷り込まれていく。ジェンダーイメージ，役割スキーマはこのように獲得される（好井，2009参照）。

涙」が挙げられるだろう。オリンピックでメダルを取ったアスリートを観察すると，その瞬間，涙する日本人選手が多いことに気づく。他にも，日本人が悲しい出来事や事故について語る時，無意識に笑顔のように口角が上がる表情をうっすら浮かべることは，他文化の人から「ミステリアススマイル」と指摘される（Reynolds & Valentine, 2010）など，文化スキーマとしての情動スキーマが異なると思われる例は多い（表情については第2章参照）。

（9）　言語スキーマは，特定の国・地域で一般的に使われる言語に関する知識を指す。これは各国の言語，各地域の方言などを指す。文法や語彙といった言語そのものに関する知識だけでなく，その国，地域の文化的背景を熟知していないと使いこなしたり理解できない慣用的な表現やジョークといった言語文化的な知識の両方を指す。後者の例として，日本語でよく使われる「よろしく」や「お疲れ様」という表現は，それらの表現が使われる場面や意味が多様であるため，その全てを熟知していなければ，なかなか理解しにくく，適切に使いこなせない表現であり，他の言語に訳しにくい日本語特有の表現だといえる。こうした知識は，日本語の環境で生まれ育ち，日本語での繰り返しのコミュニケーションを体験したからこそ獲得できる言語スキーマである。

（10）　非言語スキーマは，特定の国・地域で一般的に使われる非言語，すなわち，コミュニケーションに関わる言語以外の要素でメッセージを伝えたり，言語を補足する役割を果たす要素に関する知識を指す（詳細は第2章～第4章を参照）。例えば，ジェスチャーや声の出し方などである。これらは言語ではないが，ジェスチャーで相手にお腹が空いたことを伝えたり，声の出し方を変えることで驚きの感情を伝えることがある。こうした非言語に関する知識も，特定の国や地域で共有され学習されるため，国や地域が異なると意味が異なることがある。日本で生まれ

育つと獲得されやすいと思われる文化スキーマとしての非言語スキーマの例として，自分を指す時に鼻を指す，「ダメ」という意味で手でバツを作るジェスチャーなどが挙げられる。これらは言語のように意味が日本国内では共有されているが，他国では理解されない，或いは誤解を生むこともあるかもしれない。

　文化スキーマ理論によれば，このように，大半は無意識の学習により人は多くのスキーマを獲得する。そのうち，特定の国や地域における繰り返しの体験でしか獲得されないスキーマこそが，文化スキーマと呼ばれる文化であると説明し，文化を実体化させた。この点が，本理論の功績であろう。

4．まとめ

　本章では，近年の文化定義の流れを紹介し，その中において異文化コミュニケーションの理論として提唱された文化を「スキーマ」と捉える文化スキーマ理論を紹介した。次章では，文化スキーマ理論の問題点を述べた上で，その修正理論として文化を「長期記憶」として捉える考え方を紹介する。

演習問題

　第3節を参考に，自分が獲得している文化スキーマの例を考えてみよう。

＊本章は，佐々木（2016）の論稿に加筆修正の上，執筆された。

邦文引用文献

NHK オンライン（NHK 公式ホームページ）（2018）https://www.nhk.or.jp/
大谷悟（2008）『心はどこまで脳にあるか』海鳴社．
川上郁雄（1999）「『日本事情』教育における文化の問題」『21世紀の「日本事情」』1，16-26．
北山忍（1997）「文化心理学とは何か」柏木惠子・北山忍・東洋（編）『文化心理学：理論と実証』東京大学出版会．
久米昭元・遠山淳（2001）「異文化接触中心の理論」石井敏・久米昭元・遠山淳（編著）『異文化コミュニケーションの理論：新しいパラダイムを求めて』第8章（pp. 111-139），有斐閣ブックス．
厚生労働省（2016）「平成28年度雇用均等基本調査」．
佐々木由美（2016）「文化は脳にあり『文化スキーマ理論』文化定義の再考を中心に」国際行動学会編『国際行動学研究』第11巻（pp. 59-81）．
ザトラウスキー，ポリー（1993）『日本語の談話の構造分析―勧誘のストラテジーの考察―』くろしお出版．
西田ひろ子（編）（2003）『日本企業で働く日系ブラジル人と日本人の間の異文化間コミュニケーション摩擦』創元社．
丸山真純（2009）「『文化』『コミュニケーション』『異文化コミュニケーション』の語られ方」伊佐雅子（監修）『多文化社会と異文化コミュニケーション』（pp. 187-210）三修社．
箕浦康子（2003）『子供の異文化体験　人格形成過程の心理人類学的研究』新思索社．
森直久（2010）「心はどこにあるのですか？」『心理学ワールド』第50号（2010年7月15日刊行）日本心理学会編，新曜社．
好井裕明（2009）「メディアから排除や差別を読む」好井裕明（編）『排除と差別の社会学』有斐閣選書．

英文引用文献

Gudykunst, W. B. & Ting-Toomey, S. (1988). *Culture and interpersonal communication.* Newbury Park, CA : Sage.

Kitayama, S., Markus, H. R., Matsumoto, H., & Norasakkunkit, V. (1997). The cultural origin of self-esteem : Individual and collective processes of self-esteem management. *Journal of Personality and Social Psychology*, 72, 1245-1267.

Kitayama, S. & Uskul, K. A. (2011). Culture, mind, and the brain : Current evidence and future directions. *Annual Review of Psychology*, 62, 419-449.

Nishida, H. (2005). Cultural Schema Theory, In W. B. Gudykunst (Ed.), *Theorizing about Intercultural Communication* (pp. 401-418). Thousand Oaks, CA : Sage.

Reynolds, S. & Valentine, D. (2010). *Guide to Cross-Cultural Communication.* 2nd Ed., New Jersey : Prentice Hall.

13 | 文化を長期記憶と考える

佐々木由美

《目標&ポイント》 第12章では，文化を「スキーマ」と捉える文化スキーマ理論を紹介した。本章では，文化スキーマ理論の問題点を修正し，文化を「長期記憶」と捉える考え方を紹介する。さらに，脳の神経回路が文化的に形成されるという文化心理学で提唱される神経・文化相互作用モデルを紹介し，具体的な研究事例と共に，文化が脳に長期記憶として貯蔵されるとはどういうことかを考えていく。
《キーワード》 文化，長期記憶，文化長期記憶理論，神経・文化相互作用モデル

1. 理論の基盤となる知見

　本章では，第12章で紹介した文化スキーマ理論の修正点を指摘した上で，その修正理論として文化を「長期記憶」と捉える理論を紹介する。その前に重要概念となる長期記憶と，長期記憶が形成される際に脳の神経細胞で起こる現象について説明する。

1.1　長期記憶

　記憶は，保持時間により感覚記憶，短期記憶，長期記憶に分けられる。感覚記憶は最も保持期間が短く，各感覚器官で瞬間的に保持されるのみで意識されず，注意を向けられた情報だけが短期記憶として保持される。短期記憶は保持期間が数十秒程度で，一度に保持される情報量に限界がある。例えば，11桁の携帯電話の番号を教えられ，少しの間，覚えて

いることができるが、すぐ忘れるといった経験はないだろうか。それが短期記憶で、長期記憶に移行する前の初期段階の記憶だといわれる。短期記憶は脳の海馬体[1]などで一時保存されるが、それが固定化され大脳皮質[2]に移され、長期間または一生保持されるのが長期記憶である（小野，2014）。

　長期記憶には、意識的に想起され言葉で説明できる宣言的記憶（または陳述記憶）と、無意識に想起され言葉で説明できない非宣言的記憶（または非陳述記憶）がある。宣言的記憶には、出来事に関するエピソード記憶と、客観的事実・知識を指す意味記憶がある。エピソード記憶とは、いつ、どこで、誰が、何をどうしたという、いわゆる想い出の記憶である。意味記憶は言語、知覚できる対象の意味（または概念）の記憶で、意識的に思い出し語ることができる記憶である（小野，2014）。例えば、第12章の事実・概念スキーマの説明で挙げた「机には4本の脚があり、その上に読み書きできる平面の板がのっている」という机の意味（または概念）に関する記憶は意味記憶の例である。

　一方、非宣言的記憶には技能に関わる手続き記憶や、知覚、習慣[3]、情動に関する記憶があり、無意識に獲得、想起される（小野，2014；中沢，2011）。これらの非宣言的記憶は私達が記憶として意識しない記憶である。例えば、手続き記憶は自転車の乗り方やピアノの弾き方といった技能に関する記憶で、自転車の乗り方はいったん子供の頃に習得すれば、大人になっても乗れる経験からもわかるように、自分では意識しないが保持されている長期記憶の一つである。知覚に関する非宣言的記憶の例として、いわゆる「慣れ」が挙げられる。大きな音を聞かされると

---

1) 貯蔵、固定化に重要な役割を果たす部位。外界から感覚器官を通して取り入れられた情報は、海馬で記憶として固定化された後、大脳皮質へ移行され、長時間または一生保持される（中沢，2011）。想い出の記憶や、知識の記憶の統合中枢として中心的な役割を果たす（小野，2014）。
2) 脳の外側部分の皮質。
3) 例えば、食前に手を洗うといった習慣に関する記憶。

```
┌─────────────────────────────────────────────────────────────┐
│ 情報                                                          │
│  ↓                                                            │
│ 感覚記憶 ─ 各感覚器官で瞬間的に保持され，意識されなければ消失。     │
│  ↓       意識下の記憶もある。                                  │
│ 短期記憶 ─ 長期記憶に移行される前の 1 ～ 30 秒程度の記憶。         │
│  ↓       海馬体で保持される。                                  │
│ 長期記憶 ─ 大脳皮質で長期間または一生保持される記憶。              │
│  ＜宣言的記憶（陳述記憶）＞意識的に想起され言葉で説明できる記憶     │
│       ─ エピソード記憶：出来事や想い出に関する記憶              │
│       ─ 意味記憶：言語，知覚できる対象の意味（概念）の記憶       │
│  ＜非宣言的記憶（非陳述記憶）＞無意識に想起され言葉で説明できない記憶│
│       ─ 手続き記憶：技能に関する記憶　（例）自転車の乗り方       │
│       ─ 知覚の記憶：知覚に関する記憶　（例）大きな音への慣れ     │
│       ─ 習慣の記憶：習慣に関する記憶　（例）食前に手を洗う       │
│       ─ 情動の記憶：情動に関する記憶　（例）喜びの情動           │
└─────────────────────────────────────────────────────────────┘
```

図 13 - 1　記憶の種類（中沢，2011 を参考）

最初はうるさく感じるが，ずっと聞かされているうちに慣れてしまい，最初ほどはうるさく感じなくなるといった経験があるだろう。あれは，聴覚からの刺激情報が学習され，それに対する反応が弱くなるためである。情動も同様に非宣言的記憶であり，学習され記憶される。

1.2 長期記憶が形成される際に起こる脳神経細胞の長期増強現象

長期記憶が形成される際，脳神経細胞の末端部分で「シナプスの長期増強」という現象が起きる。シナプスと呼ばれる神経細胞の末端部分から別の神経細胞へ情報（電子信号）が伝わる際，神経伝達物質（例：ドーパミン等）に変換されて伝わるのだが，その放出量が多くなり，それに伴いシナプスの構造が変化する[4]。このように神経細胞の末端部分であるシナプスの構造が変化することにより，シナプス同士の結合，すなわち神経細胞間の結合が強化され，それが一定時間，持続される現象を「シナプスの長期増強」と呼ぶ。この現象により神経細胞間の結合が強化されると，形成された神経回路が消滅しにくくなるため，長期記憶が形成

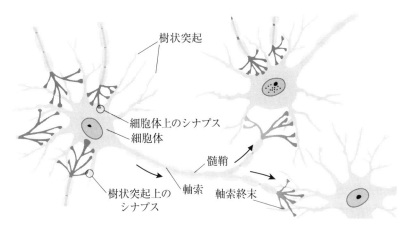

図13-2　神経細胞とシナプス（田中，2011より転載）

---

4) このように脳神経細胞の末端部分であるシナプスという部位の構造が変化することを「シナプスの可塑性（変化する性質）」と呼ぶ（中沢，2011）。この発見により，近年，発展が目覚ましい文化の脳への影響を研究する文化脳神経科学（cultural neuroscience）の分野では，脳は生物学的（先天的）に完成されているものであるが，自分が生活するコミュニティに積極的に参加し，そこに浸透している慣行を繰り返し実践することにより，脳の神経回路が変化し，文化的に形成されるという考え方が提示されている（Kitayama & Salvador, 2017）。

されると考えられている（小野，2014；中沢，2011他）。

シナプスの長期増強は文化スキーマ理論においても言及されており，特定文化圏における繰り返しの体験が，同じ情報として繰り返し特定の神経回路に伝えられ，その神経回路が強化され消滅しにくくなる。そのように構築されるのが「文化スキーマ」だと説明されている（西田，2003）。しかし，上でみたようにシナプスの長期増強により形成されるのは，長期記憶でありスキーマではない。次節でそれを説明する。

2. 文化スキーマ理論の問題点

本節では，第12章で紹介した文化スキーマ理論の修正点を二つ指摘した上，その修正理論である文化長期記憶理論（佐々木，2016）を紹介する。

2.1 スキーマは長期記憶ではない

文化スキーマ理論（西田，2003；Nishida, 2005）では，伝統的な定義にのっとり，スキーマを「過去の体験に基づいた記憶の集合体」，「過去の体験が組織化されたもの」（西田，2003, pp.54-55）と定義し，理論の柱としている。しかし，第12章で紹介した文化スキーマの定義には，スキーマと同時に「長期記憶」の概念も出現し，「情報処理の結果として脳に形成される神経回路網はスキーマだと推測できる」(Nishida, 2005, p.404，筆者訳)[5] と説明されている。すなわち文化スキーマ理論では，「スキーマ」と「長期記憶」という二つの概念が定義の中にあり，両者が同一に扱われているが，これは正確ではない。神経科学者の中沢（2011）によれば，スキーマは「脳にその記憶を受け入れる行動図式」（p.184）であり，近年の脳科学研究から，「いったん学習のためのスキーマが記憶痕跡として海馬の外（恐らく大脳皮質）に形成されると，新たな記憶

---

[5] 原文は，"neural circuits that are created in the brain as a result of information processing can be assumed as schemas."（Nishida, 2005, p.404）。

は48時間以内に海馬の外に固定され想起できるようになること[6]」(傍点筆者)が示唆され,「海馬から大脳皮質への記憶の固定化は時間がかかるという従来の推測を覆す」(p.185)結果が得られた。すなわち,スキーマがあれば記憶の大脳皮質への固定化,また記憶が想起される際,より速く行われる可能性が報告されている。すなわちスキーマとは,記憶が大脳皮質へ移行され長期記憶として貯蔵される過程を助ける「記憶の痕跡」ではあるが,その結果,貯蔵される長期記憶そのものではない。また,「言語記憶のモデル」[7]では,スキーマと長期記憶の違いを次のように説明している。この言語モデルでは,人は言語体験を全て「事例記憶」[8]として記憶し,言語知識はこの具体的な「事例」の集合から成り立つとされる(吉川,2010)。その膨大な事例記憶を脳が扱う際に必要な,いわゆる「索引」がそこに付与されると考えられており,この索引付けにより事例記憶の検索が効率的に行われるという。この索引こそ抽象的な知識でありスキーマと同一視可能だが,索引は記憶の実体そのものではないと説明されている(吉川,2010)。言い換えると,例えば,私達がインターネット上のスーパーで「鶏肉」を買いたい時,まず「生鮮食品」というカテゴリーを選ぶと「魚」,「肉」,「野菜」などの下位カテゴリーが出てくる。次に「肉」というカテゴリーを選ぶと,再び「牛肉」,「豚肉」,「鶏肉」といった下位カテゴリーが出てきて,「鶏肉」のカテゴ

---

[6] この仕組みをパソコンに例えて考えると,データを保存する際,USBメモリなどに保存するが,これは容量が限られているため,いっぱいになったらパソコン本体にデータを移動させて保存するだろう。これと似ていて,海馬は記憶を一時的に保存するUSBメモリのような働きをするが,容量が限られているため,ここで記憶を固定化させた後,大脳皮質へ移動させ長期記憶として貯蔵する。

[7] 「ヒトは言語経験を全て『事例記憶』として記憶しており,言語知識はこのような具体的な『事例』の集合から成る。(中略)具体的な事例を構文の意味の源泉と考えるならば,事例(群)が記憶され,かつ再利用可能である」(吉川,2010,p.449)という考え方に基づく「徹底した用法基盤主義」による言語モデル。

[8] 私達が使用する言葉の事例が長期記憶として獲得されていることを指す。意識的に想起される宣言的記憶のうち,意味記憶の下位カテゴリーになる記憶と考えられる。

リーにたどりつく。このように多種類の物を，ある共通の基準（例：肉類）でまとめるのがカテゴリーで，ここでいう索引であり，スキーマはこのような抽象的カテゴリーであるといえる。このように蓄積される記憶そのもの（つまり，「鶏肉」という記憶）と，カテゴリーまたは索引の役割を果たすスキーマ（つまり，「生鮮食品」，「肉」というカテゴリーまたは索引）は，同一ではないと考えられている。

2.2 文化スキーマは「宣言的記憶」しか含まない

　前節で論じたスキーマと長期記憶は同一ではないという点は，文化スキーマ理論の次の問題と関連する。文化スキーマは宣言的記憶（西田，2003）だと説明されているが，前節でみたようにスキーマは長期記憶そのものではないことから，この点も正確ではない。また，仮に文化スキーマが宣言的記憶だとしても，文化を説明するのに宣言的記憶だけでは不十分であり，非宣言的記憶も含まれる必要がある。1.1 節でみた通り，長期記憶には意識的に想起され，言葉での説明が可能な宣言的記憶と，無意識に想起され，言葉で説明できない非宣言的記憶がある（小野，2014；中沢，2011）。文化は繰り返しの体験から獲得され，朝起きて歯を磨く，家に入る時，靴を脱ぐといった習慣も非宣言的記憶とされていることから，文化は宣言的記憶だけではなく，非宣言的記憶も含むと考えるのが妥当であろう。

3. 文化長期記憶理論

3.1 新たな「文化」と「文化環境」の定義

　前節でみた文化スキーマ理論の問題点を踏まえた上で，文化スキーマ理論の修正版として，文化長期記憶理論を紹介する。まず，既にみたようにスキーマは長期記憶そのものではないため（中沢，2011；吉川，

2010），「スキーマ」の概念を用いず，文化長期記憶理論と呼ぶ（佐々木，2016）。この修正理論では，文化を「文化長期記憶」と捉え，次のように定義する。すなわち，「文化とは特定の環境における繰り返しの共通体験により獲得され，共有される長期記憶であり，共有される宣言的記憶（意識的に想起される記憶）と非宣言的記憶（無意識的に想起される記憶）の両方を含む。こうした文化としての宣言的記憶と非宣言的記憶は互いに連携して機能しながら，特定の環境において適切とみなされる価値観，動作，言動，情動，情動表現などの基盤となる。また，文化としての長期記憶が共有される環境を文化環境と呼び，文化そのものとは区別する」（佐々木，2016, p. 73）。すなわち，獲得される全ての長期記憶が文化長期記憶だということではない。特定の文化環境において，他の文化成員と共通する体験を繰り返すことにより，類似する長期記憶が共有されるようになるのが文化長期記憶だと考える。

　ここで提案する文化定義が文化スキーマ理論と異なるのは，（1）繰り返しの体験により獲得される長期記憶全般を文化と考えるのではなく，「共通体験により共有される長期記憶」を「文化」と定義し，かつ長期記憶のうち，宣言的記憶と非宣言的記憶の両方を含む点，（2）文化は脳内に存在し，外側にある環境は文化ではなく，「文化環境」として区別する点である。各点について，以下で説明する。

　（1）繰り返しの体験により個人が獲得する長期記憶には，必ずしも他者と共有されない個人的な体験による長期記憶（例：毎日，ピアノを練習し高度なスキルを獲得する）と，共通体験により獲得された長期記憶（例：バスの乗車の仕方，学校で生徒が掃除を行う）があると考えられるが，ここでは後者のような共通体験により獲得され，共有される長期記憶を「文化」と呼ぶ。このように，生活のあらゆる面で行動や暗黙の規則が共有され，それらを日々繰り返し体験するため，同様の刺激が

頻繁に脳の神経回路に伝えられ，1.2節でみたシナプスの長期増強が起こり，特定の回路が強く形成され消滅しにくくなり，長期記憶が獲得される。こうして獲得される長期記憶には文化成員間で共通する部分があり，それが文化であろうと考える。

（2） 人々が文化を長期記憶として獲得する環境は，あくまで環境であり，文化そのものではない。言い換えると，外界に漠然と存在する環境や何かの総称を文化と考えるのではなく，ここでは，「人々のダイナミックなコミュニケーションを通じて文化長期記憶が獲得され，共有され，変容する場となる環境」を，「文化環境」と定義し文化とは区別する。

では，文化長期記憶に基づく行動や情動表現は，どのように文化環境において「適切」だと認識されるのか。その説明として，特定の文化環境で共通体験を通じ獲得された文化長期記憶が共有されている点が重要になる。まず，文化長期記憶が共有されているがゆえに，文化成員はそうした行動や情動表現を認知しやすい。お辞儀に関する文化長期記憶を獲得していない人には，お辞儀が意味のある動作として認知されず，単なる身体の動きとして認知されるか，或いは認知されず見過ごされるだろう。次に，文化長期記憶が共有されているがゆえに，文化成員は特定の行動や情動表現を頻繁に認知できるだけでなく，それが共有されていることを頻繁に認識できるため，それが「適切」であると認識するようになると考える。すなわち，お辞儀の動作を繰り返し目撃し，自分でも体験しているからこそ，お辞儀の動作を認知し，共有されていることを認識できるため，それが「適切な行動」だと解釈するようになるのであろう。

進化生物学者のGonzález & Gardner（2018）は，ヒトの大脳が他の高等動物に比べ著しく進化した要因を探るため，脳の進化とその保持，また生存のための環境的，社会的問題を解決する能力に必要なエネルギーコストを計る数理モデルに基づく調査を行い，これまでの説とは対

照的な結果を報告している。それは，ヒトの大脳の進化には特に厳しい自然環境での生存が関係するが，それは新しい道具を生み出す技能や知識の発達が，世代を通して学び続けるという文化的プロセスによって促進された可能性を同時に示唆する。すなわち，この報告は「世代間の学習」という文化の特徴が，大脳の進化，ヒトの進化に関わったことを示唆するもので，学習による文化的技能や知識，つまり文化長期記憶の獲得がヒトの進化の過程から既にあった可能性を裏づける論拠になり得るかもしれない。

4. 文化心理学と神経・文化相互作用モデル

4.1 文化心理学

　文化心理学(cultural psychology)では，文化が長期記憶として形成されるだけでなく，脳が文化的に形成されることを示す神経・文化相互作用モデル（neuro-culture interaction model）（Kitayama & Uskul, 2011）が提唱されている。文化長期記憶の考え方，さらに脳が文化的に形成されるという考え方を理解するため，本節ではこのモデルを紹介する。

　このモデルでは，文化的にパターン化された神経回路が脳に形成されるという考え方が提示され，文化が共有され，浸透し，取り入れられる過程が詳細に説明されている。これを紹介する前に，このモデルが生み出された文化心理学という研究分野について説明する。

　伝統的な「心理学」では，人の心理は普遍的であることを大前提に，普遍的な行動・発達原理の解明を目的とする。したがって，そこでは文化と人の行動との関係は無視され，文化的な要因は実験的に統制して扱わないことが多い（田島，2013）。それに対し文化心理学では，文化と人の心理は別物ではなく，文化は人と環境のダイナミックな相互作用において，人の心理プロセスの中に形成され，変容していくものであると

考えられている（北山，1997）。

　文化が人の心理プロセスの中に形成されるという文化心理学の前提に関する具体例として，「幸福感」の感情体験が日米間で異なる傾向を挙げる。アメリカ人にとって幸せは一義的によいものとポジティブに捉えられる傾向があるのに対し，日本人は幸せにもネガティブな側面があると多面的に解釈する傾向があるという研究報告があり，アメリカ人はポジティブな感情を引き起こす出来事に目を向けやすい認知傾向があるが，日本人はネガティブな感情を引き起こす出来事に目を向けやすい認知傾向があると指摘される（Uchida & Kitayama, 2009）。こうした心理プロセスにおける文化の相違（この場合，認知の相違）が，人と環境の相互作用の過程で構築されるとはどういうことか。例えば，アメリカでは家族を他人に紹介する時，まず褒める。夫は「素晴らしい人」であり，自分の子供は「賢く，優しい子」だと言う。見知らぬ者同士でも，相手を褒める場面が頻繁にある。筆者もアメリカ生活において，通りすがりの人から満面の笑みで突然，「あなたのセーター素敵ね！」などと声をかけられ，最初は驚いたものである。一方，日本では謙遜が美徳とされることから，家族を人前で堂々と褒めることはまずない。むしろ，夫は「家事や育児を手伝わない非協力的な人」であり，自分の子供は「出来が悪く困った子」だと否定的なことを言うことがよくある。学校では子供に「反省文」を書かせ，一日の終わりに「反省会」を開き，自分の行動のよくなかった点に注目し，反省の弁を述べさせるといったことが頻繁に行われ，ポジティブな側面よりもネガティブな側面に目を向ける癖を幼少期から植え付けられる。こうした社会環境との相互作用の中で，アメリカではポジティブな側面に目を向ける心性，認知傾向，また日本ではネガティブな側面に目を向ける心性，認知傾向が育まれる可能性は十分に考えられるだろう。このように文化は人の心理に組み込まれてい

く。文化は人の行動に外から影響を与える単なる要因ではなく，人の心の中に形成されていく。これが文化心理学の前提となる考え方である。

4.2 神経・文化相互作用モデル

このモデルでは，長年，自分の置かれた環境にいる人達と継続的に関わりながら，善悪の区別，礼儀作法など社会の規律を学習する「社会化」の過程において，脳は文化体験を蓄積する不可欠な場になると説明する。すなわち，子供は親をはじめとする周りの大人達と関わりながら，自分の行動について一貫したフィードバック（反応）を受けた場合，それが報酬となり，特定の行動が強化される。例えば，赤ちゃんが母親に笑いかけると，母親はすぐに笑い返す。母親のこの肯定的なフィードバックが赤ちゃんにとっての報酬となり，その行動を奨励するため，その行動に必要な脳の神経回路が強化される（Kitayama & Salvador, 2017）。これを長年繰り返すことにより，様々な価値観，慣行が学習される。こうして学習される価値観や慣行は非常に多岐に渡るが，そこに共通する要素が主要な価値観や慣行を生み出し，それらを網羅する文化が脳に組み込まれていく[9]（Kitayama & Salvador, 2017）。このモデルは，（1）文化的価値観・慣行の生成と採用に関する実証的証拠，（2）文化的価値観・慣行が繰り返し実践される結果として神経回路に変化することに関する実証的証拠により，その信憑性が裏づけられる。それらの研究結果も併せて紹介する。

神経・文化相互作用モデルは，文化的慣行や価値観がどのように獲得されるかを次の7段階で説明する。①第1段階：特定の価値観と慣行が生成され，浸透し，採用される。②第2段階：文化的価値観を達成するため，文化的慣行が個人によって選択される。③第3段階：選択された文化的慣行が繰り返し実践される。④第4段階：文化的慣行が繰り返し

---

[9]「脳に組み込まれる」というのは筆者の訳だが，原語は"embrained"である（Kitayama & Uskul, 2011）。一般的な用語ではないが，「脳の中に構築される」，「脳内化される」とも訳せるだろう。

実践されることにより神経回路が変化し，そうした慣行が実践されるための神経回路が生成される。⑤第5段階：そうした文化的慣行が，文化的にパターン化された行動として自然な行動へ移行する。⑥第6段階：文化的にパターン化された行動を自然または自発的にとることが，地域コミュニティーのメンバーとしてのアイデンティティの確立や，正当な評価につながる。⑦第7段階：それが生物的適応につながる。以下，Kitayama & Uskul（2011）に基づき，各段階について詳しく説明する。

① **第1段階：文化的価値観と慣行の生成，浸透，採用**

　文化の価値観と慣行は，例えば，気候などの地理的要因など多様な集団的次元の要因により生成され，浸透し，取り入れられていく。例えば，温暖で湿度の高い環境では住民が地理的に移動する率は低く，ひいては高い人口密度と結びつきやすい。そこでは農業の生活様式が生み出されやすく，相互協調的な価値観が生まれる（Kitayama & Uskul, 2011, p. 423）（詳細は第15章参照）。これを裏づける興味深い研究報告がある（Talhelm *et al.*, 2014）。この研究では，中国において米作農業と麦作農業が主要な複数の地域で，1,162人の漢民族の住民の価値観や思考スタイルが異なるかを調査しているが，その結果，米作農業が主要な地域の住民の方が，より相互協調的な価値観を持ち，また総体的思考スタイル（holistic-thinking）の傾向が強いことが判明した。この理由として考えられるのは，一つに，米作農業では麦作農業には要らない灌漑システムが必要であり，常に使用する水量を近隣と協力しながら調節し合わなければならないことである。もう一つは，米作は麦作の倍の労力を要する重労働で，繁忙期に一家で労力が足りなければ，近隣で助け合って仕事をする必要があるためだという。このように米作農業では常に相互協力の姿勢が求められるため，その地域に相互協調的価値観が浸透していったと考えられる。このように相互協調的価値観を強く持つ傾向がある場

合，認知スタイルに影響し，物事の全体をみようとする総体的認知スタイルの傾向がみられることが，多くの文化心理学研究で報告されている（Norasakkunkit *et al.*, 2012 他）。Talhelm 他（2014）は，米作農業が人々の価値観や思考スタイルに影響し，長い米作の歴史の中でいったん獲得された価値観や思考スタイルは，たとえ米作が盛んでなくなっても変化しにくく，それは米作が盛んだった日本や韓国をみても明らかだと説明する。

　この第 1 段階の文化的価値観や慣行が，どのように採用されるかについて，他の文化集団から既存の慣行を取り入れる場合，その理由として，自分の文化集団内で社会的ステータスを得たいため，また，模倣しやすいという点も重要である（Kitayama & Uskul, 2011）。模倣により，文化が生成，浸透，取り入れられつつある例として，米国シアトルが発祥の地であるスターバックスカフェの例が挙げられるだろう。スターバックスは，他の日本発祥のカフェと比べ，コーヒー一杯の価格は決して安くないにも関わらず，現在も日本国内で高いシェアを誇る人気のカフェである（業界動向.com，2017）。そこにはアメリカンブランドを好み，そこへ行くことで「アメリカっぽい生活」というような，一種のステータスを感じる人がいるのかもしれない。また，スターバックスではノートパソコンを広げている若者が多いのも興味深い現象である。アメリカでは 1990 年代後半頃から，大手 IT 企業が集まる地域を中心に，社内ではなくカフェでノートパソコン一つで仕事をする人達が見られるようになってきたが，こうした慣行が，カフェ文化と共に日本に入り浸透してきたのではないだろうか。こうした新しい慣行，価値観の浸透は，ファッションやステータス追求のための模倣から始まることが多いかもしれないが，さらに浸透した場合，日本でもカフェで仕事をすることを奨励する企業が増え，日本人のワークスタイルに変化をもたらすかもしれない。

また，そこから今後，仕事はオフィスではなく，個々人の好きな場所ですればよいという価値観が浸透してくる可能性もある。
② **第2段階：文化的価値観達成のための慣行の選択**

　文化的価値観を達成するために，文化的慣行が個人によって選択される。例えば，日本社会では集団行動，チームワークといった協調性を重んじる文化的価値観を達成するための多くの慣行が存在する。そうした社会において，個人は協調性を重視する文化的価値観を達成するため，自分の目指すところに合致する慣行を選択し実践する。ある人は職場で自分の仕事が終わった後も，同僚の仕事を率先して手伝うことで協力的態度を示そうとするかもしれない。ある人はあまり出しゃばらず，自分の意見を主張し過ぎないことで集団の和を乱さないようにするかもしれない。このように，個々人が各自のアイデンティティに合う慣行を選択しながら，文化的価値観を達成しようとする。

③ **第3段階：文化的慣行の繰り返しの実践**

　個人はよき文化成員になるため，社会で望ましいとされる慣行を，各自，特有の方法で繰り返し実践するようになる。例えば，先の第2段階で挙げた日本社会の例でいえば，協調性を重んじる価値観を達成するため，集団の和を乱さず，自分の主張を抑え，他人と足並みを揃える行動を繰り返し実践することにより，「常識ある，適切な」行動がとれる人だと，周りの人達から高く評価されることを目指そうとし，また「良識ある日本人」としてのアイデンティティの確立を目指す。

④ **第4段階：文化的慣行の繰り返しの実践による文化的にパターン化された神経回路の生成**

　文化的慣行を繰り返し実践することにより神経回路が変化し，そうした慣行が実践されやすくなるよう，文化的にパターン化された神経回路が生成される。ここには，脳の可塑性（変化する性質）が関係するが，

これは多くの神経科学者により指摘されている。この神経細胞の可塑性とは，1.2節で説明したシナプスの長期増強現象で，神経細胞の末端部分であるシナプスの構造が変化する性質を指す。こうして，神経細胞同士の結合が変化すると新たな神経回路が形成され，新たな長期記憶が獲得される。すなわち，ここでいう文化的にパターン化された神経回路とは，文化長期記憶理論で説明した共通体験から獲得され，共有される長期記憶を指す。文化心理学における東洋・西洋文化における多くの比較研究は，文化的に異なる脳の神経回路が形成される傾向を実証している。例えば，日本人とアメリカ人が視覚から入った情報を認知するスタイルが異なることを証明した研究がある（Masuda & Nisbett, 2001）。水面下で魚やカエルなどの生物が動くアニメ映像を見た後，何を見たかを説明する時，日本人は背景的または周辺的な情報に言及する傾向があり，また，「カエルが海藻によじ登っている」という具合に，周辺にある物との関係性に注目しながら，生物の行動に言及する頻度がアメリカ人より明らかに多かった。その次に，前に見た生物の絵を同じ絵だと確認できるかの記憶力テストをしたところ，日本人は背景の絵を変えると正解率が下がった。一方，アメリカ人は映像について説明する際，背景や周辺情報に言及することは日本人より少なく，背景の情報は無視し，生物だけに注目し「魚が3匹いる」などと言及する傾向が強かった。したがって，絵の背景を変えて記憶力テストをしても，変化した背景の絵に影響されにくい（気づきにくい）ため，日本人よりテストの正解率が高かった。これらの実験結果は，日本人は物を見る時に背景や周辺情報と合わせ全体的に物を見る傾向（第1段階の例で説明した「総体的思考スタイル」に関連する「総体的認知スタイル」）が強いが，一方，アメリカ人は物を見る時に背景情報には注目せず，そこにある最も顕著な存在の物に注目する傾向が強いことを示す。同じ映像を見せられても，両者の物

の見方（認知スタイル）が異なるのは，各自がそれぞれに特徴的な物の見方を繰り返し経験し，そのように物を認知する神経回路が獲得されているためだと考えられる。これが，文化的に形成された神経回路の実証例である。

⑤　**第5段階：文化的にパターン化された行動の自然な実践**

　文化的慣行を繰り返し実践することにより，文化的にパターン化された行動を自然にとれるようになる。例えば，第2, 3段階のところで挙げたように，日本では協調的な行動をとることが文化的慣行として頻繁に実践される。幼少期から「みんないっしょ」，「みんなで協力」と呪文のように教えられ，グループで掃除などの協同作業をしたり，様々な集団行動を繰り返し実践させられるうち，それが自然にできるようになってくる。そうした繰り返しの訓練を受けた日本人であれば，たとえ数人でも人が複数集まったグループの中に置かれ，協調の規範が求められる状況では，自然に自分の欲求や意見を抑え，他者に合わせようとするだろう。例えば，数人のグループで旅行の計画を立てる時，自分の行きたい場所や好みだけを主張することは避け，他のメンバーの行きたい場所や好みを優先しようとするかもしれない。しかし，個人の行動が常に文化的にパターン化された神経回路によって決定される訳ではなく，状況的な規範に規制されることもある。例えば，複数の人が集まった集団でも互いに関係性がなく，協調し合う規範にとらわれない状況であれば，個々人が自分の好みに沿って自由に行動すると考えられる。例えば，大学の教室には授業の受講者が集まるが，授業を受けるために個々人が集まっているだけで，グループ活動の必要性が生じない限り，特に関係性が生じたり，協調し合う規範はない。したがって，授業を聴くことに集中する人もいれば，隣りの人とおしゃべりする人もいたり，次の授業の試験勉強に精を出す人がいたりと，個々人が自由に行動する。

⑥ 第6段階：文化的慣行を実践することによる文化成員のアイデンティティと地域コミュニティにおける評価の確立

　文化的にパターン化された行動を自然にとることが，地域コミュニティのメンバーとしてのアイデンティティの確立や，他のメンバーからの正当な評価につながる。すなわち，文化的な慣行を実践するのは自発的であるため，それは自己の内面から動機づけられた行動だと認識され，それが文化成員としての個人のアイデンティティの確立につながり，また地域コミュニティから「適切な常識ある行動がとれる人」と判断される高い評価に結びつく。日本社会において，他者と協力し合い，チームワークを重視した行動が取れる人は高い評価を受けやすく，また，そうした行動を実践し続けることで日本人としてのアイデンティティがますます強くなり，日本の文化成員としての自覚を高めていくと考えられる。

⑦ 第7段階：生物的適応

　文化的にパターン化された行動を要求される状況で，それを自然に実践できる能力は，自己アイデンティティの確立と，望ましい文化成員としての評価に結びつき，最終的には生物的適応を達成する能力を向上させる。したがって，文化は生物的進化における潜在的に有力な選択力になると考えられる。例えば，遺伝子の突然変異が起こる頻度は，地域の生態的，文化的条件に多大な影響を受ける。文化的に関連する遺伝子の突然変異の多くが地域的なもので，文化間で頻度が変化しやすいことがわかっている。例えば，DRD4[10]のL対立遺伝子[11]は，リスクを負う行動，衝動性，多動などとの関係が見出されているが，この遺伝子は，ヨーロッパ人，特にヨーロッパ系アメリカ人でよくみられ，日本人や中国人などの東アジア人にはあまりみられないことがわかっている。それは，この遺伝子が，かつて遊牧民的な移住性社会において適応の価値があったため選択されたと推測される。すなわち，この遺伝子は新しい刺激の

---

10) 脳内にある神経伝達物質の一つであるドーパミンの受容体に関する遺伝子。
11) 異なる遺伝情報を持つ遺伝子を対立遺伝子と呼び，L（long）対立遺伝子に対し，S（short）対立遺伝子がある。

多い，厳しい環境への適応への利点があったため，移住性社会に暮らしていた人達が多く持つようになったと考えられている（Chen *et al.*, 1999）。

このように神経・文化相互作用モデルでは，脳の神経回路が文化的にパターン化された形で形成されるとし，文化がいかに生まれ，浸透し，取り入れられるかについて詳細かつ明瞭に説明され，最終的には文化の生物的適応への影響にも言及している点が新しい。

5. まとめ

本章では，文化スキーマ理論の修正理論として文化を長期記憶と捉える理論を紹介し，それに関連し，神経回路が文化的にパターン化されると説明する神経・文化相互作用モデルを紹介した。両者において文化と長期記憶（神経回路）との関連が指摘されるが，これらの理論を脳の機能を測定する手法で実証される研究が，近年，文化脳神経科学（cultural neuroscience）という分野を中心に進められており，今後，さらに多くの研究成果が出ることが期待される。

ミシガン大学心理学部教授，北山忍先生には，本章の原稿に貴重なコメントをいただいた。ここに深謝の意を表する。

演習問題

4.2節の神経・文化相互作用モデルの第1段階を参考に，新しい文化が取り入れられ，浸透し，元の文化が変容していった例を考えてみよう。

＊本章は，佐々木（2016）の論稿に加筆修正の上，執筆された。

邦文引用文献

小野武年（2014）『情動と記憶：しくみとはたらき』中山書店．

北山忍（1997）「文化心理学とは何か」柏木惠子・北山忍・東洋（編）『文化心理学：理論と実証』（pp. 17-43）東京大学出版会．

業界動向.com（2017）
https://gyokai-search.com/3-cafe.html （2017年2月20日参照）．

佐々木由美（2016）「文化は脳にあり『文化スキーマ理論』文化定義の再考を中心に」国際行動学会編『国際行動学研究』第11巻（pp. 59-81）．

田島信元（2013）「文化心理学の起源と潮流」田島信元（編）『朝倉心理学講座11 文化心理学』（pp. 1-17），朝倉書店．

田中啓治（2011）「総論」甘利俊一（監修）・田中啓治（編）『認識と行動の脳科学』シリーズ脳科学2 第1章（p. 9）東京大学出版会．

中沢一俊（2011）「記憶」甘利俊一（監修）・田中啓治（編）『認識と行動の脳科学』シリーズ脳科学2 第4章（pp. 123-201）東京大学出版会．

西田ひろ子編（2003）『日本企業で働く日系ブラジル人と日本人の間の異文化間コミュニケーション摩擦』創元社．

吉川正人（2010）「『構文の多義』再考：事例基盤構文理論に向けて」『日本認知言語学会論文集』10，449-459．

英文引用文献

Chen, C., Burton, M. Greenberger, E., & Dmitrieva, J. (1999). Population migration and the variation of dopamine D4 receptor (DRD4) allele frequencies around the globe. *Evolution and Human Behavior*, 20, 309-324.

González-Forero, M. & Gardner, A. (2018). Inference of ecological and social drivers of human brain-size evolution. *Nature*, Vol. 557, 554-557.

Kitayama, S. & Uskul, A. K. (2011). Culture, mind, and the brain: Current evidence and future directions. *Annual Review of Psychology*, 62, 419-449.

Kitayama, S. & Salvador, E. C. (2017). Culture embrained: Going beyond the nature-nurture dichotomy. *Perspectives on Psychological Science*, Vol.12(5), 841-

854.
Masuda, T. & Nisbett, R. E. (2001). Attending holistically vs. analytically : Comparing the context sensitivity of Japanese and Americans. *Journal of Personality and Social Psychology*, 81, 922-934.
Nishida, H. (2005). Cultural Schema Theory, In W. B. Gudykunst (Ed.), *Theorizing about Intercultural Communication*, (pp. 401-418). Thousand Oaks, CA : Sage.
Norasakkunkit, V., Kitayama, S., & Uchida, Y. (2012). Social anxiety and holistic cognition : self-focused social anxiety in the US and other-focused social anxiety in Japan. *Journal of Cross-cultural Psychology*, 43(5): 742-757.
Talhelm, T., Zhang, X., Oishi, S., Shimin, C., Duan, D., Lan, X., & Kitayama, S. (2014). Large-scale psychological differences within China explained by rice versus wheat agriculture. *Science*. Vol.344 : 603-608.
Uchida, Y. & Kitayama, S. (2009). Happiness and unhappiness in east and west : Themes and variations. *Emotion*, 9, 441-456.

14 | 文化長期記憶としての情動

佐々木由美

《目標&ポイント》 人間の情動には普遍的で生得的な基盤を持つ基本情動と，発達過程において社会生活の中で後天的に学習される情動があると考えられている。本章では後者に焦点を当て，特定の文化環境において，「文化長期記憶」（第13章参照）として学習される情動について考える。
《キーワード》 基本情動，情動記憶，文化長期記憶としての情動

1. 情動とは？

1.1 感情と情動

　人と動物の違いを考える際（私達も「ヒト科」という種の動物に違いないのだが），「人には感情がある」と言うことがある。では，他の種の動物に感情はないのだろうか？ また，「感情的になり過ぎる」のはあまり好ましくないと考えられているようだ。しかし，感情を出さずに人とコミュニケーションするのは難しい。ソーシャルメディアを介してのコミュニケーションが当たり前となった今，いわゆる絵文字（または顔文字）やスタンプといった感情を表す絵が頻繁に使われることからも，私達は感情表現が相手との円滑なコミュニケーションに重要だと理解していることがわかる。また，絵文字を使う場合と使わない場合では，相手の感情に及ぼす影響が異なるという研究報告もある（木村・山本，2016）。
　人の感情に関する研究は，心理学，脳科学，文化人類学などの分野で

盛んだが，そこでは人の「情」が，例えば，感情，情動，気分（ムード），情感（フィーリング）などに分類される[1]。その分類方法は研究者間で必ずしも一致しておらず，英語の"emotion"の訳語として，「感情」と「情動」の両方が使われる[2]。感情心理学では，「感情とは，自分自身を含めてあらゆる対象について，それが良いものか悪いものかを評価した時に人間に生じる状態の総体」（大平，2010，p.5）と定義される。

　脳科学では，喜怒哀楽といった感情が脳の神経回路レベルでどのように喚起されるかについて研究が進められ，人が「私は今，楽しい」と主観的に認識できるものを「感情」と呼び，人がそう認識する以前に，脳の神経回路レベルで起こる自律神経系の活動の変化（例：心拍数の上昇）や身体的変化（例：顔の表情）など，客観的に測定可能な現象により喚起されるものを「情動」と呼び，情動を感情の下位概念と位置づけている（二木，1999）。本章では，第13章で紹介した特定の文化環境で人が獲得する「長期記憶（非宣言的記憶）としての情動」について考え，のちに2.1節で説明するように情動の神経回路を念頭に話を進める。一方，先にみた通り情動は感情の下位概念であるので，本章の内容は主観的に意識できる感情とつながる部分もある。

1.2　基本情動と社会的情動

　生物が生きるために不可欠な，生得的な基盤をもつ情動は基本情動

---

[1] 交感神経系や内分泌系の活動に伴う身体の興奮状態を伴う強い感情は「情動」（emotion），「原因は必ずしも明らかではなく，比較的長時間持続するが，それほど強くない快か不快の感情状態」（p.6）は「ムード」（mood），脳を含めた身体に生じた生理的な反応（情動）が脳によって知覚され，意識される感情経験は「フィーリング」（feeling）（大平，2010）と分類されている。
[2] その理由として，感情心理学の分野が新しく，用語統一の議論が十分行われないまま，研究上の立場や微妙なニュアンスの違いにより，どちらか一方が使用されることが挙げられる（大平，2010）。したがって，"emotion"が「感情」と訳される場合（エヴァンズ，2012；大平，2010）もあれば，「情動」と訳される場合もある（大平，2010）。

(basic emotions）と呼ばれ普遍的だと考えられている（大平，2010；小野，2014；ダマシオ，2013 他）。例えば，天敵に恐怖を感じ，危険を回避するため逃避行動をとることは生存に不可欠であり，こうした生得的な基盤を持つ情動は，無脊椎動物のような単純生物にもある。例えば，犬が喜びの表現として尻尾を振るなど，情動を表現する行動を見たことがあるだろう。基本情動として喜び，怒り，悲しみ，驚き，恐怖，嫌悪の6種類がよく挙げられるが，これについては多様な見解があり，必ずしも一致していない（大平，2010）。人の情動の発達過程では，生後3カ月から3歳頃の乳幼児期に，喜び，怒り，悲しみ，恐怖などの基本情動を学習し，その後，12歳頃までに基本情動が細分化し，自尊心，罪悪感，嫉妬，敵意といったより多岐に渡る情動が学習される。このように，人は小児期から思春期の精神発達後期の段階で，多様な経験からさまざまな情動を学習する（小野，2014）。神経科学者の小野（2014）は「細分化された情動概念は文化の種類により，さらには同一の文化でも歴史的年代によりかなり異なる」（p.84）と述べ，こうした情動を「人間的感情」（p.84）と呼んでいる。また，神経科学者のダマシオ（2013）は，基本情動から発展した情動を「社会的情動（social emotions）」と呼び，社会的情動は多様な基本情動の組み合わせにより成り立つと説明しており，そうした社会的情動の喚起には，学習が重要な役割を果たすと指摘する。このように，生得的に獲得される基本情動と，社会的な学習により獲得される社会的情動（または人間的感情）は連続体であると考えられる。情動は神経回路の形成により成り立つ長期記憶であり，第13章でみた通り，無意識に獲得，想起される非宣言的記憶である。

2. 脳科学の観点から情動を考える

2.1 情動発現の神経回路モデル

情動の発現には，脳の外側の大脳皮質ではなく，内側の古皮質である大脳辺縁系[3]の一部である扁桃体と呼ばれる部位が重要な役割を果たす。扁桃体には情動記憶（非宣言的記憶）が貯蔵され，情動の統合中枢となり脳の他のシステムと協調し，情動の発現に深く関与する。すなわち，扁桃体は大脳皮質の前頭前野[4]をはじめ，全ての感覚野[5]，大脳辺縁系の他の部位，視床下部[6]との相互連絡により，知覚，認知された情報の価値評価と意味認知を行い，本能や情動行動の制御に重要な役割を果たす（小野，2014）。

ここで，文化長期記憶としての情動について考える上で重要な基盤となる情動・記憶に関与する仮説的な情動発現の神経回路モデル（小野，2014）を概観する（図14-2参照）。大脳皮質連合野[7]から出力された

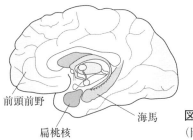

図14-1　扁桃核と海馬
（岡本，2007を改変）

---

[3] 動物の基本的な生命活動に重要な基本情動，本能的行動を司る部位。大脳皮質が理性と知性を司り，大脳辺縁系を監視する（小野，2014）。
[4] 脳機能の中で最も高次元の機能を司り，思考，想像，意欲，情動に関する情報を統合，処理をする部位（小野，2014）。
[5] 大脳皮質に存在する運動を司る領域に対し，皮膚感覚，聴覚，視覚，嗅覚などの感覚をもたらす領域を指す（小野，2014）。
[6] 本能行動（飲食，性，体温調節）や快・不快の情動行動の神経機構に重要な役割を果たす（小野，2014）。
[7] 大脳皮質にはいくつかの連合野がある。脳機能の中で最高次の機能を司るのは前頭連合野で，前頭葉の前端部は思考，創造，意欲，感情などの精神活動を司る（小野，2014）。

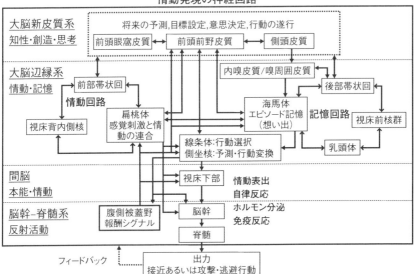

図 14-2 情動・記憶に関与する仮説的な情動発現の神経回路モデル（小野, 2014, p.85 から転載）

電子信号は，扁桃体を中心とする情動記憶を司る神経回路である「情動回路」と，海馬体[8]を中心とする宣言的記憶[9]（出来事や想い出に関わるエピソード記憶）を司る「記憶回路」，また線条体と側坐核[10]を中心とする「非宣言的記憶回路」（予測，行動選択に関わる神経回路）に入力される[11]。さらに，海馬体で処理された高次の情報は，海馬体から扁桃

---

8) 大脳の側頭葉にある記憶の固定化に重要な役割を果たす部位。外界から感覚器官を通して取り入れられた情報は，海馬で記憶として固定化された後，大脳皮質へ移行され，長時間または一生保持される（中沢, 2011）。第13章参照。
9) 意識的に想起される言葉で説明できる記憶。出来事に関する思い出話のようなエピソード記憶（いつ，どこで，誰が，何がどうしたという，いわゆる想い出の記憶）と，客観的事実・知識を指す意味記憶がある（小野, 2014；中沢, 2011 他）。第13章参照。
10) 線条体や側坐核は大脳の深部にあり，大脳皮質から情報を受け取り，運動技能や習慣などの身体動作の記憶に重要な役割を果たす（小野, 2014）。
11) 大脳皮質連合野からの電子信号は，情動に関わる情動回路と，想い出話などのエピソード記憶に関わる記憶回路の両方に入力される。

体へ直接，入力される。これらの情動回路と記憶回路は互いに連携して機能し，相互に作用する。このように，これらの神経回路システムの相互作用と同時並列的な情報処理が，情動と記憶のメカニズムの中核をなすと考えられている。

2.2 文化長期記憶としての情動とは

　情動発現の神経回路モデルに基づき，文化長期記憶としての情動がどのように獲得されるかについて，日本で生まれ育つと獲得される「協力して目標を達成する喜び」という文化的長期記憶としての情動を例に，仮説的な見解を述べる。日本で学校教育を受ける子供達は，毎日の班活動や，行事に際しクラス一丸となる活動を通じ，協力して共通の目標を達成する重要性を教育され，それを達成する喜びや困難を繰り返し体験する。情動発現の神経回路モデルによれば，例えば，運動会のクラス対抗リレーで勝利を勝ち取るなどのエピソード記憶（出来事に関する宣言的記憶）と喜びの情動記憶（非宣言的記憶）は相互に作用する。こうして，特定のエピソード記憶と特定の情動記憶が連携して機能する神経回路が形成されると考えられる。それ以降も，似たような「仲間と協力し合い目標を達成することにより喜びが喚起される体験」を繰り返すうち，似たような出来事の個々の事例（エピソード記憶）が「協力し合って目標を達成する体験」というカテゴリーにまとめられ（索引の役目を果たすスキーマ。第13章参照），それと喜びの情動記憶に結びつく神経回路との結合が強化されるため，次に類似する出来事を新たに体験する際，喜びの情動記憶が喚起されやすくなるのではないだろうか。つまり，第12章の文化スキーマ理論の節で説明したように，レストランへ行く体験を繰り返すうち，レストランがどのような場所かという知識である状況スキーマが獲得され，そのスキーマがあれば世界中どのようなレスト

ランへ行ってもレストランスキーマ（状況スキーマ）が活性化され，脳は効率よく情報を処理し，初めて行った所でもそこがレストランだと認識させてくれる。同様に，「仲間と協力して目標を達成する」新しい出来事を体験した際，類似体験の記憶をまとめたカテゴリー（スキーマ）が活性化され，そこに貯蔵されている過去の類似体験の記憶が素早く想起され，それらの記憶と強い結合でつながっている特定の情動記憶（この場合，「喜び」の情動記憶）が想起され，喜びの情動が喚起されやすくなると考える。すなわち，日本の学校教育における例でみたように，特定の文化環境では，その環境特有の出来事の体験頻度が高くなり，それに結びつく特定の情動体験の頻度も高くなる。それが，特定の文化環境で共有される文化長期記憶として獲得される情動ではないだろうか。次節では，この仮説的見解を裏づけると思われる，文化間の異なる情動に関する研究報告をみていく。

3. 文化と情動に関する研究

　文化と情動に関する研究は，主に文化人類学や心理学などの分野で進められ，幸せ，怒り，不安，対人恐怖など様々な情動と文化との関連が指摘される。本章では，特に研究が盛んな幸福感[12]という情動と文化の関連をみる。

3.1　幸福感の 13 カ国比較研究

　ここでは，幸福感の 13 カ国国際比較研究（子安ほか，2012）を紹介する。子安ほか（2012）によれば，幸福は，平均余命，就学率，一人当たりの国内総生産（GDP）など客観的計測が可能な「幸福度」（welfare, well-being）と，主観的に体験される「幸福感」（subjective well-being, happiness）に大別されるが，この研究では主観的「幸福感」について

---

[12]　「幸福感」は「満足感」と表現されることもある（子安ほか，2012）。

13 カ国を対象に国際比較調査が実施された。

主観的な幸福感について概観する前に，客観的「幸福度」の代表的指標として，国際連合開発計画（United Nations Development Programme：UNDP）が発表している「人間開発指数（Human Development Index：以下，HDI）」をみる（国際連合開発計画，2016）。人間開発指数は，国の開発の度合いを測定する尺度として，①一定の生活水準をみるべく一人当たりのGDP，②長寿で健康な生活をみるべく平均寿命，③知識へのアクセスをみるべく成人（15歳以上）の識字率と（初・中・高等教育の）就学率という三つの基本要素を数値化したものである。2015年に発表された188カ国のHDI指数の上位10カ国は，1．ノルウェー（0.949），2．オーストラリア，スイス（0.939），4．ドイツ（0.926），5．デンマーク，シンガポール（0.925），7．オランダ（0.924），8．アイルランド（0.923），9．アイスランド（0.921），10．カナダ，米国（0.920）と，欧米諸国が大半である。アジア圏では，5位のシンガポールが最も高く，次に12位の香港（0.917），17位の日本（0.903），18位の韓国（0.901）が続く。UNDP（2016）によれば，日本のHDI指数は「最高位国グループ」に位置し，最高位国グループと経済協力開発機構（OECD）加盟国の平均値の両方を上回り十分に高い。これを客観的幸福度と捉えるなら，日本は幸福度の高い国だといえそうである。

では，個人が主観的に感じる「幸福感」はこれに比例するのだろうか。子安ほか（2012）は，「幸福感」を有能感[13]，生命感[14]，達成感[15]，人

---

[13] 「人間は様々な知識や技能を獲得することによって，自分自身が何事かをなすことができる」（子安ほか，2012，p.6）という感覚を指す。
[14] 「人間は，一人の個人として存在するだけでなく，家族，社会，自然，あるいは宇宙などと『つながる』ことによって，この世界に生きている」（子安ほか，2012，p.6）という感覚を指す。
[15] 「人間が一定の目標に向けて共同作業などを行うとき，目標に向かう努力を積み重ねることによって『有能感』と『生命感』という2つの感覚を発展させ，その行き着く先に，何ごとかをなしえた」（子安ほか，2012，p.7）という感覚を指す。

生満足感（Diener et al., 1985)[16]，人並み幸福感（Uchida et al., 2008)[17]などを調べることで，日本，韓国，中国，南アフリカ共和国，オーストラリア，ニュージーランド，カナダ，米国，英国，ドイツ，スペイン，メキシコ，ブラジルの13ヵ国[18]を対象に比較調査を実施した[19]。

まず，これら五つの側面について国ごとの得点平均値が近い四つのグループに分かれる。それらは，グループ1「オーストラリア，カナダ，中国，スペイン」(G1)，グループ2「ニュージーランド，英国，米国，ドイツ，南アフリカ」(G2)，グループ3「メキシコ，ブラジル」(G3)，グループ4「日本，韓国」(G4)である。そのうち，人生満足感と生命感の平均値はG3が最も高く，G2とG1はほぼ同じで，G4が最も低い。有能感と達成感についてはG3が最も高く，次にG2が高く，次にG1と続き，G4が最も低い。人並み幸福感については，G3，G2，G1ともほぼ同じで，G4が最も低い。

この結果から，日本と韓国はどの側面についても評定値が低く[20]，主観的に感じる幸福感は13ヵ国の中で特に低いことがわかる。同じ東アジアでも，中国は日本と韓国より客観的幸福度とされるHDI指数が低いにも関わらず，主観的幸福感は両国よりも高い。

一方，メキシコとブラジルはいずれの側面についても評定値が最も高

---

16) 例えば，「私の人生は大体理想に近い」，「これまで望んだものは手に入れてきた」などの項目を含む。
17) 例えば，「周りの人たちと同じくらい幸せだと思う」，「平凡だが安定した日々をすごしている」などの項目を含む。
18) 本調査実施時に参照されたUNDPの2010年当初のHDI指数（全169ヵ国調査）は，日本，韓国，オーストラリア，ニュージーランド，カナダ，米国，英国，ドイツ，スペインが最高位国グループで，メキシコ，ブラジルが高位国グループ，中国と南アフリカは中位国グループに入っており（UNDP, 2010），HDI指数の異なる国々が対象となっている。
19) 調査は，日本語，韓国語，中国語，英語，ドイツ語，スペイン語，ポルトガル語の7言語に翻訳された尺度により実施された。
20) 日本と韓国の人生満足感が低いことは，別の調査でも明らかにされている（子安ほか，2012）。

く，主観的に感じる幸福感が高い。両国とも HDI 指数が 13 カ国中，南アフリカ，中国に次いで低いが，主観的な幸福感については HDI 指数の高い国よりも高い。これらの結果から，HDI 指数に基づく客観的幸福度と主観的幸福感は必ずしも関連がみられないといえるだろう。子安ほか（2012）は，両国ともラテン系言語圏で，家族のつながりが強いとされるカトリック系国民の多い国で，それが独居率の低い居住形態にも反映されている共通点を挙げ，両国民の主観的幸福感の高さに関連する可能性を示唆している。しかし一方で，多くの社会問題を抱えているにも関わらず，なぜ高い幸福感が維持されるかについては，今後の検討を要するとしている。

3.2 13 カ国比較研究：幸福感と意思決定の関連

上記 13 カ国の幸福感の評定値だけでは，各国で何が幸福感の要因となるかがわからないため，各国の主観的な幸福感について意思決定スタイルとの関連を調査した楠見（2012）の研究を概観する。この研究では，幸福感の一端を担うと考えられる人生満足感と，（1）幸福のイメージとリスク，（2）意思決定スタイル，（3）自己制御モードとの関連について調べている。

3.2.1 幸福イメージ・人生満足感とリスクの関連

まず，人生満足感と（1）幸福のイメージとリスクとの関連について，13 カ国間で比較した結果，「リスクがないことが幸福」というイメージを持つのは東アジア圏で，その傾向は中国で最も強く，次に韓国，日本と続く。しかし，中国では「リスクをとることによる幸福」というイメージが強い人ほど人生満足感が高い傾向も同時にみられ，一見，矛盾している。これは，中国人が幸福に対して持つイメージと，人生への満足感との関連で考える幸福が必ずしも一致しない可能性を示唆し，幸福とい

う概念の複雑さを物語っている。

　一方,「リスクがないことが幸福」というイメージが弱い国は,メキシコ,米国,ニュージーランド,南アフリカである。特に,「リスクをとることによる幸福」というイメージは,13 カ国中,中南米が顕著で,日本が最も弱い。メキシコで「リスクがないことが幸福」というイメージが弱いことは,「リスクがあっても幸福」と感じる,またはもう一つの結果にあるように「リスクをとることによる幸福」を感じる傾向があるのかもしれない。以上の結果から,幸福のイメージをリスクとの関連でみる際,文化間で相違があることがわかる。

　これらの結果を,文化長期記憶としての情動記憶の観点から考えると,メキシコのように「リスクをとることによる幸福」というイメージを持つ傾向が強い国では,まず社会的にリスクをとる行動が肯定的に捉えられていることが考えられる。したがって,リスクを前提にあえて何かを実行することが,幸福感という情動に結びつく体験を頻繁にしている可能性が示唆される。一方,日本や韓国のようにそうしたイメージを持つ傾向が低い国では,そもそもリスクを冒す行動が否定的に捉えられている可能性がある。リスクを冒すことで幸福感を得られる体験をあまり頻繁にしていないため,そうしたイメージが幸福感につながりにくいと考えられる。幸福感のイメージは単なるイメージではなく,社会で奨励される行動パターンと,それに伴い学習される情動と関連する可能性がある。

3.2.2　人生満足感と意思決定スタイルの関連

　次に楠見（2012）は,人生満足感と（2）意思決定スタイルとの関連について 13 カ国間で比較している。人生は選択の連続であり,重要な決定をする際に良い意思決定をすることは幸福につながるため,幸福と意思決定スタイルの関連は深いと指摘する。ここで比較した意思決定ス

タイルのうち，①最大化の追求（利益が最大になるように決定する），②後悔最小化（後悔は，意思決定による悪い結果について生じる否定的感情であるため，後悔をできるだけしない決定をする）というスタイルをとる傾向と人生満足感との関連について概観する。

　まず，①最大化の追求という意思決定スタイルと人生満足感の関連について13カ国間で比較したところ，「2番目によいもので満足することはない」などの最大化追求スタイルを肯定する傾向はメキシコで強く，日本と韓国で弱い。英国，米国，カナダ，中国では，最大化追求のスタイルをとる人ほど人生満足感が高い傾向が強く，日本はこの傾向が最も弱い。これらの結果から，最大化を追求する意思決定スタイルを好む傾向と，それが人生の満足感に直結する傾向が国によって異なることがわかる。日本については，最大化を追求するスタイルを好まず，それは幸福感に結びつきにくいことがわかる。これらの結果を文化長期記憶理論に基づき考えると，日本社会では最大化を追求するスタイルが必ずしも奨励されない，または好まれない傾向があるため，そうしたスタイルをとること，またそれにより幸福を感じる体験を頻繁にしていない可能性がある。すなわち，そうした体験の記憶とそれが幸福の情動記憶と結びつく神経回路が形成されていないことが示唆される。反対に英国，北米，中国ではそうしたスタイルが奨励される，または好まれる傾向があるため，それにより幸福を感じる体験を頻繁にしている人が多いと考えられる。つまり，そうしたスタイルを選んだ記憶と幸福という情動記憶が結びつく神経回路が形成されている可能性がある。

　次に，意思決定の選択がベストではなかったと後悔する感情は幸福感を減少させると考えられるため，決定を後悔する傾向と人生満足感との関連をみている。その結果，後悔する傾向が弱いほど人生満足感が高いこと，また，その反対に後悔する傾向が強いほど人生満足感が低いこと

が判明し，その傾向は 13 カ国全てにみられた。さらに，決定を後悔する傾向と後悔しない傾向のどちらが大きいかを調べたところ，後悔しない傾向が強いのはメキシコで，日本と韓国は後悔する傾向が強いことがわかった。後悔が人生満足感を減少させるとすれば，前節でみたように，メキシコで主観的幸福感が高いのは後悔する傾向が低いためで，一方，日本と韓国で幸福感が低いのは後悔する傾向が強いことも一因かもしれない。文化長期記憶理論に基づき考えると，メキシコでは，人々が自分の意思決定に後悔しないことで幸福を感じる体験を頻繁にしており，自分の決めたことで後悔しない出来事の記憶と幸福の情動記憶が強い結びつきを持っている可能性が示唆される。そうした記憶があるため，自分の決定には後悔しないという前向きな態度が獲得されやすいのかもしれない。

3.2.3 人生満足感と自己制御モードの関連

次に，幸福実現の目標達成に向け自己の状態を評価し，行動に移行する自己制御モードに関する国別の傾向と，人生満足感との関連をみた。

まず，自己評価モードの一つとして，「自分の良いところや悪いところをいろいろと考えることに，たくさん時間を使う」という内省的思考モードの傾向について調べたところ，内省思考の傾向が最も強い国が中国で，次にブラジルが続き，最も弱い国がメキシコで，その次に弱いのが日本であった。また，この内省的思考モードと人生満足感の関連をみたところ，中国では正の相関がみられ，英国では負の相関がみられた。すなわち，中国では内省思考が強い人ほど人生満足感が高い傾向があるが，英国ではその逆で，内省思考が強い人ほど人生満足感が低くなる傾向を示す。これらの結果から，中国社会では内省思考を肯定的に捉える傾向があると考えられ，人々が内省により満足感を得られる体験を頻繁にしているため，内省した出来事の記憶と幸福感の情動記憶が強く結合

している可能性が示唆される。このように，各国で「内省」に関する記憶が異なり，それが異なる情動記憶と結びつく傾向があると考えられる。

次に，目標達成のために行動に移す傾向と人生満足感との関連についても調べている。その結果，関連の度合いに差はあるものの，13カ国全ての国で正の相関がみられ，目標達成に向け行動に移す傾向が強いほど，人生満足感も高いことがわかった。行動に移すスタイルは，「私は何かをしようと決めると，それを始めるのが待てない」と「物事を見たり観察したりするよりも自分で積極的にする方が好きである」について調べている。その結果，前者の傾向が最も強い国は南アフリカで，ブラジル，米国，メキシコがそれに続く。一方，その傾向が最も弱い国が日本で，次に弱いのが韓国である。後者の傾向が最も強い国はメキシコで，回答者の9割が肯定する一方，その傾向が最も弱い国はやはり日本で，次が韓国である。つまり，行動に移す傾向があるのは中南米や米国で，移さない傾向があるのは日本と韓国である。また，行動に移す傾向と満足感の関連が最も顕著なのは中国だった。このように行動に移す傾向が強い中南米，米国，中国では，実行に移す行動力が奨励される傾向が強い社会であると考えられ，人々はそうすることで満足感を得た体験を頻繁にしている可能性が高い。反対に行動に移す傾向が弱い日本や韓国社会では，実行に移す行動が必ずしも奨励されない傾向があり，そうした行動が満足感につながった体験頻度も低い可能性が示唆される。これは，前節でみた日本と韓国の幸福感の低さに結びつく一因である可能性も考えられる。

以上の結果から，各国の主観的幸福感は，それぞれの国で奨励される人々の行動傾向と，またそれらの行動をとった際に幸福を感じる体験をした頻度の高さに関連するといえるのではないだろうか。

3.3 文化心理学における感情研究

次に，文化間の異なる幸福感に関する研究[21]が盛んな文化心理学の研究を紹介する。第13章でみたように，文化心理学では文化は人の心（心理プロセス）そのものに形成されるため，人が体験する感情自体も異なるという理論的前提を持つ（北山，1997）。

まず，第13章でも少し触れたUchida & Kitayama（2009）の研究を詳しくみる。この研究では，日米の大学生に幸福と不幸の経験を記述させている。その結果，まず，アメリカ人の幸福に関する記述量は日本人より顕著に多いことがわかった。さらに，記述された言葉（例：喜び）について望ましさを5段階で評価してもらった結果，アメリカ人の評価の平均（4.78）は最高値に近いのに対し，日本人の平均（3.95）はそれより顕著に低かった。これは，日本人の幸福の意味には否定的な意味（例：妬み，長く続かない）も3割程度含まれるためである。このように，アメリカ人は幸福をほぼ全面的に肯定的に捉えるが，日本人は否定的に捉える側面があることがわかった。また，日米ともに幸福感は個人的な達成感と社会的調和と重なる傾向があるが，アメリカ人の場合，より個人的な達成に結びつき，日本人の場合，より社会的調和に結びつく傾向があると報告されている。この結果を文化長期記憶理論に基づき説明すると，2.2節で挙げたように，日本で学校教育を受けると「仲間と協力し合い目標を達成する」といった体験のエピソード記憶が，喜びの情動記憶と強い結びつきを持つことが考えられる。したがって，日本人の場合，幸福感が社会的調和，すなわち仲間と協力し合う状況と結びつきやすいと予想される。一方，それとは対象的にアメリカ人の場合，個人的な達成体験が幸福感と結びつきやすいのは，アメリカ社会では，日本とは反対に仲間といっしょではなく，「個」という単位で物事を達成

---

[21] 幸福感の文化間の相違（Uchida 2010；Uchida & Kitayama, 2009 など），快感情の規制に関する文化間の相違（Miyamoto et al., 2014），文化間で異なる幸福感を前提に，日本人の幸福感を測定する尺度の検討（浅野ほか，2014；井田・法理，2016；熊野，2011 など）に関する研究がある。

することが奨励され，個人もそれを好む傾向を示す。したがって，アメリカ人は幼少期から個人で物事を達成し，それを肯定的に評価され，幸せを感じる体験を頻繁にしていると思われ，「個人で物事を達成した体験」の記憶と，幸福感という情動記憶が強く結合している可能性が考えられる。したがって，そうした体験が幸福感を喚起しやすいと予想される。

3.4 文化と情動に関する研究から見えること

本節で概観した研究結果を踏まえ，文化長期記憶としての情動記憶の観点から以下の2点を指摘する。

3.2節でみた楠見（2012）の13カ国の比較研究では，最大化の追求という意思決定のスタイルと人生への満足感，また自己制御モードと人生満足感という幸福感の関連が，国によって異なることが確認された。この結果から，「幸福感」という情動に関連する要因が国によって異なる可能性が示唆される。また，3.3節でみた Uchida & Kitayama（2009）の幸福感に関する日米比較研究では，主観的な幸福感を喚起する要因が日米で異なる部分があることが確認された。これは，主観的に「幸福」という言葉で表現される情動記憶が各国で異なる体験を通して学習され，脳に貯蔵されるためだと考えられる。このように，国によって異なる繰り返しの特定の体験を通して「幸福」の情動記憶が獲得されるため，その情動記憶は，その国の特定の状況に関するエピソード記憶と強い結びつきを持つことが予想される。これが，まさに文化長期記憶としての情動記憶だと考えられる。つまり，これらの研究結果から，各文化圏における特定の状況についてのエピソード記憶と，相互作用的に想起される文化長期記憶としての情動記憶が示唆される。

また，これらの研究結果から，幸福という言葉で表される情動記憶その

ものが国によって異なる可能性も示唆される。3.2節でみた楠見（2012）の13カ国比較の研究では，リスクと幸福感に関するイメージが国によって異なることが確認された。また3.3節でみたUchida & Kitayama (2009) の幸福感に関する日米比較研究でも，アメリカ人の幸福感は全面的に肯定的なのに対し，日本人の幸福感には多少，否定的な要素が入ることが報告されている。これは，各国で「幸福」という同じ言葉を使っていても，それが指す情動記憶は異なる可能性を示唆する結果だと考えられる。3.3節で述べた通り，日本と米国では幸福を感じる体験自体に異なる部分がある。このように，各国で異なる体験を通して幸福という情動が学習される場合，その情動記憶の中身が異なっているにも関わらず，それを同じ「幸福」という言葉を使って表現しているに過ぎないという可能性も考えられる。今後，より多くの研究分野で文化と情動との関連を示すエビデンスが示され，文化長期記憶としての情動記憶の存在が明らかになっていくのではないだろうか。

4．まとめ

本章では，情動発現の神経回路モデルを概観し，それに基づき文化長期記憶として獲得される情動記憶について仮説的見解を述べ，それを裏づけると思われる文化と情動の関連を示す，近年の研究を概観した。その中で，各国において「幸福感」を感じる度合い，幸福の意味，イメージが異なること，また，幸福感を喚起する要因が異なることが確認された。すなわち，これは各国で幸福感と結びつく体験が異なるためだと考えられ，ひいては「幸福感」と呼ばれる情動自体も異なる可能性を示唆する。

> 演習問題

　2.2節を参照し，あなたが生まれ育った社会で共有されていると思われる情動（感情）について考えてみよう。

邦文引用文献

浅野良輔・五十嵐祐・塚本早織（2014）「日本版 HEMA 尺度の作成と検討―幸せへの動機づけとは―」『心理学研究』85(1)，69-79。

井田政則・法理樹里（2016）「欲求充足による well-being 測定の試み」『立正大学心理学研究年報』7，1-11。

エヴァンズ, D.（2012）『感情』（遠藤利彦訳）岩波書店。

大平英樹編（2010）『感情心理学・入門』有斐閣アルマ。

岡本仁（2007）『脳研究の最前線（上）脳の認知と進化』理科学研究所脳科学研究センター（編）　講談社ブルーバックス，p.92，図 2-13。

小野武年（2014）『情動と記憶：しくみとはたらき』中山書店。

北山忍（1997）「文化心理学とは何か」柏木惠子・北山忍・東洋（編）『文化心理学：理論と実証』2章，東京大学出版会。

木村昌紀・山本恭子（2016）「メール・コミュニケーションにおける顔文字や表情絵文字の交換過程が対人感情に及ぼす影響」『感情心理学研究』24(2)，51-60。

楠見孝（2012）「幸福感と意思決定：決定スタイルと自己制御モードの文化差」『心理学評論』55(1)，114-130。

熊野道子（2011）「日本人における幸せへの3志向性―快楽・意味・没頭志向性―」『心理学研究』81(6)，619-624。

国際連合開発計画（UNDP）（2010）『概要　人間開発報告書　国家の真の豊かさ―人間開発への道筋　2010』。

国際連合開発計画（UNDP）（2016）『概要　人間開発報告書　すべての人のための人間開発　2016』。

子安増生・楠見孝・Moises Kirk de Carvalho Filho・橋本京子・藤田和生・鈴木晶子・大山泰宏・Carl Becker・内田由紀子・David Dalsky・Ruprecht Mattig・櫻

井里穂・小島隆次（2012）「幸福感の国際比較研究：13 カ国のデータ」平成 19 年度文部科学省「グローバル COE プログラム」，研究拠点形成費補助金（京都大学機関番号 14301 拠点番号 D-07）『幸福感国際比較研究報告書』。

ダマシオ, A. R.（2013）『感じる脳　情動と感情の脳科学　よみがえるスピノザ』（田中三彦訳）ダイヤモンド社。

中沢一俊（2011）「記憶」甘利俊一（監修）・田中啓治（編）『認識と行動の脳科学』第 4 章（pp. 123-201）東京大学出版会。

二木宏明（1999）「情動のメカニズムの探求」『理研 BSI News』No.3．1999 年 3 月号。

ホール, E. T.（1983）『文化としての時間』（宇波彰訳）TBS ブリタニカ。

渡邊正孝（2011）「行動の認知科学」甘利俊一（監修）・田中啓治（編）『認識と行動の脳科学』第 5 章（pp. 203-263）東京大学出版会。

英文引用文献

Diener, E., Emmons, R. A., Larsen, R. J., & Griffin, S. (1985). The satisfaction with life scale. *Journal of Personality Assessment*, 49, 71-75.

Miyamoto, Y., Ma, X., & Petermann, G. A. (2014). Cultural differences in hedonic emotion regulation after a negative event. *Emotion*, 14(4), 804-815.

Uchida, Y. (2010). A holistic view of happiness: belief in the negative side of happiness is more prevalent in Japan than in the United States. *Psychologia*, 53, 236-245.

Uchida, Y., Kitayama, S., Mesquita, B., Reyes, J. A. S., & Morling, B. (2008). Is perceived emotional support beneficial? Well-being and health in independent and interdependent cultures. *Personality and Social Psychology Bulletin*, 34, 741-754.

Uchida, Y. & Kitayama, S. (2009). Happiness and unhappiness in east and west: Themes and variations. *Emotion*, 9, 441-456.

15 ｜ コミュニケーションの学び——まとめに代えて

大橋理枝

《目標&ポイント》 この章ではこれまでに扱ってきた内容を振り返ると共に，コミュニケーションに対して文化が影響を及ぼすという点について，更に現実的な観点から捉えてみる。また，コミュニケーションを学ぶということについて，能力と態度の二つの面から考えてみる。
《キーワード》 コミュニケーション，文化，能力，態度，脱中心化

1. これまでの振り返り

　第1章から第14章まで，様々なトピックを扱ってきた。内容が多岐に亘ったと感じられた向きもあろうかと思うので，ここで一旦これまでの内容を振り返っておく。

　第1章では，コミュニケーション学の立場からコミュニケーションを考える際に基本的な前提となる事柄を説明した。また，メッセージを表現する際に言語を使う場合と使わない場合があると共に，音声を使う場合と使わない場合があることをみた。更に，コミュニケーションが文化によって影響を受けるものであることを説明した。

　第2章から第4章までは，言語を使わないでメッセージを表現する非言語メッセージについて説明した。第2章では非言語コミュニケーション等分野の全体を紹介すると共に，顔の表情や化粧・服飾などについて扱った。第3章では身体動作，接触，周辺言語などについて扱い，第4章では時間と空間やにおいについて扱った。各章でそれぞれの非言語

メッセージが文化によってどのように異なるかについても説明した。

　第5章と第6章では言語を使ったメッセージについて概観した。第5章ではコミュニケーション学の立場から捉えた言語の本質について考えると共に，言葉の「意味」というものをどのように考えるかを説明した。更に，私たちが身の回りの世界を理解する上で言語がどのような影響を及ぼすかについて検討すると共に，言語コミュニケーションとの関係において「コンテキスト」という概念についてより詳しくみた。第6章では，私たちが会話を成り立たせている仕組みに関する理論の一つである「会話の原則」と共に，そこから派生する形で「挨拶言葉」について検討した。

　第7章と第8章では，「文化」というものについてより具体的に検討を加えた。第7章では，文化をより分かり易い形で概念化したモデルを示すと共に，私たちが内在化させている「見えない文化」が価値観として何を重視するかに影響を与えるという点に関する理論を紹介した。第8章では私たち自身の中にある異文化に対する視点を明らかにすると共に，日本社会の中にも様々な文化があることをみた。

　第9章から第11章までは，現在の日本の労働市場における文化的多様性について概観した。第9章では外国人労働者の来日に関する歴史的背景について検討し，第10章では留学生や外国人女性などを中心に現在の日本の労働市場を検討すると共に，外国人労働者が抱える問題についても整理した。第11章では，第9章や第10章で述べた外国人労働者が実際に身を置いている日本の企業の在り方について，「メンバーシップ制」という観点から述べた。

　第12章から第14章までは，これまでの章で漠然とそこに存在しているもののように捉えていた「文化」というものの本質を掘り下げた。文化とは所与のものとして社会の中に存在するのではなく，その実態は私

たちの脳の中で構築されるものである，という考え方がこの根底にある。第12章では文化がこれまでどのように定義されてきたかを検討した上で，文化スキーマ理論を用いて見えてくる文化の実態について説明した。第13章では文化を長期記憶として考える立場から，第12章で紹介した「文化スキーマ」の考え方を再考し，更に文化心理学で提唱されるモデルを概観した。第14章では，私たちの考え方や感じ方そのものが文化によって形作られているということを示す研究結果を紹介し，人間に普遍的であると考えられている情動の部分にまで文化が影響を与えていることを示した。

　ここまで振り返って改めて念頭に置いておきたいのは，コミュニケーションと文化がいかに切っても切れない関係であるかということである。私たちがメッセージを表現する方法は勿論文化の影響を受けているし，受け取ったメッセージを解釈する仕方にも文化の影響が及んでいる。更には，文化的背景が異なれば共有されているコンテキストも異なる――もっと正確にいえば，コンテキストが共有されていることを前提にできなくなる。私たちが身の回りの出来事を整理し理解する際に用いる言語にも勿論文化の影響は及ぶし，何を幸せだと感じるかにさえ文化が影響を及ぼすのだとしたら，私たちが生きて行く時に文化の影響を受けないものなどないだろう。これまでに何回も名前が出て来たE. T. Hallによる「文化はコミュニケーション，コミュニケーションは文化」という定義（Hall, 1959, p. 217；拙訳）も納得せざるを得ない。

　第1章でコミュニケーションのモデルを示したが，文化の影響を考えるとあのモデルは図15-1のように修正すべきかもしれない[1]。

1）　元は「異文化コミュニケーション・モデル」として提示されたものからヒントを得ている。

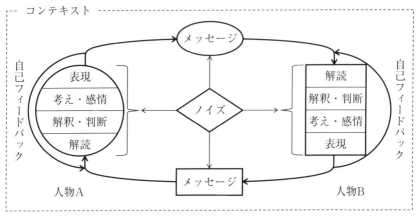

図 15-1　対人コミュニケーションのモデル（石井, 1997, p.9 を改変）

　第1章で示したモデルでは，人物Aも人物Bも円形で示していた。が，これまでにみてきた内容を踏まえ，修正モデルでは人物Bを人物Aとは異なる形状で表した。勿論，円形か四角形かということには全く意味はなく，両者の形が異なっているというところが重要である。また，第1章のモデルでは人物Aが表現したメッセージも人物Bが表現したメッセージも楕円形にしてあったが，今回は人物Bが表現したメッセージを長方形にした。これも両者の形状が異なるという点がポイントであって，形そのものに意味はない。更に，第1章で示したモデルでは実線で示していたコンテキストを，ここでは点線で示した。これは，人物Aと人物Bとの間でコンテキストが必ずしも共有されていない可能性があることを表そうとしたものである。コミュニケーションは文化に大きく影響を受けるが，文化が異なれば「当たり前」と考える事柄が異なるため，コンテキストが共有されているとは言い切れなくなる。
　このモデルでは，気持ちや考えの表現形と，その解釈とが必然的にズレる，という点について，十分に表現しきれていない。この点について

は，楕円形で表現されたメッセージが四角形の枠組みで解釈されたり，長方形で表現されたメッセージが円形の枠組みで解釈されたりするのだというところでその齟齬が表されていると理解して頂きたい。

2. 対人コミュニケーションに与える文化の影響

　私たちが日常的に行っているコミュニケーションに対して文化が影響を及ぼすというのはどういうことなのか，具体的に検討してみよう。

　例えば，私たちが人と知り合ってから人間関係を深めていく際に経る過程について考えてみよう。宮原（2006）は「人間関係発展のコミュニケーション」として（1）出会いの段階，（2）探り合いの段階，（3）関係強化の段階，（4）統合の段階，（5）結束の段階，の五つの段階を提示している。「出会いの段階」で行う「表面的で，当たり障りのない，社交辞令的な内容にとどまり，自分と相手に直接関係のない話題」のことを「スモール・トーク」と呼ぶ（宮原，2006, p.152）が，古家（2013）はこのスモール・トークには「個人差や文化差がある」（p.64）ことを指摘しており，「スモールトークに費やす時間にも文化差があるといわれ，アラブ諸国やラテン系諸国では，本題に入る前の話が長くなる傾向にある」（p.64）と述べている。このことは即ち，こちらが本題に入りたいと思ってからも相手はこの場に直接関係のない当たり障りのない話をし続けるかもしれないということである。それを聞きながらこちらは苛々してきてしまうかもしれない。

　また，他人と親しくなる過程で自分のことを語る場面というのは必ず存在するといえるが，どの程度親しい相手に対してどの程度個人的な話をするのかという点においても文化差があるといわれている。日本では相当親しい相手に対してでなければしないような話であっても，別の文化背景をもっている人はかなり早い段階ですることがある（全，2010

など)。更には,第6章で考えた,何が「挨拶」で何が「質問」になるのかという点についても思い起こして頂きたい。筆者はとある外国で会った人に,ほぼ初対面に近いような状況で「何故結婚していないのですか?」と聞かれたことがある。これは「挨拶」なのか,「プライバシーの侵害」なのか,それとも対人関係構築において極端に速いペースの自己開示(「特定の他者に対して,自分自身に関する情報を言語を媒介にして伝達する行為」;高田,2004, p.21)を求められているのだろうか?

更に,自分自身をどう捉えているかという点にも文化による違いがあるといわれている。Markus & Kitayama (1991) は,人が自分を捉える際に2通りの考え方があると述べた。一つの考え方は,自分は確たる核をもった自立した人間であるという考え方であり,もう一つの考え方は,自分は周りの人との関係性の中で存在する者であるという考え方であ

表15-1 相互独立的自己観と相互協調的自己観の主な相違点(高田,2004, p.137)

	相互独立的自己観	相互協調的自己観
定義	社会的文脈から独立	社会的文脈と結合
構造	境界が明確 単一で,安定	柔軟,可変的
重要な特性	内部にあり, 私的(能力,思考,感覚)	外部にあり, 公的(地位,役割,関係)
課題	ユニークであること 自己を表現すること 内的特性をはっきり認識すること 自分の目標を追求すること 直接的であること: 　自分の考えを表現する	仲間に協調的であること 自分にふさわしい立場をとること 適切に振る舞うこと 他者の目標を援助すること 間接的であること: 　他者の心を読む
他者の役割	自己評価: 　社会的比較や反映的自己評価のために他者は重要	自己定義: 　特定な状況での他者との関係が自己を定義する
自尊心の基盤	自己を表現し, 内的特性を認識する能力	協調し,自分を抑え, 社会的文脈と和を保つ能力

る。前者のことを「相互独立的自己観」，後者のことを「相互協調的自己観」と呼ぶが，高田（2004）は双方の違いを表15−1のように整理している。長谷川（2013）はこのような自己観の違いがある人たち同士のすれ違いの会話の例として，相互独立的自己観をもつ夫が「君の本当にしたいことは何なんだ？　妻とか母とかの君じゃなくて，君自身がしたいことを言ってくれ！」と言うのに対し，相互協調的自己観をもつ妻が「妻として，母としての私が私なのに，どうしてわかってくれないの！　妻や母じゃない私は，私じゃないのに！」と怒る，というやり取りを挙げている（pp. 41-42）。自分自身をどのように捉えるかという点に関する文化による違いは，このような形で対人コミュニケーションにも影響を及ぼす可能性があるのだ。

　文化がコミュニケーションに影響を及ぼすことについて，もっと具体的な例を一つ考えてみよう。ある日，文化的背景が様々な人たちを集めて一緒に仕事をすることになり，あなたがそのリーダーを任されたと想像してほしい。その初日，どのようなことが起こり得るだろうか。

　あなたは最初に仕事の説明をするが，リーダーである自分が話している時にはみんな神妙に頷きながら聞いてくれることを当然のこととして期待する。もしかしたら若干質問は出るかもしれないが，一通り説明が終わってから挙手をさせて一つずつさばいていけば良いだろうと考える。ところが，ある人はあなたを睨みつけながら聞いているし，別の人は頭（かぶり）を振ってばかりいるし，質問を許してもいないうちに説明の途中で割り込んで質問してくる人もいる。いざ仕事を始めるために着替えるよう指示すると，「男性用」「女性用」という表示のある更衣室では着替えにくいので別室の用意をしてほしいと要望する人がいる。今はこの二つしかないのでどうしようもないが後日対応すると言って作業に取り掛かると，始業時間の1時間後に出勤してきて平気な顔をしている人に出食

わし，何故遅刻したのかを問い質すと遅れた理由の説明ばかりして謝りもしない。会議の時間になり，部下を一人連れて出席すると，予め打ち合わせをしてあったはずなのに，いきなり部下が会議の場であなたの提案に対して対案を出して来る。勿論，上司からはもっと内輪で練ってから提案を出し直すように呆れ顔で言われる。会議室を出てから何で会議の場で対案など出したのかと叱ったら，会議というのはより良い成果を生み出すために話し合う場であるはずで，そもそも会議以外の場で何か決めておくこと自体がおかしいと主張するのみならず，「それに，自分が出した案はあの場で説明しているのを聞いていてひらめいたんです。もっとチャレンジングな方法の方が楽しいと思うし，みんなやる気が出ると思います。」と悪びれもせずに言う。作業場に戻ってみると，指示したのとは違うやり方をしている人がいるので，「それはちょっと……。」と言うと，「『ちょっと』というのは何が少しなのですか？　分かりません。」と言われる。予定していた作業が終わらないので「今日はもう少し残ってくれないかなあ。」と言うと，「勤務時間は5時半までです。もう5時半なので帰ります。」と言われてしまう。それでも残ってくれた人と一緒に作業を終え，やれやれと思って「お疲れ様！　飲みに行こう。」と言うと，「今日は疲れたので帰ります。」と言われる。仕方なく一人で家に帰りがてら，コンビニで弁当を買うと，さっきまで一緒に作業をしていた人が家族と一緒に来ているのに会う。「単身赴任なんで，夕飯はコンビニ弁当なんだよ。」と言うと目を丸くされ，「奥様と一緒に生活されていないのですか？　ご家庭は大丈夫なんですか？」と聞かれて答えようがない。……果たして翌朝，あなたはこの職場に戻れるだろうか？

　これは極端な例として笑って頂いて構わない。が，同時に思い起こして頂きたいのは，これが絵空事では終わらない可能性も否定できないということである。そう，これからの日本の労働市場の実情を考えれば，

あなたは明日にはこのような職場に行かなくてはならないかもしれないのだ。

　かつては，自分が馴染んでいるやり方や自分が当たり前だと思っている考え方が周りと違っていて悩むのは，自分自身が異文化の中にいる時の話だった。つまり，ある社会の中でマイノリティの立場にいる人が周りのマジョリティに「合わせる」よう求められることが，これまでは圧倒的に多かった。今でもその傾向がかなり強いということは，第8章で述べられている通りである。その一方で，日本の中でマジョリティとして生活している人たちが，マイノリティの人たちに対して，自分たちに合わせることを要求できる時代は終わり始めていると言っていい。仮にある社会の中のある場面でマジョリティ側であっても，自分たちの「当たり前」を問い直し，自分たちにとって「普通」のやり方が決して「普通」なのではなく「様々なやり方のうちの一つ」であることを認識することが必要なのである。

　そして，もう一つ認識する必要があるのは，「マイノリティとマジョリティという概念を考えるときに，特に関わってくるのが権力である」（河合，2010）という点である。

> 日本語の一般的な用法では，マイノリティは，単に「少数者」という意味だけでなく，「差別されている側」そして「弱者」を広く含めた概念である。マイノリティという概念には，権力関係で劣勢に置かれている，という意味が含まれる。逆にマジョリティとは権力関係で優勢な立場にあり，「差別する側」そして「強者」という存在ということができる。
>
> 　　　　　　　　　　　　　　　　　　　　　　（河合，2010，p. 162）

マジョリティ側は，そのマジョリティ性をもっているだけで，マイノリティ側を抑圧してしまう立場に立ってしまう。これは個人がそうしたいかどうかということとは関係ない。マジョリティであるという立場自体が特権性をもってしまうのである。

そして，マジョリティである側は自分たちが特権的な立場にあることに気付きにくい（河合，2010）。例えば，自分が何か発言した時に，それを自分が属している集団全体を代表した発言だと解釈されずに済むということや，自分が遅刻した時に，それを個人の問題である（自分の所属集団の悪性ではなく）と思ってもらえるというのは，マジョリティがもっている特権の中の一つ（McIntosh, 1988）なのだが，マジョリティ側の人は多くの場合そのことに気付かない。このことに対して，私たちはもっと自覚的になる必要がある。

3. 痛みへの覚悟

第9章・第10章では留学生や外国人労働者の最近の動向を確認したが，平成27年の国勢調査の結果によると，日本の総人口の98.6％は日本人（1億2428万人），これに対し外国人人口は1.4％（175万2368人）である。外国人人口については，「平成22年から6.3％増，年平均1.24％増」だという（総務省，2016）。但し「文化的背景を異にする他者」は外国人とは限らない。第8章でみた通り，日本国内には様々な立場からマイノリティとなっている人たちがマジョリティである人々と共に生活している。日本は決して「単一民族」や「同一文化」の国ではない。様々な価値観をもった様々な文化背景の人々が共に生きる社会なのである。

福島（2015）は「『共に生きる』空間は，常に調和的，協働的，平和的なものであるとは限らない」（p.23）とし，「むしろ，人と人との関係の創造を考える時，『わたし』と『他者』の間で摩擦が生じることを前

提としたほうがいい」（p. 23）という。

> 「わたし」には譲れない何かがあり，当然「他者」，つまり彼岸にいる「わたし」にも譲れないものがあるのだ。共生社会の創出は，これら個々の「わたし」が自分自身を部分的に放棄することにより，新しい「わたしたち」を作り上げる行為であり，本来，痛みを伴うものである。　　　　　　　　　　　　　　　　　　　（p. 23）

そして，「この『他者』が，近隣者，同僚といった共同生活をする相手となった場合，違和感が不快感に変わることもある」（p. 23）と指摘する。先に挙げた「明日の職場」の状況は，正にこのような状況ではなかったか。おまけに，相手に対して戸惑い，苛々し，腹立たしく思う「不快感」は，他者とコミュニケーションを重ねることによってより鮮明化されてくることもあるだろう。何故なら，私たちはコミュニケーションを重ねることにより，自分と相手との共通点に気付き易くなると共に，違いにも気付いていくからである（もっとも，共通点と相違点のどちらに先に気付くかは状況次第であろうが）。コミュニケーションは必ずしも合意を生み出すわけではない（船津，2006）。お互いの共通点と相違点とに気付くことができ，その上でどうするかを考えていくことができるのが，コミュニケーションなのである。

　自分と相手との間に相違点を感じた場合，私たちは何らかの形でそれを「解消」したくなる。しかし，この動きは必ずしも望ましいものではない可能性があると福島（2015）はいう。

> ただ，私たちは，この不快感を「良くないもの」としてその存在を否定したり，避けたりしてはいけない。なぜなら，違和感のない関

係形成は，一方の相手にのみアイデンティティの譲渡を強制している可能性があるからだ。よって,「他者」と共に生きる社会において,「わたしたち」が，それぞれ自分自身として参加するためには，この痛みを管理し，新たな「わたしたち」という関係性から「わたし」を見出す能力・技術が必要となる。このためには,「わたし」「わたしたち」を形作る「ことば・文化・アイデンティティ」の形態と，その動態性を明示的に認識，管理し，異なる言語・文化の人々と，共同社会が作れるようになるための教育が必要となる[2]。

(p. 24)

カルトン（2015）が「他の文化に属する人と接するだけで，開かれた態度や寛容性を育むことはできない」（p. 11）と指摘している通り，文化的に異なる他者と単に一緒に居るだけでは共に生きる社会の構築は難しい。文化的に異なる他者と共に生きるために必要な考え方などを，かなりはっきりとした目的をもって，意識的に学ぶ必要があるといえる。

では，何を学ぶのか。

4．学びとしてのコミュニケーション

ヨーロッパでは欧州評議会に加盟する国が各国の言語教育政策を策定する際の基本的な共通理念として『外国語の学習，教授，評価のためのヨーロッパ共通参照枠』が 2001 年に策定されたが，その中で一個人が複数の言語を（部分的にでも）操る能力を身につけることが望ましいとされる「複言語主義」という概念が提唱された。福島（2015）はこの「複言語主義」が「能力としての複言語主義」と「価値としての複言語主義」とに分けられており，双方の意味において理解されなければならないという点に注目すべきであるとする。ここでも福島の論に倣って「能力」

---

[2] 福島（2015）のこの引用は「異文化間教育」を念頭に置いて書かれたものだが，文化的に異なる他者と共に生きて行くためにはそのための教育が必要であるという点では同じ観点に立っていると考える。

と「価値」とを区別し，更に「価値」をより分かり易く「態度」と考えて検討したい。

4.1 能力として学ぶコミュニケーション

　コミュニケーションを能力として捉えた場合に学びたいことは，「自分とは異なる存在である他者に向けて，いかにして自分の考えや気持ちを表現し，その他者が表現した考えや気持ちを自分が解釈する際に，いかにして他者の考えや気持ちに近づけるか」ということだろう。第 2 章から第 4 章で取り上げた非言語メッセージの種類や文化ごとによる違い，第 5 章で言及した言語メッセージの作り方の文化による違い，第 7 章で扱った文化による価値観の違いなどは，自分の気持ちや考えの表現を工夫する時や，他者の表現を解釈する時の手がかりとなるだろう。コミュニケーションの際の文化による表現形の違いを知れば，先に挙げた「明日の職場」に出てきた，話を聞きながらあなたを睨みつけていた人も，頭を振ってばかりいた人も，説明の途中で割り込んで質問してきた人も，みんな真剣にあなたの話を聞こうとしていたが故にそれぞれの表現をしていたのだということが分かるだろう。何故始業時間の 1 時間後に来ても謝らないのか，何故会議の場で対案を出してきたのか，何故残業してくれなかったのかも理解できれば，明日この職場に行くのが嫌でなくなるだろう。そもそも，分からなければ当人にどうしてそのような言動をしたのかを聞いてみれば良いのだ。あなたにとって当たり前であることは相手にとっては必ずしも当たり前ではないのだから，分からなくて当然なのだという発想自体が必要である。

　しかしながら，他者が表現したメッセージに対して，その表現の意図やそこに込められている気持ちを訊ねることに躊躇を感じることもあるだろう。相手に問うこと自体が相手の非を咎めているように感じられて

しまわないか（こちらにはその意図はなくてもそのように受け取られてしまう可能性は常に存在する）を懸念する気持ち。そもそも，自分には理解できないということを他人に対して表明すること自体に対して感じる抵抗。そして，コミュニケーションそのものに対する質疑応答にばかりかまけてしまって肝心の目的が達成できなくなる可能性。いずれも，相手に対する配慮を細やかに考えればこその懸念であろう。しかしながら，分からないものを「きっとこうだろう」と推測しながら進めていくことの危険性にも気付く必要がある。「きっとこうだろう」という推測はあくまで自分の見方に基づいた推測でしかあり得ない。自分とは異なる他者に関してそれがあてはまるとは限らないのだ。

　コミュニケーションが滞りなく進んでいるということは，相手の表現形とこちらの解釈との間に，問題が起こるような離齬は生じていないという証左でもある。一方，コミュニケーションがうまくいかない時は，相手の表現と自分の解釈との間に何かしら離齬があるに違いないのだ。それは即ち，自分の見方に基づいて相手の意図を推測することの限界を示していることでもある。そうなったらどこで離齬が生じたのかを確認するのが一番効果的であろう。コミュニケーションがうまくいかない時にこそ，相手に聞いてみるという発想をもちたい。そして，聞かれた側としても，それは咎められているのではなく，問題解決のための踏み出しなのだと捉える度量が欲しい。しかし，このような発想は自然には出てこないだろう。このような発想ができるようになるためには，そのように発想することを意識的に学ぶ必要があるし，そのために効果的な問い方や答え方を学ぶ必要があるだろう。

　ここで昨今流行の「コミュニケーション能力」という概念について触れておきたい。日本経済団体連合会（2014）によれば「採用選考時に重視する要素は10年連続で『コミュニケーション能力』が第1位」だと

いうが，実はこの概念についてはコミュニケーション学の分野における定義と外国語教育の分野における定義とが一致していない。

　先にコミュニケーション学の分野で出されている定義をみておこう。鈴木（2013）はコミュニケーション能力を「一定の状況下で必要な言語・非言語メッセージのやりとりを行う能力，あるいはそのメッセージ行動の質についての評価を指す」（pp. 6-7）と定義した上で，評価要素として「そのコミュニケーション行動が与えられた状況にふさわしいとみなされる程度」である「適切さ」と「そのコミュニケーション行動を通して望ましい結果が得られる程度」である「効果」とを挙げ，「コミュニケーションの場面でこの2つの要素が同時に満たされる行動が，一般的にはコミュニケーション能力が高い行動と考えられる」（p. 7）とする。もっと簡単な定義としては，「自分の気持ちを相手に効率よく，かつ明確に伝えたり，相手の意思を正確に読み取ったりする力のこと」（前田，2006, p. 79）や「その場にふさわしい対応によってコミュニケーターが目的を果たしうる程度」（池田，2006, p. 245）などがある。

　一方，外国語教育の分野では，コミュニケーション能力は下記の4能力から定義される。

1. 文法能力：言語体系を習得し，それによって言語を運用する能力
2. 社会言語能力：言語が利用される社会的文脈を理解し，適切に言語を使用する能力
3. 談話能力：意味のある全体を組み立て，与えられた文脈に関連のある一貫したテクスト（話題）を形成するために，一連の文や発話を解釈したり，創造したりする能力
4. 方略的能力：対処能力であり，切り抜ける方策，自分の知識の

> 限界に対処すること，言い換え，繰り返し，躊躇，忌避，推測，明確化等のストラテジー（方略）がうまく使える能力
>
> （神保，2003，p. 88）

　コミュニケーションを能力として学ぶ際には，勿論言語コミュニケーションのみならず非言語コミュニケーションも考えなくてはならない。その意味では，外国語教育の分野の定義だけでは狭いといわざるを得ないだろう。しかしながら，外国語教育の分野の定義の内容を非言語メッセージにも応用した上で，コミュニケーション学の分野の定義の中に外国語教育の分野の定義も採り込みたい。特に「方略的能力」に関しては，自分と他者とが「当たり前」を共有していないことを前提にした上で，相手に対して積極的に質問できることまでを含めて「コミュニケーション能力」とすることは，学びとしてのコミュニケーションを考える際には重要なポイントとなり得るだろう。

4.2　態度として学ぶコミュニケーション

　コミュニケーションを態度として捉えた場合に学びたいことは，自分とは異なる他者とコミュニケーションを行う際に，どのように他者と向き合い，どのように他者と接すれば良いのかということになる。これは先に述べた「能力」とは異なり，具体的な事象として習得することはできないものであろう。むしろ，私たちの心構えとして，常に念頭に置いておくべき事柄であると捉えたい。その際には，自分と他者は異なることを「当たり前」と考えている存在であるということを明確に意識した心構えが必要となるだろう。先にも述べたが，自分と相手とは人間同士なのだから基本的に同じだと考えるのは却って危険である。そのように考えてしまうと，コミュニケーションを成り立たせるために認識するこ

とが不可欠な違いが，見えなくなってしまう恐れがあるからである。

　カルトン（2015）は「別の見方や別の考え方，別のやり方を気づかせるプロセス」（p. 12）として「脱中心化」を紹介している。

- 物事を判断するための規準を客体化し，距離を置く（とはいえ，それを拒絶するわけではない）。自己の視点を相対化し，さらに他者のアイデンティティに意識を向ける。つまり異なる見方も存在することを受け入れる。
- 他者も，自分とは異なる，それぞれ固有の規範を持つ個人であることを理解する。さらにその違いを認め，他者の立場になって考えたり，他者の見方のなかに自己を投影させたりすることで，その差異を理解しようとする。
- 偏見を克服し，他者の現実や自分に対する見方を理解し，行動をともにする。

（pp. 12-13）

上記の中で特に重要なのは「他者も，自分とは異なる，それぞれ固有の規範を持つ個人であることを理解する」という点である。福島（2015）が指摘した通り，お互いに「譲れないもの」をもった個人同士として他者と向き合っていくのは，決して容易なことではない。それでも，この「脱中心化」を行うことにより，「他者の文化はもはや脅威ではなく，自らを豊かにする資源となる」（カルトン，2015，p. 13）という。他者の文化を脅威と捉えるのではなく資源として捉えることがこれからの日本にとって必須であることは，第8章から第10章まででみたとおりである。

　これからの世界を生きて行くためには，私たち一人一人が「脱中心化」

を行わなくてはならない。しかし,「他者と接することに対するニーズは自然には生まれない」(カルトン, 2015, p.12)し,「見知らぬ人やよその人, なじみのない人, 他者を警戒するのは自然なこと」(カルトン, 2015, p.12)である。したがって脱中心化を行うには「自発性や努力が必要となる」(カルトン, 2015, p.12)のである。つまり,「脱中心化」は決して自然にできることではなく, 痛みを伴うことを覚悟しながら意識的に行わなくてはいけないのである。そのためには, まず自分たち自身について客観的な見方ができなくてはならない。即ち, 自分たちはコミュニケーションをする時に, 何を当たり前であると思い込み, 何を前提にしており, 何を良いものであると考え, 何をやってはいけないことだと考えているかについて, 自覚的になる必要がある。コミュニケーション学はそのための視点を提供する「学びの枠組み」なのである。

コミュニケーションは決して能力の問題だけではない。自分とは異なる存在である他者と, 気持ちや考えをやり取りし続けていくにはどうしたら良いか, そのために必要な態度を身につけるためにも, コミュニケーションを学ぶことは不可欠である。常に変動し続ける世界の中で, 決して固定化することのない相手との関係性において, 毎回のコミュニケーションが決して二度と繰り返すことができないものであるが故に, コミュニケーションの学びに終わりはないのである。

演習問題

「脱中心化」を行う際にどのようなことに気を付ければ良いと思うか, 具体的に挙げてみよう。

引用文献

池田理知子（2006）「グローバル化と日本社会」池田理知子（編）『現代コミュニケーション学』第13章（pp. 241-259）有斐閣.

石井敏（1997）「異文化コミュニケーション」石井敏・久米昭元・遠山淳・平井一弘・松本茂・御堂岡潔（編）『異文化コミュニケーション・ハンドブック：基礎知識から応用・実践まで』第Ⅰ部第2章（pp. 7-11）有斐閣.

カルトン, F.（2015）「異文化間教育とは何か」（堀晋也訳）西山教行・細川英雄・大木充（編）『異文化間教育とは何か：グローバル人材育成のために』第1章（pp. 9-22）くろしお出版.

河合優子（2010）「マイノリティとマジョリティ」池田理知子（編著）『よくわかる異文化コミュニケーション』Ⅸ-4（pp. 162-163）ミネルヴァ書房.

神保尚武（2003）「コミュニケーション能力」小池生夫（編集主幹）『応用言語学事典』（p. 88）研究社.

鈴木志のぶ（2013）「コミュニケーション能力」石井敏・久米昭元（編集代表）『異文化コミュニケーション事典』（pp. 6-7）春風社.

全鍾美（2010）「初対面の相手に対する自己開示の日韓対象研究：内容の分類からみる自己開示の特徴」『社会言語科学』13(1), 123-135.

総務省（2016年10月26日）「平成27年国勢調査人口等基本集計結果要約」
　http://www.stat.go.jp/data/kokusei/2015/kekka/kihon1/pdf/youyaku.pdf
　（2018年2月23日参照）.

高田利武（2004）『「日本人らしさ」の発達社会心理学：自己・社会的比較・文化』ナカニシヤ出版.

日本経済団体連合会（2014.1.9）「新卒採用（2013年4月入社対象）に関するアンケート調査結果の概要」
　https://www.keidanren.or.jp/policy/2014/001.html　（2018年2月25日参照）.

長谷川典子（2013）「自己とアイデンティティ」石井敏・久米昭元・長谷川典子・桜木俊行・石黒武人『はじめて学ぶ異文化コミュニケーション：多文化共生と平和構築に向けて』第2章（pp. 37-58）有斐閣.

福島青史（2015）「『共に生きる』社会形成とその教育：欧州評議会の活動を例として」西山教行・細川英雄・大木充（編）『異文化間教育とは何か：グローバル人

材育成のために』第2章(pp. 23-41)くろしお出版。
船津衛(2006)『コミュニケーションと社会心理』北樹出版。
古家聡(2013)「スモールトーク」石井敏・久米昭元(編集代表)『異文化コミュニケーション事典』(p. 64)春風社。
前田尚子(2006)「アイデンティティの問い」池田理知子(編)『現代コミュニケーション学』第4章(pp. 75-90)有斐閣。
宮原哲(2006)『入門 コミュニケーション論 新版』松柏社。
Hall, E. T. (1959). *The Silent Language*. New York: Doubleday.
Markus, H. R. & Kitayama, S. (1991). Culture and the self: Implications for cognition, emotion, and motivation. *Psychological Review, 98* (2), 224-253.
McIntosh, P. (1988). "White Privilege and Male Privilege: A Personal Account of Coming to See Correspondences through Work in Women's Studies". Working Paper 189, Wellesley Centers for Women, Wellesley, MA.
https://www.wcwonline.org/images/pdf/White_Privilege_and_Male_Privilege_Personal_Account-Peggy_McIntosh.pdf (2018.6.29参照)

索 引

●配列は五十音順，＊は人名を示す。

●あ 行
挨拶言葉　109
アイデンティティ　134
暗示的意味　86
一次ジェスチャー　53, 54
異文化コミュニケーション　197
意味記憶　216
移民システム論　154
印象操作　39, 41
インフォーマルタイム　73
永住者　160
エクマン＊　35
エクマンとフリーセン＊　36
エピソード記憶　216
Mタイム　75
エンブレム　54
オールドカマー　156

●か 行
外延的意味　86
解釈・判断　22
解読　22
海馬　219
海馬体　216
会話の原則　99
学習性　84
価値観　115
価値志向　76, 115
カテゴリー化　135
感覚記憶　215
関係の公理　100
感情　210
記憶　203
技能実習　161

技能実習生　176
基本情動　236
共生　134
協調の原則　99
偶発ジェスチャー　53
グローバル・ケア・チェーン　176
言語音声メッセージ　19
言語決定論　92
言語スキーマ　206
言語相対論　92
言語非音声メッセージ　19
権力　263
権力格差　122
高コンテキストコミュニケーション　96, 192
高コンテキスト文化　96
高度外国人材　167
高度専門職　169
幸福感　242
幸福度　242
公理への意図的な違反　105
個人主義　124
個人内コミュニケーション　23
ゴフマン＊　38
コンテキスト　18
コンドン＊　32

●さ 行
在留資格　160
恣意性　83
ジェンダー　147, 209
自己開示　260
自己スキーマ　205
自己フィードバック　22

事実・概念スキーマ　205
姿勢反響　51
質の公理　100
失敗したコミュニケーション　16
シナプス　218
シナプスの長期増強　218
社会的情動　237
習慣の記憶　217
集団主義　124
周辺言語　60
出移民　154
出入国管理及び難民認定法　156
循環移民　155
障害　142
状況スキーマ　205
少数派　134
象徴性　15
情動　210, 236
情動記憶　239
情動スキーマ　205
情動発現の神経回路モデル　239
女性らしさ　125
シンクロニー（同調動作）　52
神経・文化相互作用モデル　215
神経回路　202
スキーマ　197
ステレオタイプ　134
スモール・トーク　259
成功したコミュニケーション　16
生産性　84
セクシュアリティ　147
接近性　50
接触型　58
宣言的記憶　216

先行性　18
相互協調的自己観　261
相互独立的自己観　261
相対的・社会的美　34

●た　行
対人コミュニケーション　23
態度　270
大脳皮質　239
大脳皮質連合野　239
大脳辺縁系　239
多数派　134
脱中心化　271
多様性　145
短期記憶　215
短期志向　128
男性らしさ　125
知覚の記憶　217
超越性　83
長期記憶　212
長期志向　128
調和・不適合　50
陳述記憶　216
低コンテキストコミュニケーション　96
低コンテキスト文化　96
定住者　160
テクニカルタイム　73
手続き記憶　216
手続きスキーマ　205
テリトリー（縄張り）　68
特別永住者　158
トランスナショナリズム　156
ドリアン・グレイ効果　33
トレーガー＊　30

●な　行

内包的意味　86
内容面と関係面　15
名づけの機能　88
二次ジェスチャー　53
日本的経営　183
入移民　154
ニューカマー　156
入管法　156
人間的感情　238
ノイズ　22
脳の可塑性　229
脳の神経回路　199
能力　267

●は　行

パーソナルスペース　66
バードウィステル*　30
ハーロー*　56
バーンランド*　58, 59
バトン信号　55
Pタイム　75, 76
比較文化心理学　200
非言語音声メッセージ　19
非言語スキーマ　206
非言語非音声メッセージ　19
非接触型　58
非宣言的記憶　216
非陳述記憶　216
人スキーマ　205
表現形　14
表出ルール　35
フォーマルタイム　73

不可逆性　17
不確実性の回避　127
不可避性　16
普通　148
プッシュ＝プル理論　154
プルースト効果　78
文化　24, 197
文化心理学　199
文化人類学　199
文化人類学者　199
文化スキーマ　204
文化スキーマ理論　204
文化長期記憶　236
文化長期記憶理論　219
文化的伝承性　84
文化の次元　115
扁桃体　240
包括的・非包括的　50
放縦　129
方略スキーマ　205
ホール*　30, 52, 65, 72, 75
ポリクロニックタイム（Pタイム）　75

●ま　行

マイノリティ　263
マジョリティ　263
見えない文化　115
見える文化　115
ミラー現象　51
無意図的コミュニケーション　16
向き合い・並行　50
明示的意味　86
メラビアン*　50
メンバーシップ制　183

モノクロニックタイム（Mタイム）　75
モリス＊　51, 53, 55, 58

●や・ら・わ行
役割スキーマ　205
様態の公理　100
抑制　129

留学　161
留学生30万人計画　158
量の公理　100
例示的動作　55
歴史構造論　154
連鎖移民　155

分担執筆者紹介

(執筆の章順)

桝本　智子 (ますもと・ともこ)

・執筆章→ 2・3・4

兵庫県生まれ
1988 年　同志社大学文学部英文学科卒業
1993 年　モントレー国際大学院国際政治学科修士課程修了（MA in International Policy Studies）
2000 年　ニューメキシコ大学コミュニケーション&ジャーナリズム学部博士課程修了（Ph.D. in Communication）
現在　　関西大学外国語学部教授
専攻　　異文化間コミュニケーション
主な論文・著書

『対人関係構築のためのコミュニケーション入門』（共著，ひつじ書房，2006 年）

With Respect to the Japanese（共著，Intercultural Press，2011 年）

Perceptions of the Salience of Intercultural Communication in the Contexts of Public health and Medical Practice『神田外語大学紀要』25 号，49-78（2013 年）

Challenging America's Collective Memory of the Bombing of Hiroshima: An Analysis of U.S. University Students' Reactions to the Anime Version of Barefoot Gen. *Journal of Intercultural Communication, 20*，147-166（2017 年）

花光　里香 (はなみつ・りか)

・執筆章→ 7・8

東京生まれ
2002 年　早稲田大学大学院教育学研究科より博士号（学術）取得
現在　　早稲田大学社会科学総合学術院教授
専攻　　異文化コミュニケーション
主な論文・著書

「アレン・セイの『旅』I：ステレオタイプとアイデンティティ」『早稲田社会科学総合研究』第15巻第2号，87-112（2014年）

「アレン・セイの『旅』II：家族とアイデンティティ」『早稲田社会科学総合研究』第16巻第1号，153-177（2015年）Global Exposure and Global Perceptions: A Cross-cultural Comparison of Students in China, Japan, Mexico, Saudi Arabia, South Korea, and the USA. *Intercultural Communication Studies, 24*(3), 1-27（共著，2015年）

「多文化共生への祈りと再生」『祈りと再生のコスモロジー』pp. 837-861（成文堂，2016年）

Complicated Identities: A Consideration of Allen Say's Picture Books. *Children's Literature in a Multiliterate World*, pp. 45-58.（共著，Trentham Books，2018年）

佐々木 由美 (ささき・ゆみ)

・執筆章→ 12・13・14

静岡県生まれ
2003年　お茶の水女子大学大学院人間文化研究科より人文科学博士号取得（Communication Studies）
現在　慶應義塾大学経済学部教授
専攻　異文化間コミュニケーション
主な論文・著書

『異文化間コミュニケーションにおける相互作用管理方略―文化スキーマ分析的アプローチ―』（風間書房，2006年）
『米国・中国進出日系企業における異文化間コミュニケーション摩擦』（共著，風間書房，2007年）
『グローバル社会における異文化間コミュニケーション』（共著，風間書房，2008年）
『ブラジル人生徒と日本人教員の異文化間コミュニケーション』（共著，風間書房，2011年）
『中国，ベトナム進出日系企業における異文化間コミュニケーション考察』（共著，風間書房，2016年）
「文化は脳にあり―『文化スキーマ理論』文化定義の再考を中心に」『国際行動学研究』第11巻，59-81（国際行動学会，2016年）
「日本人大学生のコミュニケーション不安：自己観と海外経験との関連についての考察」『国際行動学研究』第13巻，61-88（国際行動学会，2018年）

編著者紹介

大橋　理枝（おおはし・りえ）

・執筆章→ 1・5・6・15

京都生まれ，東京育ち
2000 年　ミシガン州立大学コミュニケーション学科博士課程修了
　　　　（Ph.D. in Communication）
2001 年　東京大学大学院総合文化研究科言語情報科学専攻博士課程
　　　　単位取得満期退学，助教授として放送大学勤務
現在　　放送大学教授
専攻　　異文化間コミュニケーション
主な論文・著書
　　『英語で描いた日本』（共著，放送大学教育振興会，2015 年）
　　『音を追究する』（共著，放送大学教育振興会，2016 年）
　　『色と形を探究する』（共著，放送大学教育振興会，2017 年）
　　『異言語との出会い―言語を通して自他を知る―』（共著，放送大学教育振興会，2017 年）
　　『英語事始め』（共著，放送大学教育振興会，2017 年）
　　『耳から学ぶ英語』（共著，放送大学教育振興会，2018 年）
　　「小学校・中学校の国語科指導要領にみる学びの型：平成 20 年版と平成 29 年版の項目対応を踏まえて」『放送大学研究年報』第 36 号，113-126（2018）

根橋 玲子（ねばし・れいこ）

埼玉県生まれ
1990 年 早稲田大学教育学部英語英文学科卒業
1994 年 ミシガン州立大学大学院英語教育学研究科修士課程修了（英語教育学修士号取得）
1999 年 ミシガン州立大学大学院コミュニケーション学研究科博士課程修了（Ph.D. in Communication）
現在 明治大学情報コミュニケーション学部教授，放送大学客員教授
専攻 コミュニケーション学（異文化間・対人コミュニケーション）
主な論文・著書
『コミュニケーション・スタディーズ入門』（共著，大修館書店，2011 年）
「ブラジル人学校を支えるもの：ブラジル人学校へ子供たちを通わせる保護者への質問票とブラジル人学校で教える教員の語りを通して」『情報コミュニケーション学研究』第 14 号，1-16（2014 年）
Relationships and Communication in East Asian Cultures : China, Japan, and South Korea（共著，Kendall Hunt, 2016 年）

放送大学教材　1740113-1-1911（ラジオ）

コミュニケーション学入門

発　行　　2019 年 3 月 20 日　第 1 刷
　　　　　2022 年 7 月 20 日　第 3 刷
編著者　　大橋理枝・根橋玲子
発行所　　一般財団法人　放送大学教育振興会
　　　　　〒105-0001　東京都港区虎ノ門 1-14-1　郵政福祉琴平ビル
　　　　　電話　03（3502）2750

市販用は放送大学教材と同じ内容です。定価はカバーに表示してあります。
落丁本・乱丁本はお取り替えいたします。

Printed in Japan　ISBN978-4-595-31927-3　C1380